**세계지식포럼
인사이트 2026**

WORLD
KNOWLEDGE
FORUM

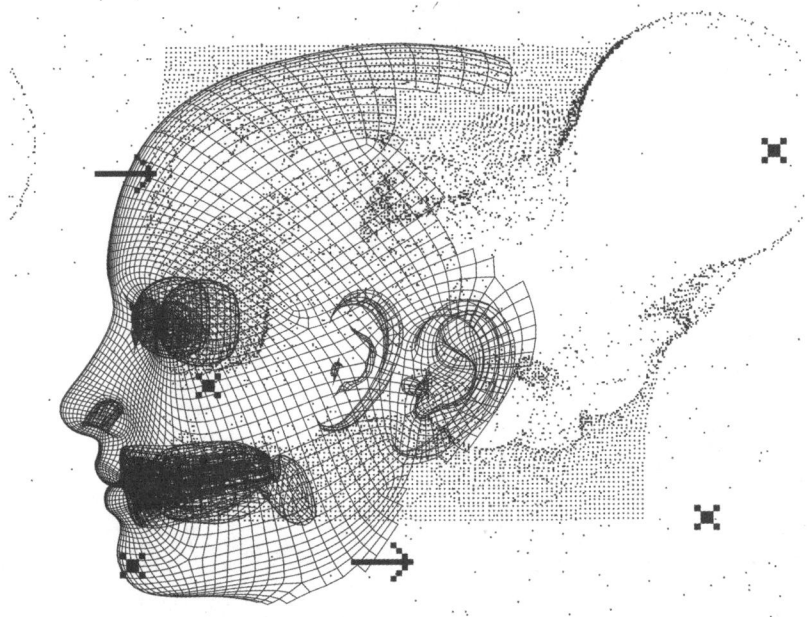

뉴 오디세이 대전환기를 항해하는 인류의 새 도전

세계지식포럼 인사이트 2026

매일경제 세계지식포럼 사무국 지음

매일경제신문사

개막식 전경

발간사 ─────────
대전환기를 항해하는 인류의 새 도전

포스트 팬데믹 시대를 지나며 인류는 새로운 안정과 번영을 기대했습니다. 하지만 우리를 맞이한 것은 전례 없는 속도로 변화하는 세계였습니다. 인공지능(AI)의 발전은 인간의 능력을 뛰어넘는 속도로 진화하고 있습니다. 생성형 AI는 수십 년간 숙련된 전문가의 영역이었던 창작과 분석, 의사 결정의 영역까지 넘보고 있습니다. 그러나 엔비디아의 시가총액이 급등하는 동안, 한편에서는 AI에 일자리를 빼앗긴 사람들의 시위가 이어지고 있습니다. 기술 발전의 혜택이 소수에게 집중되고, 다수는 불안과 소외를 경험하는 양극화가 심화되고 있습니다.

미국과 중국의 갈등은 단순한 무역 분쟁을 넘어 기술 패권을 둘러싼 전면전으로 확대되었습니다. 반도체, AI, 배터리 등 첨단 기술을 둘러싼 공급망은 무기화되었고, 관세 장벽은 갈수록 높아지고 있습니다. 이란과 이스라엘의 전쟁, 러시아-우크라이나 전쟁의 장기화는 지정학적 긴장을 그 어느 때보다 고조시키고 있습니다. 전쟁은 에너지 가격을 끌어올렸고 식량 공급망을 교란시켰으며 수백만 난민을 발생시켰습니다. 국제 사회의 협력 체제는 무력해 보이고 각국은 자국 이익을 우선하는 고립주의로 회귀하고 있습니다.

기후 위기는 더 이상 먼 미래의 문제가 아니라 인류 문명의 붕괴를 위협하는 현실로 다가왔습니다. 폭염과 가뭄, 홍수와 산불은 해마다 기록을 경신하고 있으며 빙하는 예상보다 빠르게 녹고 있습니다. 그럼에도 탄소 배출은 줄어들지 않고 있고 국제 기후 협약은 각국의 이해관계 앞에서 공허한 선언으로 남아 있습니다.

기술 혁신이 가져온 번영의 이면에는 일자리를 잃은 사람들의 불안이 있고, 과잉 정보의 시대는 가짜 뉴스와 극단적 알고리즘으로 사회적 갈등을 심화시키고 있습니다. 진실과 거짓의 경계가 흐려지고 사람들은 자신이 보고 싶은 것만 보는 확증 편향의 덫에 빠져 있습니다.

우리는 지금 문명의 항로가 근본적으로 바뀌는 대전환의 시대에 서 있습니다. 목적지를 찾기 힘든 격랑 속에서 제26회 세계지식포럼은 '대전환기를 항해하는 인류의 새 도전(New Odyssey: Navigating the Great Transition)'이라는 주제를 제시했습니다. 이 주제는 고대 그리스의 영웅 오디세우스의 항해에서 영감을 얻었습니다. 트로이 전쟁 후 고향 이타카로 돌아가는 오디세우스의 여정은 거센 비바람, 무서운 괴물, 그리고 내적 갈등으로 가득했습니다. 이는 오늘날 우리가 직면한 도전과 놀라울 정도로 닮아 있습니다.

오디세우스의 항해에서 마녀 키르케는 풍요로운 음식과 쾌락으로 그를 유혹했습니다. 이것은 당장의 인기를 위해 미래 세대에 부담을 전가하는 포퓰리즘과 같습니다. 세이렌은 치명적인 목소리로 "모든 것을 알려주겠다"라며 호기심을 자극했고, 그 노래에 이끌린 뱃사람들은 죽음을 맞았습니다. 이는 극단을 부추기는 알고리즘과 가짜 정보가 정신적 피폐와 사회 갈등을 초래하는 오늘날의 모습입니다. 하지만 오디세우스는 자신을 돛대에 묶고 절제와 책임, 협력과 지혜로 모든 유혹과 시련을 극복했습니다. 오디세우스의 여정은 인류가 어떻게 고난을 극복하고 번영을 향해 나아갈 수 있는지를 보여줍니다.

역사를 돌이켜보면 우리는 언제나 위태로운 갈림길에 놓였으나 결국 길을 찾아왔습니다. 2차 세계대전이라는 전쟁의 폐허 위에서 우리는 평화와 번영을 위한 협력을 선택했고 새로운 국제 질서를 건설했습니다. 글로벌 팬데믹의 공포 속에서도 우리는 mRNA 백신이라는 혁신과 원격 근무라는 새로운 생존 방식을 찾아냈습니다.

우리는 계속해서 자문해야 합니다. 기술이 발전하지만, 인류 지성과 공동체 정신은 후퇴하고 있지 않은가. 이 질문의 답이 바로 우리의 이타카입니다. 오디세우스가 항해 내내 고향을 잊지 않았듯이, 우리도 우리의 이타카를 기억해야 합니다. 이타카는 과거가 아닙니다. 이타카는 우리가 지켜야 할 현재이자 미래입니다.

이번 세계지식포럼에서는 쥐스탱 트뤼도 전 캐나다 총리, 제임스 로빈슨 시카고대학교 석좌교수, 재러드 다이아몬드 UCLA 명예교수, 로버트 스미스 비스타에퀴티파트너스 회장, 커트 비오클룬드 퍼미라 회장, 마틴 콘 전 코히어 사장, 이언 호록스 옥스퍼드대학교 교수, 조셉 윤 주한미국대사관 임시대리대사, 웬디 커틀러 아시아소사이어티정책연구소 부소장, 브뤼노 코엔 갈리앵재단 이사장 등 각 분야 최고 전문가들이 함께하며 그들의 탁월한 식견과 지혜를 기꺼이 공유했습니다. 모두 진심으로 감사드리며, 그 결과물을 이 책에 고스란히 담았습니다.

세계지식포럼이 제시한 집단지성의 혜안이 인류가 현재 당면한 대전환의 위기를 돌파해 나가는 데 큰 도움이 되기를 바라 마지않습니다. 우리는 반드시 이를 극복하고 더 큰 도약을 이루어 나갈 것입니다. 매일경제를 위한 여러분의 많은 응원과 격려도 부탁드립니다.

세계지식포럼 집행위원장 겸 매경미디어그룹 회장

장대환

서문

책을 펴내며

레짐 체인지(Regime change). 2024년과 2025년 한국과 글로벌을 관통하는 단어다. 이 단어의 의미가 예상치 못할 정도로 크게 다가올지는 2024년 11월까지 아무도 예상하지 못했다. 2024년 말 도널드 트럼프 미국 대통령의 2기를 알리며 일기 시작한 파도는 캐나다, 영국, 독일, 일본 등 주요 7개국(G7)의 수장들이 연이어 교체되는 대전환을 일으켰다.

특히 한국에서 벌어졌던 계엄 사태는 차기 세계지식포럼을 준비하는 사무국에도 쓰나미와 같은 태세 전환을 요구했다. 제26회 세계지식포럼 준비에 앞서 2024년 9월 성황리에 개최됐던 제25회 '공존을 향한 여정(Journey Towards Coexistence)'과의 연장선상에서 대주제와 함께 그림을 그리기 시작했던 청사진들이 송두리째 뒤바뀌었기 때문이다.

게다가 세계는 러시아의 우크라이나 침공, 이스라엘과 팔레스타인 가자지구 분쟁이라는 2개의 전쟁을 수년째 막지 못했다. 매일 수백수천 명이 죽어가지만 세계 정치는 공회전을 거듭했다.

직접적인 전쟁뿐만이 아니다. 새롭게 정권을 잡은 트럼프 행정부는 관세 전쟁으로 WTO 체제하의 글로벌 스탠더드였던 자유무역 기조를 깨부쉈다. 적대국뿐만이 아니라 동맹국에도 수십 퍼센트의 일방적인 관세를 부과하는 정책에 세계는 급격히 흔들렸다.

인공지능(AI)발 기술 안보 경쟁, 사이버 보안, 이민-비자 문제, ESG 기조 붕괴, 극우파의 득세 등도 단순히 국가 간 협력으로 해결하기에는 벅찬 의제로 덩치를 키웠다. 혼란과 갈등이 더욱 커지는 와중에 세상을 혁신할 것으로 예상됐던 AI는 딥페이크와 해킹 툴로 사용되면서 부작용을 더했고, AI 기술은 생산성과 기술 혁신이 아닌 전쟁 무기 용도로 더욱 발전하는 우려를 낳기도 했다.

글로벌 레짐 체인지에 대한 대처보다는 근본 시스템부터 혁신하는 '대전환(Great Transition)'이 필요한 시점이었다. 그렇게 사무국은 고전에서 벤치마킹한 새로운 주제로 '대전환기를 항해하는 인류의 새 도전(New Odyssey: Navigating the Great Transition)'을 잡기로 했다.

새로운 항해의 방법론은 새 질서(New Order), 미래를 위한 투자(Invest the Future), AI 전환(AI Transition), 산업의 대항해(Industrial Odyssey), 문화와 인간(Culture & Human) 등 혼란 극복의 열쇠를 담은 5대 지식 필라로 구성했다.

'새 질서'는 격변의 시대를 극복하는 새로운 방향으로 리더십 변화, 안보 지형 재편, 기술 패권 경쟁을 다뤘다. 또 관세, 공급망 등 새로운 국제 비즈니스 환경 변화와 지정학적 패러다임의 전환도 포함됐다.

핵심 연사는 단연코 쥐스탱 트뤼도 전 캐나다 총리였다. 제26회 세계지식포럼 개막식 기조연설에 나선 트뤼도 전 총리는 '대전환기 리더십과 회복 탄력성'을 주제로 1,500여 명의 청중을 매료시켰다.

2015년부터 G7 국가인 캐나다를 10년간 이끌었던 트뤼도 전 총리는 2025년 3월 퇴임까지 중산층 강화, 성별 균형 내각 구성, 적극적 이민 정책 등으로 추앙받아왔다. 특히 그는 퇴임한 이후 첫 공식 석상으로 매일경제신문이 주최하는 세계지식포럼을 선택하면서 정치 활동 재개를 알리기도 했다. 1971년생인 트뤼도 전 총리는 이를 발판으로 다시금 세계 정치 무대에 서게 될 전망이다.

'새 질서' 필라에는 세계적인 석학인 재러드 다이아몬드 UCLA 명예교수, 존 미어샤이머 시카고대학교 교수, 2024년 노벨경제학상 수상자인 제임스 로빈슨 시카고대학교 교수를 비롯해 EU정상회의 상임의장과 벨기에 총리를 역임한 샤를 미셸, 미국우선주의정책연구소의 채드 울프 수석부회장(전 미국 국토안보부 차관대행) 등이 인사이트를 공유했다.

트럼프 행정부 2기에서 가장 주목받았던 관세 전망 세션에서는 한국 정부의 여한구 통상교섭본부장과 조셉 윤 주한미국대사관 임시대리대사가 직접 나오면서 세션장이 인산인해를 이루기도 했다.

'미래를 위한 투자' 필라에는 미국 뉴욕 월스트리트를 주름잡는 연사들이 모였다. 세계 최고 테크펀드로 불리는 비스타에퀴티파트너스의 로버트 스미스 회장을 비롯해 아폴로글로벌매니지먼트의 토르스텐 슬뢰크 수석이코노미스트, 프랭클린템플턴 리서치센터의 래리 해서웨이 수석이코노미스트 등이 최신 투자 동향과 2026년 경제 전망을 내놓았다. 아울러 유럽 3대 사모펀드인 퍼미라의 커트 비오클룬드 회장, 시라카와 마사아키 전 일본은행 총재가 경제와 투자에 관한 깊이 있는 세션을 진행했다. 아울러 세계 최대 가상자산거래소인 바이낸스의 리처드 텡 CEO도 단독 세션을 열었다.

산업·비즈니스 세션은 AI 전문가들로 가득 찼다. 최전방 기술인 양자컴퓨터 세션에서부터 미국 나스닥 1·2위의 C레벨 인사가 총출동했고, 캐나다 1위 AI 기업인 코히어의 창립자를 비롯해 AI 혁명을 주도하고 있는 오픈AI, 사이버 보안 글로벌 1위 기업인 팰로앨토네트웍스 등 전 세계 내로라하는 연사를 모셨다.

AI가 힘을 얻기 위해 가장 필요한 에너지원으로 주목받는 소형모듈원전(SMR)도 세계 3대 업체 중 2개 업체의 C레벨이 세계지식포럼을 찾았다. 테슬라를 제치고 세계 1위 전기차 판매업체로 올라선 비야디, 중국 AI의 거점인 칭화대학교 인공지능산업연구원장이자 전 바이두 총재인 장야친도 레드테크 산업에 대해 청중과 열린 교감을 나눴다.

마지막으로 문화 세션은 그 어느 때보다도 꽉 찬 청중들의 열기로 가득 찼다. 인기 셰프 에드워드 리를 필두로, 넷플릭스의 히트작 〈케이팝 데몬 헌터스〉를 제작한 소니픽처스의 샌퍼드 패니치 사장, 베스트셀러 《도파민네이션》의 작가인 애나 렘키 스탠퍼드대학교 교수 등이 주요 연사로 나서면서 장충아레나에는 동시에 3,000명에 가까운 청중들이 세션을 경청하기도 했다.

아울러 세계 최고의 연설문 작가로 손꼽히는 코디 키넌도 세계지식포럼과 함께했다. 그는 대중 연설의 달인으로 불리는 버락 오바마 전 미국 대통령의 수석연설비서관 출신으로 AI 시대에 글쓰기에 대한 열정 넘치는 강연을 펼쳤다.

2000년 '지식으로 새천년 새 틀을 짠다(Shaping the New Millennium with Knowledge)'를 대주제로 시작한 세계지식포럼은 지식 기반의 새 미래를 열어가기 위해 끊임없이 노력해왔다. 2025년 '대전환기를 항해하는 인류의 새 도전(New Odyssey: Navigating the Great Transition)'을 주제로 세계 최고의 전문가들을 모아 만든 90여 개의 세션을 이 단행본에 담았다. 인사이트를 공유하고, 이를 바탕으로 더 나은 오디세이를 열어가는 과정을 함께할 수 있기를 기대한다.

차례

발간사 대전환기를 항해하는 인류의 새 도전   006
서문 책을 펴내며   010

PART 1 새 질서

1. 포용적 성장

APEC이 주도하는 포용적 성장   027
| 쥐스탱 트뤼도, 이철우 |

세계 경제 질서와 APEC 발전 방안   032
| 존 미어샤이머, 로빈 니블렛, 헨리 해거드 |

새로운 한미 관계의 모색과 도전   036
| 류진, 조셉 윤, 헨리 해거드 |

우크라이나 전쟁의 교훈   041
| 드미트로 쿨레바, 헨리 해거드 |

2. 번영의 조건

뉴 오디세이: 대전환기에 필요한 지도와 규칙   047
| 재러드 다이아몬드, 제임스 로빈슨, 이나경 |

대전환의 시대: 문명의 몰락과 번영의 길   052
| 재러드 다이아몬드 |

갈림길에 선 유럽: 부흥의 길   057
| 샤를 미셸, 티에리 드 몽브리알 |

글로벌 지정학 아웃룩 2026   061
| 할 브랜즈, 테리 마르틴 |

가자지구 재건의 열쇠 이집트   065
| 이브라힘 마흘랍, 김종도 |

3. 스트롱맨 시대 생존 전략

트럼프 싱크탱크가 제시하는 미국 우선주의 정책   **071**
|채드 울프, 안호영|

트럼프 2.0과 MAGA 경제 정책   **076**
|오렌 캐스|

시진핑과 중국공산당의 이해   **080**
|조지프 토리지언|

패권 격랑 속 동북아, 생존 항로는   **084**
|앤드루 김, 스즈키 카즈토, 미하엘 라이터러, 안호영|

워싱턴 로비스트의 세계   **088**
|짐 모런, 로버트 웩슬러, 신우진|

PART 2 미래를 위한 투자

1. 구루의 시각

AI와 투자의 미래   **095**
|로버트 스미스, 윤제성|

글로벌 대전환기 속 국가의 흥망성쇠   **099**
|제임스 토빈슨, 징유순|

글로벌 사모펀드가 주목하는 시장은   **103**
|커트 비오클룬드, 김용석|

통화 정책: 소득 불평등 완화 전략   **107**
|장유순, 이수형|

2. 요동치는 시장 환경

글로벌 통상 질서와 미래 전망   **113**
|여한구, 할 브랜즈, 테리 마르틴|

글로벌 이코노미 아웃룩 2026　　　　　　　　118
｜토르스텐 슬뢰크, 래리 해서웨이, 윌리엄 리｜

관세와 무역 전쟁의 미래　　　　　　　　　123
｜웬디 커틀러, 쭝위안 조이 류, 푸샨 두트, 잉고 월터｜

미국 통상 정책과 공급망 재편　　　　　　　127
｜피넬로피 골드버그, 웬디 커틀러, 윌리엄 리, 박지형｜

3. 비상하는 아시아

기회의 땅 인도가 뜬다　　　　　　　　　　133
｜아시시쿠마르 차우한, 정은보, 황세운｜

일본 경제 30년: 장기 침체의 교훈　　　　　137
｜시라카와 마사아키, 박기영｜

아시아의 미래를 여는 투자처　　　　　　　141
｜세아르 리티, 푸릅떠르프 부흐올롱, 이성기, 스텔라 서｜

아시아에서 찾는 핀테크 기회　　　　　　　145
｜띱수다 타와라마라, 마이클 진, 이철원, 박정훈｜

전국 도시 경쟁력 순위: 국토 균형 발전 방안　149
｜니 펑페이, 조동성, 양희동, 박기찬, 이윤철｜

4. 가상화폐와 IT 투자

미래 자산, 가상화폐의 힘　　　　　　　　　155
｜리처드 텡, 박선영｜

크립토 혁명: 제도권 편입과 시장의 재구성　160
｜마리우스 스쿠오디스, 케닉스 찬, 이영로, 이성산, 오종욱｜

중국 디지털 실크로드 vs 미국 실리콘밸리　164
｜장 웨이닝, 아닌디아 고즈, 마이클 전｜

실리콘밸리 AI 투자 세계　　　　　　　　　168
｜제프 허브스트, 음재훈, 키스 리｜

PART 3 AI 전환

1. AI 패권을 잡아라

AI 패권 전쟁: 국가 전략, 혁신의 출발점 — 175
장야친, 이언 호록스, 잭 캐스, 박경렬

소버린 AI를 향한 여정 — 179
마틴 콘, 박성현, 홍대순

양자컴퓨터 글로벌 리더들의 만남 — 183
수보드 쿨카르니, 김정상, 파비오 도나티

AX 시대의 경쟁력: 오픈소스가 이끄는 혁신 — 188
김연수

2. AI 선결 과제

AI 시대 해킹 최전선을 가다 — 193
사이먼 그린

AI와 에너지 대전환: 미국 원전 시장의 기회 — 197
브리지치 포시, 로버트 디나이트 주니어, 박인식, 배준범

엔드 투 엔드 보안과 AI — 202
필리프 발레

SMR, AI 날개를 달았다 — 206
벤저민 라잉키, 스티븐 헬먼, 김종우, 최일경, 안유진

3. 인간과 AI

인공지능의 한계와 휴머니즘적 AI의 부상 — 213
토비 월시, 브래드 해리스, 김종윤

AI 시대 인재상과 미래 교육 — 217
원종필, 에릭 두, 제이크 바스킨, 정우성

경계의 재정의: AI 시대의 교육과 인간의 가치 — 221
이수인, 엄은상, 임철일

창의적 지능: AI가 재구성하는 문화와 미디어 — 226
알렉스 마슈라보프, 스티븐 피롱, 데빈 만쿠소, 아리에 피셔, 리처드 장

AI와 다양성: 자폐스펙트럼의 강점　　　　　　　　　　**230**
| 탈 바르디 |

4. 이미 시작된 변화

AI의 오늘과 내일　　　　　　　　　　　　　　　　　**235**
| 윤송이, 안톤 보르조프, 마이클 전, 플뢰르 펠트랭, 리처드 장, 서머 김 |

신약 개발의 AI 대전환　　　　　　　　　　　　　　**239**
| 존 윙 유이 찬, 허글 |

AI 진단 치료의 현재　　　　　　　　　　　　　　　**243**
| 서범석, 김선우, 석차옥, 김치원 |

세계로 향하는 K-스타트업　　　　　　　　　　　　**247**
| 전동근, 이성호, 이상현, 이창수, 이다훈, 제니 주 |

AI로부터 지키는 소유권과 IP　　　　　　　　　　　**252**
| 야이르 아다토 |

PART 4　산업의 대항해

1. 대전략 재수립

불확실성의 시대 기업 리스크 대응 전략　　　　　　**259**
| 앤 코로나, 크레이그 토지스 |

통상과 자본, 산업 전략의 대전환　　　　　　　　　**264**
| 올리비아 화이트, 성정민, 구원모 |

디지털 전환과 벤처 투자의 새 기회　　　　　　　　**268**
| 이그나시오 가르시아 알베스, 이갈 에를리흐, 플뢰르 펠트랭, 홍대순 |

전략적 우위의 조건　　　　　　　　　　　　　　　**272**
| 해리 윙고, 퀸 리, 이민구 |

2. 탈탄소의 물결

E-모빌리티, 미래 산업의 게임체인저　　　　　　　**277**
| 헤르베르트 디스, 류쉐량, 그레고리오 부스토스 |

혁신 클린테크의 미래　　　　　　　　　　　　　　　281
|신학철, 옌스 오르펠트, 아닐 아치우타, 무랄리 수브라마니안, 오성익|

트럼프 2기 클린테크 전망　　　　　　　　　　　　　285
|마이크 부츠, 사무엘 모리용, 김성우|

돌아온 조선업 황금기　　　　　　　　　　　　　　　289
|제임스 포스다이크, 헤비에른 한손, 이진수, 진대화, 오미연|

에너지 대전환: 배터리　　　　　　　　　　　　　　　294
|김제영|

3. 안보 경쟁과 방위 산업

유럽 군비 경쟁 재시동　　　　　　　　　　　　　　　299
|바우터르 판베르스, 드미트로 쿨레바, 김진훈, 테리 마르틴|

글로벌 육해공 방산 전망　　　　　　　　　　　　　303
|이원재, 김형택, 딜런 존스, 마이크 스테츠|

하늘의 방패, 아이언돔의 진화　　　　　　　　　　308
|유발 베이스키|

4. 새로운 기회

수교 60주년 한일 기업 협력의 길　　　　　　　　313
|다마쓰카 겐이치, 이우현, 장상식|

한일 메카트로닉스 협력　　　　　　　　　　　　　317
|야마다 세이고, 신동조, 정철|

산업을 혁신하는 AI의 힘　　　　　　　　　　　　321
|파스칼 달로즈|

세포 치료제의 미래　　　　　　　　　　　　　　　325
|차광렬|

AI로 진화하는 스마트 축산　　　　　　　　　　　330
|로버르트 호스테, 서만형, 김창길|

PART 5 문화와 인간

1. 삶의 즐거움

콘텐츠가 왕이다: 영화 제작의 모든 것   337
| 샌퍼드 패니치, 제프리 고드식 |

에드워드 리의 음식과 문화   341
| 에드워드 리, 나승연 |

K-뷰티 신흥 강자의 시대   345
| 천주혁, 씬님 |

기술의 날개를 단 K-팝   350
| 아심 마서, 윤상보, 이종무 |

2. 마음을 움직이다

마음을 사로잡는 오바마 연설문의 비밀   355
| 코디 키넌, 조선영 |

멈출 수 없는 쾌락, 도파민의 역설   359
| 애나 렘키 |

가짜 노동을 제거하라   364
| 데니스 뇌르마르크 |

관리자 없는 경영의 시대   368
| 헨리 스튜어트, 강영철 |

3. 협동과 공존

병든 지구 인류에 묻다   373
| 오영훈, 마이크 부츠, 스벤 우테르묄렌, 굴샨 바시스타, 조형진 |

혁신과 포용, 그리고 지속 가능성   377
| 나지르 라작, 마리사 찌아라바논, 정의혜 |

글로벌 투자자를 위한 튀르키예 스타트업 생태계   381
| 부라크 다욜로울루, 바르시 오지스테크, 젱크 바이라크다르, 한웅 |

PART 1
새 질서

1
포용적 성장

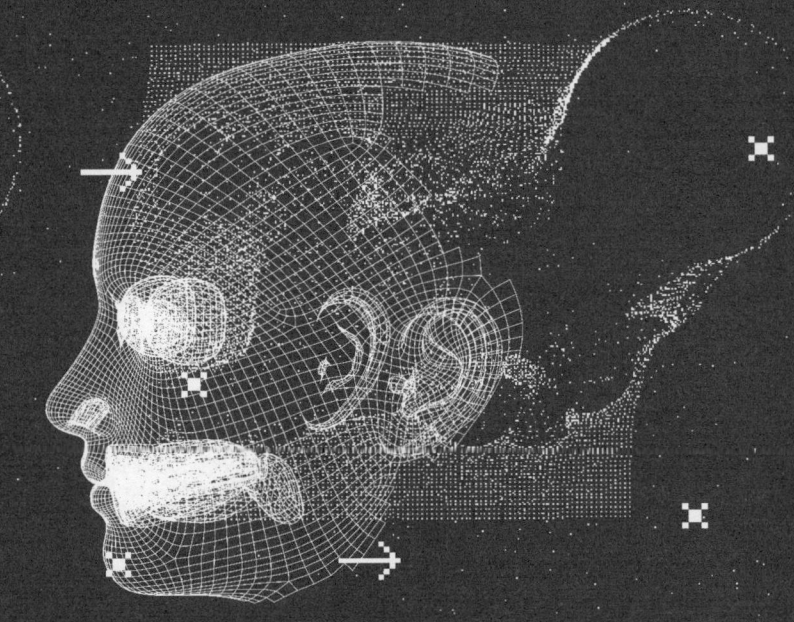

쥐스탱 트뤼도 캐나다 제23대 총리(오른쪽)와 이철우 경상북도지사가 제26회 세계지식포럼 'APEC이 주도하는 포용적 성장' 세션에서 대담을 하고 있다.

- **쥐스탱 트뤼도** 2015년부터 2025년까지 캐나다 제23대 총리로 재직하며 중산층 강화와 성별 균형 내각 구성 등 다양한 개혁을 주도하고, 글로벌 도전의 시대를 이끌었다. 2007년 정계에 입문한 뒤 2015년 자유당을 이끌고 승리를 거두었고, 기후 변화와 빈곤 등 다양한 문제에 대해 과감한 정책을 펼쳤다.

- **이철우** 경상북도 도지사로서 2018년부터 경상북도의 행정을 책임지고 있다. 1978년 화령중학교 수학 교사로 공직에 입문한 뒤 국가정보원 국장을 거쳐 2008년부터 2018년까지 대한민국 국회의원을 역임했다.

APEC이 주도하는 포용적 성장

쥐스탱 트뤼도 | 캐나다 제23대 총리
이철우 | 경상북도지사

'지방 소멸'이 국내 지방자치단체의 주요 현안이 된 가운데 이철우 경상북도 도지사가 매년 수십만 명의 이민자를 받아들인 쥐스탱 트뤼도 전 캐나다 총리와 이민 정책을 놓고 머리를 맞댔다. 세계에서 손꼽히는 다문화·포용 국가인 캐나다를 10년 동안 이끈 트뤼도 전 총리는 "국가 발전 단계를 고려하면 한국은 이민 정책을 설계해야 할 때"라며 '민족 정체성'을 재정립할 필요가 있다고 조언했다.

이철우 지사와 트뤼도 전 총리는 제26회 세계지식포럼 'APEC이 주도하는 포용적 성장' 세션에서 이민 정책이 어떻게 지속 가능한 번영을 끌어낼 수 있는지에 관해 대담을 했다. 이철우 지사는 "트뤼도 전 총리는 재임 시절 매년 40만 명 이상의 이민을 받았다"며 "한국은 세계에서 가장 먼저 소멸하는 나라가 된다고 한다. 이민 정책이 없으면 지속이 불가능한 상황"이라고 말했다.

트뤼도 전 총리는 이에 "전 세계 선진국들은 일정한 발전 단계에 이르면 출산율 저하와 노동력 부족, 특히 숙련 인력에 대한 수요 증가를 겪게 된다"며 "한국 정도 규모 나라의 이민 정책과 시스템을 구축하려는 시도는 지극히 타당하다"라고 말했다.

그는 이어 이민 정책 설계에서 '한국인'의 개념을 재정립하는 것이 중요하다고 강조했다. 트뤼도 전 총리는 "캐나다는 수십 년, 수백 년 동안 고민한 끝에 '캐나다인은 캐나다 국민 대다수와 공통 가치, 삶에 대한 관점을 공유하는 사람'이라는 답을 내렸다"라고 말했다. 그러면서 "물론 갈등이 있어왔지만, 차이를 약점이 아니라 서로 배울 수 있는 강점으로 보는 분위기를 형성했다"라고 설명했다.

트뤼도 전 총리는 "한국에서 삶을 일구고 한국어를 배우며 스스로를 한국인으로 여기는 사람이 한국인으로 인정받을 수 있도록 독려하는 것이 한국의 이익에 부합할 것"이라며 "이는 오래 걸리는 일이지만 한국인의 정의를 혈통이 아니라 한국 문화와 역사에 대한 자긍심, 한국에서 삶의 방식과 한국만의 차별적인 가치를 사랑하는 모두로 설정하는 것은 매우 중요한 성공의 비결"이라고 강조했다. 그는 "한국에서 태어나 한국인이 아니라 한국인이 되기를 선택하는 사람들이 한국에서 어떤 영향을 주겠느냐"고 되물었다.

이철우 지사는 이에 "한국을 사랑하면 한국 사람이 될 수 있는 사회를 만들어야겠다는 생각이 든다"며 "포용성을 갖춰야 초일류 국가로 나아갈 수 있다"고 호응했다. 그러면서 "기술자나 전문가 위주로 먼저 일할 수 있게 해야 한다는 목소리도 있는데, 다양한 방안을 검토해야 할 것"이라고 말했다.

이철우 지사와 트뤼도 전 총리는 양국 간 원자력 관련 협력 방안도 논의했다. 한국과 캐나다는 세계에서 손꼽히는 원전 건설 국가다. 두 나라가 집중하고 있는 분야는 SMR이다. 경상북도는 경주에 SMR 연구소를 조성하기도 했다.

이철우 지사는 "우리나라의 월성 1호기가 캐나다 기술로 만든 것"이라며 "SMR 역시 캐나다가 앞장서서 만들고 있고 우리나라는 이에 대한 협조가 간절한 상황"이라고 말했다.

트뤼도 전 총리는 "기후 변화를 막기 위해 탄소 배출을 줄여야 하는 상황에서 AI 수요까지 더해지면 대규모 전력 생산 투자가 불가피하다는 점은 자명하다"며 "원자력이 그 해법에 반드시 포함돼야 한다는 데는 논란의 여지가 없다"고 말했다.

한국과의 기술 협력에 관한 의지 역시 피력했다. 트뤼도 전 총리는 "캐나다는 한국과 같은 전 세계의 파트너들과 함께 원자력을 안전하고 책임감 있게 개발하는 방안을 계속 모색할 계획"이라며 "한국은 물론 경상북도와도 협력해 나가기를 기대한다"고 했다. 그는 "캐나다는 SMR뿐만 아니라 대형 원자로를 건설하는 데도 다시 나서고 있다"라고 설명했다.

한편 트뤼도 전 총리는 2025년 10월 말에서 11월 초 경상북도 경주에서 열리는 아시아태평양경제협력체(APEC) 정상회의에 대해 "글로벌 사우스(주로 남반구에 있는 신흥국과 개발도상국을 통칭) 일부 국가들은 규범 기반 질서에 도전하고 있다"며 "국제 질서의 변곡점 위에서 펼쳐

지는 APEC 정상회의는 매우 중요한 의미가 있다"고 밝혔다.

그는 "한국이 그동안 세계에 보여준 비전을 APEC에서 충분히 발휘하기를 기대한다"며 "어려움 속에서 번영과 성공을 이뤄낸 한국의 사례, 그리고 지금 보여주고 있는 리더십은 전 세계가 절실히 필요로 하는 가치"라고 말했다.

이에 이철우 지사는 "초일류 국가로 가기 위해서는 포용과 성장이 중요하다"며 "개발도상국들에 우리 기술과 성장의 노하우를 전수해주고자 한다. APEC을 통해 한국이 일종의 '모델 국가'가 되도록 할 것"이라고 화답했다.

로빈 니블렛 채텀하우스 석좌연구원, 존 미어샤이머 시카고대학교 교수, 헨리 해거드 전 미국 NSC 국장(오른쪽 첫 번째부터)이 제26회 세계지식포럼 '세계 경제 질서와 APEC 발전 방안' 세션에서 대담을 하고 있다.

- **존 미어샤이머** 국제정치학에서 유명한 공세적 현실주의 이론을 만든 학자다. 냉전 종식 이후 자유주의적 낙관론이 지배하던 학계에서 강대국 간의 갈등이 여전히 불가피하다고 강조했다. 강대국은 상대를 압도할 만큼의 패권을 추구해 두려움과 계산에 의한 세력 균형을 이룬다는 것이다. 러시아-우크라이나 전쟁, 양안 관계 등 국제 정치 현안을 현실주의 관점에서 해석해 외교 안보 전문가들에게 큰 영향을 미치고 있다. 현재 시카고대학교 교수다.

- **로빈 니블렛** 영국왕립국제문제연구소인 채텀하우스를 2007년부터 2022년까지 최고경영자(CEO)로서 이끌었다. 현재 아시아소사이어티정책연구소 석좌연구원이자 미국 전략국제문제연구소(CSIS) 선임고문으로 활동하고 있다. 2015년 영국을 국제 외교의 중심지로 끌어올린 공로로 성 미카엘과 성 조지 훈장을 받았다. 2022년에는 성 미카엘과 성 조지 훈장 기사단장(KCMG) 작위를 수훈했다.

- **헨리 해거드** 전략 컨설팅업체인 씨콩크의 창립 파트너다. 25년간 미국 국무부에서 근무하며 선임외교관까지 역임했다. 현재 라이스대학교 베이커연구소 비상주 펠로우, 주한미국상공회의소 미국 측 수석고문 등으로 활동하고 있다.

세계 경제 질서와 APEC 발전 방안

존 미어샤이머 | 시카고대학교 교수
로빈 니블렛 | 채텀하우스 석좌연구원
헨리 해거드 | 전 미국 국가안보회의 국장

미국과 중국이 주도하는 두 국제 질서가 대립하고, 세계화에 대한 국제적 신뢰가 약해지면서 APEC의 역할이 제한적일 것이라는 분석이 나왔다. 미국과 중국 양쪽에 낀 국가인 한국은 강점 분야를 살려 APEC에 적극 투자해 협력할 방법을 찾아야 한다는 조언이다.

제26회 세계지식포럼에서 열린 '세계 경제 질서와 APEC 발전 방안'을 주제로 한 세션에서 국제정치학 대가이자 현실주의자인 존 미어샤이머 시카고대학교 석좌교수는 소련이 붕괴한 후 미국이 주도하는 단극 체제에서 중국이 더해진 다극 체제로 전환되면서 APEC과 같은 국제기관들의 힘이 약해지고 있다고 지적했다.

미어샤이머 교수는 "과거 냉전 시대처럼 미국·중국이 주도하는 두 국제 질서가 지속된다면 사악한 안보, 경제 경쟁이 발생할 것"이라며 "미국은 2001년 중국을 세계무역기구(WTO)에 가입시켰지만, 오늘날

WTO는 제 기능을 못 하고 있다. APEC도 알아야 한다"라고 말했다. APEC이 추상적인 많은 일을 하기보다 아시아 번영을 위해 잘할 수 있는 일을 찾아야 한다는 조언이다.

또 다극 체제가 지속되면 강대국들의 안보, 경제 경쟁도 시작된다. 이는 궁극적으로 세계화에 대한 각국의 신뢰가 깨질 것으로 미어샤이머 교수는 전망했다. 국가 간 연합으로 이뤄진 APEC을 비롯해 국제연합(UN) 등 기관들의 영향력이 약해지거나 제한된 질서만을 위해 작동될 수밖에 없다는 한계를 가진다.

반면 다자 협력 관점에서 국제 정세를 파악하는 채텀하우스의 로빈 니블렛 석좌연구원은 APEC이 냉전 이후 낙관주의 시대의 결과물이라는 점에 동의하면서도, 아시아태평양 지역의 통합된 경제 질서, 시스템을 구축할 수 있다는 부분에 주목했다. 전 세계 무역의 3분의 2가 아시아태평양 지역에서 이뤄지기 때문이다.

니블렛 연구원은 "APEC을 설립한 이후 회원국들의 실질 국내총생산(GDP)은 3배, 무역량은 9배 증가했다"며 "APEC이 향후 정상들 간 회담을 통해 미·중을 이어주는 '부드러운 다리'가 될 수 있다"고 전망했다. 이어서 "APEC은 에너지 협력 측면에서 선도적 역할을 하고 있다"며 "한국도 이 분야에 강점이 있다. 적극 투자를 해야 한다"라고 말했다.

다만 니블렛 연구원도 미국·중국 경쟁에 따른 동아시아 국가들에 대한 불이익 가능성은 언급했다. 미국이 중국을, 중국이 미국을 겨냥하며 수출 제한 등 조치를 동맹국들에 요구하게 되면 수출 비중이 높은 한국도 영향을 받게 된다는 분석이다.

니블렛 연구원에 따르면, 실제로 일본의 반도체 기업들은 "중국에 반도체 제조 장비를 판매하지 말라"는 미국의 통보를 받았다고 한다. 그는 에너지, 친환경 기술 등 APEC 회원국들이 주도하는 미래 먹거리에 대한 영향력을 발휘해 갈등 해소에 나서야 한다고 덧붙였다.

두 연사는 공통으로 APEC 내 한국의 역량에 대해 한미동맹에 기반한 유연한 대처를 강조했다. 미어샤이머 교수는 "강대국은 제도를 만들고 유지하고, 동맹 관계를 유지하고 있는 한국은 결국 미국이 주도하는 질서의 일부"라며 "한국이 선택 가능한 옵션이 많지는 않다"라고 말했다. 사실상 미국이 주도하는 질서를 따라야 한다는 지적이다.

니블렛 연구원도 "한국은 기술적으로 미국을 선택해야 한다"며 "동맹국 시장에 대한 우선적인 접근성을 무시하지 못한다"라고 전했다.

2025년 9월 미국 당국의 불법체류자 단속으로 한국인 300여 명이 현지 공장에서 구금된 사건과 관련해서도 혼란스러운 상황이지만, 장기적으로 미국 투자는 올바른 방향이라는 지적이다.

한편 미어샤이머 교수는 현대 사회에서 비대칭 전력인 핵무기가 가지는 전략적 중요성에 대해 역설했다. 막대한 살상력을 자랑하는 핵무기의 존재로 인해 오히려 전쟁이 발발할 가능성이 작아진다는 것이다. 2023년 그는 "북한의 핵무기가 전쟁 가능성을 낮춰줄 수 있다"라는 취지의 발언을 한 바 있다.

조셉 윤 주한미국대사관 임시대리대사, 류진 한국경제인협회 회장, 헨리 해거드 전 미국 NSC 국장 (오른쪽 첫 번째부터)이 제26회 세계지식포럼 '새로운 한미 관계의 모색과 도전' 세션에서 대담을 하고 있다.

- **류진** 국내는 물론 해외 주요 인사들과 폭넓게 교류하며 탄탄한 네트워크를 바탕으로 2023년 한국경제인협회 회장에 취임했다. 2000년부터 풍산그룹 대표이사 회장을 지내고 있으며 한국비철금속협회 회장 등을 역임했다. OECD 기업산업자문위원회(BIAC) 회장, 국제동산업협의회(IWCC) 회장 등을 지냈다. 한미재계회의 위원장, 전략국제문제연구소(CSIS) 이사, 피터슨국제경제연구소(PIIE) 이사 등 다양한 역할을 수행하며 국제무대에서 활발히 활동하고 있다.

- **조셉 윤** 주한미국대사관 임시대리대사로, 앞서 미국 대통령 특사로 미국과 미크로네시아 연방, 마셜 제도, 팔라우 간 관계를 규율하는 협정인 자유연합협정(COFA) 개정 협상을 이끌었다. 다른 주요 외교 경력으로는 미국 북한정책특별대표, 주말레이시아 미국대사 등이 있다. 웨일스대학교를 졸업했으며 런던정경대학교에서 석사 학위를 받았다.

새로운 한미 관계의 모색과 도전

류진 | 한국경제인협회 회장
조셉 윤 | 주한미국대사관 임시대리대사
헨리 해거드 | 전 미국 국가안보회의 국장

2025년 9월 조지아주 구금 사태에서 보듯 한국과 미국의 관계는 더는 협력 일변도가 아니다.

때맞춰 공산권인 북한·중국·러시아는 연대 움직임을 보이지만, 자유 민주주의 국가들은 자국 우선주의로 인해 자칫 동맹이 느슨해질 가능성마저 있다.

이런 가운데 제26회 세계지식포럼 '새로운 한미 관계의 모색과 도전' 세션에서는 조셉 윤 주한미국대사관 임시대리대사와 류진 한국경제인협회 회장이 한미 동맹이 새롭게 나아가야 할 길을 두고 깊이 있는 대담을 나눴다.

조셉 윤 대리대사는 동맹 현대화의 의미를 국방비 측면과 주한미군의 전략 범위 확대로 나눠 설명했다. 윤 대리대사는 먼저 동맹이 공평하게 방위비를 분담해야 하니 한국 역시 그래야 한다고 말했다. 그는 "한국이 GDP의 2.4%를 지출하는데, 미국은 그 숫자가 3.5%를 넘기를 바란다"며 "한국뿐 아니라 모든 우리 동맹에 제기하는 동일한 요구 사항"이라고 설명했다.

그는 또 주한미군 역할이 확대될 것으로 전망했다. 조셉 윤 대리대사는 그 근거로 최근 중국 전승절 행사에서 시진핑 중국 국가주석과 블라디미르 푸틴 러시아 대통령, 김정은 북한 국무위원장이 베이징에서 한자리에 모인 것을 언급하며 "그들은 연대를 강조하고 싶었을 것"이라며 "북한에 초점을 맞추는 것에서 더 나아가 위협이 될 수 있는 이들의 연대에 어떻게 대처할지도 우리의 과제가 될 것"이라고 말했다.

경제 협력에 대해서는 조선업과 민간 원자력, 문화 상품 교류로 한국의 미국 투자 범위를 넓힐 수 있다고 내다봤다. 조셉 윤 대리대사는 "사우디아라비아와 아랍에미리트(UAE) 등 원자력 시장이 많다"며 "한국과 미국이 협력해 수백억 달러가 걸려 있는 원자로를 건설하는 길로 나아갈 수 있다"라고 말했다.

이어 조셉 윤 대리대사는 "소형모듈원전(SMR)은 데이터센터와 같은 시설에 동력을 제공할 수 있을 것"이라며 "많은 한국 기업이 미국에 SMR을 구축하기를 원한다"라고 덧붙였다.

류진 회장 역시 "K-컬처나 K-푸드처럼 문화 분야에서 한미 협력을 확장할 수 있다"며 "우리를 더 가깝게 만든 것은 정치인들이 아니라 문화를 즐기는 남녀노소였다"라고 말했다.

류진 회장은 대미 투자에 관한 포트폴리오 다변화를 주문했다. 그는 "조선업은 상당한 투자가 필요한 문제"라면서도 "(비자 문제 등) 올바른 투자 방안을 선택하면 실제로 돈을 벌 수 있을 것"이라고 강조했다. 그는 "조선업에 더해 반도체와 자동차, 배터리 분야에 추가적으로 투자해야 미국과 한국 모두 윈윈 하는 방향으로 갈 것"이라고 덧붙였다.

그 밖에 류진 회장은 2025년 9월 미국 조지아주에서 벌어진 한국인 대규모 구금 사태와 관련해 비자 문제를 해결하는 데 기업도 직접 나서야 한다고 말했다.

류진 회장은 "한국 기업 공장들이 조지아주나 앨라배마주처럼 모두 남쪽에 있지 않으냐"라며 "한국 기업들은 힘을 분산시켜야 하고, 모든 주에 다양하게 입지를 넓혀야 한다"라고 조언했다. 그러면서 그는 "한국 기업은 투자를 지렛대 삼아 비자 문제를 풀거나 미국을 탓하기보다는 빠르게 해결하기 위해 노력해야 한다"라고 말했다.

조셉 윤 대리대사는 이번 사태가 비자 제도 개선을 논의하는 계기가 될 것이라고 내다봤다. 그는 비자 제도가 고용 문제와 연결된다는 것을 지적하며 "비자는 복잡한 사안으로 이미 오랫동안 지속돼온 문제"라고 말했다.

조셉 윤 대리대사는 "비자가 여행을 장려하기 위한 것일 뿐만 아니라 노동력 문제에서 미국인의 채용 기회를 뺏지 않기 위한 규제책이라는 것도 기억해야 한다"며 "외국인 투자의 목적은 조지아주를 포함해 그 어디든 그곳의 사람들에게 일자리를 제공하기 위한 것"이라고 짚었다.

이어 그는 "대기업들이 들어오고 대형 건설 프로젝트를 진행했지만, 일부 지역의 주민은 고용 기회를 오히려 얻지 못하고 있다고 느끼게 됐을 것"이라며 "투자는 장려해야 하지만 이민 입국 규정을 준수하면서도 문제를 해결해야 한다"라고 덧붙였다.

그리고 그는 "공장을 짓기 위해 방문하는 숙련 인력과 이후에도 머물 사람을 구분해야 한다"며 이와 관련한 비자 문제를 개선하기 위해 양국이 논의할 것이라고 전망했다.

드미트로 쿨레바 전 우크라이나 외무장관(오른쪽)과 헨리 해거드 전 미국 NSC 국장이 제26회 세계지식포럼 '우크라이나 전쟁의 교훈' 세션에서 대담을 하고 있다.

- **드미트로 쿨레바** 러시아의 침공이라는 가장 어려운 시기에 우크라이나 외교를 이끌었다. 2020년부터 2024년까지 우크라이나 역사상 최연소로 외무장관직을 수행했다. 전쟁이 발발한 이후 볼로디미르 젤렌스키 내각의 핵심 인물로 활동했으며, 국제적으로는 민주주의·자유·회복력의 상징으로 꼽혔다.

우크라이나 전쟁의 교훈

드미트로 쿨레바 | 전 우크라이나 외무장관
헨리 해거드 | 전 미국 국가안보회의 국장

드미트로 쿨레바 전 우크라이나 외무장관은 제26회 세계지식포럼 '우크라이나 전쟁의 교훈' 세션에서 전쟁과 외교의 실상을 풀어냈다.

쿨레바 전 장관은 "전쟁 초기에 전 세계는 우크라이나가 며칠 안에 무너질 것인지에 대해 생각했다"라며 "3일, 7일, 2주 등 전망이 여럿 나왔으나 우크라이나는 '침몰할 것인가, 싸울 것인가'의 갈림길에서 싸움을 선택했다"고 밝혔다.

조상들이 러시아에 맞서 싸우다 늘 실패했지만, 이번에는 달라야 한다는 역사적 사명감이 우크라이나 국민을 전장으로 이끌었다고 한다. 또한 블라디미르 푸틴 러시아 대통령의 목표가 단순한 영토 확보가 아닌 우크라이나 전체를 지배하는 데 있다는 인식과 2014년에 겪은 전쟁 경험이 결전의 근거로 작용했다.

쿨레바 전 장관은 이번 전쟁을 '의지의 전쟁'이라고 정의했다. 누가 더 오래 버티는가의 문제라는 것이다. 그는 푸틴 대통령이 러시아의 의지가 우크라이나와 서방의 의지를 압도할 것이라고 믿으면서 외교적 움직임조차 시간을 지연시키고 우크라이나에 대한 지원을 분산시키려는 도구로 활용한다고 지적했다.

특히 도널드 트럼프 미국 대통령과 푸틴 대통령과의 알래스카 회담을 대표적인 사례로 제시하면서 양측 모두 원하는 목적을 얻고 돌아갔으나 전선 상황에는 아무런 변화가 없었다고 비판했다.

우크라이나의 내부 여론은 2022년과 크게 달라졌다. 한때 전쟁 승리와 러시아 붕괴까지 기대했던 때와 달리 지금은 "현 위치에서 멈추고 대화하자"는 목소리가 우크라이나 내부에서 나오고 있다. 그러나 푸틴 대통령은 이를 약점으로 간주하고 양보를 거부하면서 오히려 공세를 강화하고 있다.

이런 상황에서 우크라이나는 향후 목표로 EU 가입과 미국·유럽과의 군사 파트너십 구축을 제시했다. 한국과 미국의 관계처럼 안보 협력을 제도화하는 것이 전후 체제의 핵심이라는 설명이다.

한국에 대한 발언은 특히 이목을 집중시켰다. 그는 한국에 대해 "독일보다 더 신중한 나라가 있을지 몰랐다"고 언급했다. 인도적·경제적 지원에 감사를 표현하면서도 한국이 무기 지원을 상당히 제한적으로 한 데 대한 아쉬움의 표현이었다.

특히 다연장로켓포(MLRS) 지원이 거부된 점을 들어 "억제적 태도가 상대에게 존중받지 못한다면 의미가 없다"고도 했다. 북한이 러시아에 무기와 병력까지 지원한 것에 대해서도 "한국의 무기 지원 자제가 안보

환경을 개선했느냐"고 되묻기도 했다. "실전 경험이 있는 군대와 없는 군대의 차이는 하늘과 땅 차이"라고 말했다.

한국 기업들에는 "전쟁이 끝나기를 기다리지 말고 지금부터 우크라이나에 들어와 사업 기반을 다지라"라는 메시지를 전했다. 전후 재건은 일종의 '골드러시'가 될 것이고, 먼저 진출한 기업이 유리하다는 의미에서다.

쿨레바 전 장관은 유럽 안보 전망에 대해서도 경고를 아끼지 않았다. 최근 폴란드에 러시아 드론이 침투한 사건을 언급하며 "유럽은 여전히 전쟁을 국경 침범으로 이해하지만, 실제 전쟁은 드론 공격으로 시작될 것"이라고 했다. 그는 "유럽의 재무장이 2030년까지 진행되는 동안 러시아는 기다리지 않을 것"이라며 "2030년이 오기 전에 북대서양조약기구(NATO) 회원국에 대한 공격 가능성이 크다"고 단언했다.

정보전에 대한 언급도 인상적이었다. 러시아는 '저항은 무의미하다'라는 메시지와 함께 사회 내부의 갈등을 증폭해 국가를 분열시키려는 시도를 끊임없이 하고 있다고 한다. 실제로 전쟁 직전 틱톡에 러시아군의 무적 신화를 대량 확산시킨 사례를 소개했다. 그는 "전시에는 완전한 자유주의를 유지할 수 없다"며 언론 통제와 소셜미디어 계정 차단 등 강경 조치의 불가피성도 역설했다.

쿨레바 전 장관은 드론과 AI가 전장의 양상을 근본적으로 바꾸고 있다고 설명했다. 전선 전반이 드론 즉사 구역으로 변했고, 도로 위에는 드론을 막기 위한 어망이 걸려 있다. 드론의 성능 향상이 전장의 미래를 결정할 것은 자명하고, 지금 전장에서는 드론을 무력화하는 안티드론에 대한 수요가 훨씬 크다.

마지막으로 그는 두 인용구로 현 상황에 대한 낙관론을 전했다. 2차 세계대전 당시 연합군 최고 사령관이었던 드와이트 아이젠하워 미국 대통령의 명언으로 전해지는 '비관론자는 전쟁에서 승리하지 못한다'와 비틀스 멤버 존 레넌의 "모든 것이 괜찮지 않다면 아직 끝이 아니다"가 그것이다.

쿨레바 전 장관은 이를 '현실적 낙관주의'로 정의하고, 우크라이나가 살아남을 것이라는 신념을 드러냈다.

2
번영의 조건

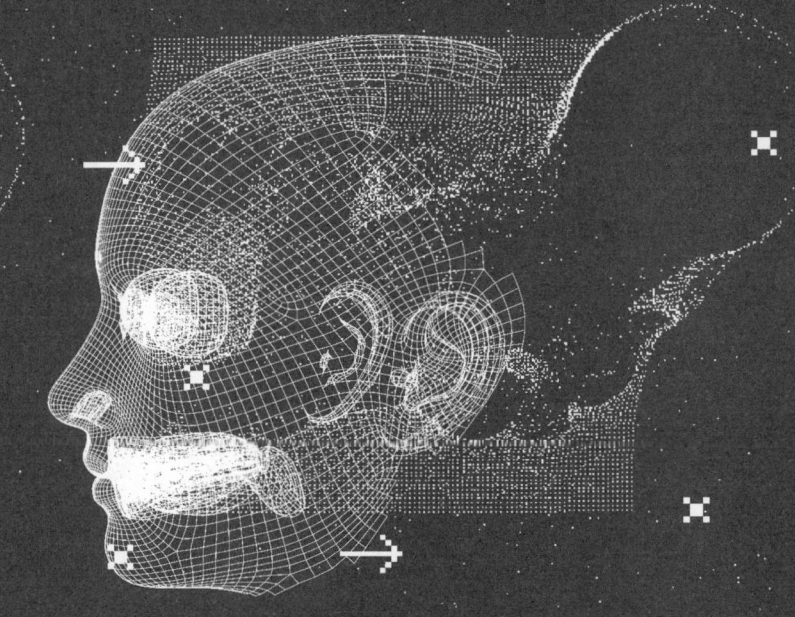

재러드 다이아몬드 UCLA 명예교수(오른쪽)와 제임스 로빈슨 시카고대학교 교수가 제26회 세계지식포럼 '뉴 오디세이: 대전환기에 필요한 지도와 규칙' 세션에서 대담을 하고 있다.

- **재러드 다이아몬드** UCLA 명예교수이며 인류 사회와 진화에 관한 베스트셀러 5권을 집필한 퓰리처상 수상 작가다. 대표 저서 《총·균·쇠》, 《문명의 붕괴》, 《섹스의 진화》, 《제3의 침팬지》, 《어제까지의 세계》는 38개 언어로 읽히고 있다. 특히 《총·균·쇠》는 인간 문명의 발전을 환경적 관점에서 설명해 새로운 시각을 보여줬다. 지리학 교수로서 뉴기니 조류의 생물학, 소화생리학, 보존생물학 등 다양한 분야에 걸친 폭넓은 연구로도 잘 알려져 있다.

- **제임스 로빈슨** 2024년 노벨경제학상 수상자다. 정치 제도와 국가의 장기적 경제 성과 간의 인과관계를 연구한 공로를 인정받았다. 대표 저서인 《국가는 왜 실패하는가》에서 포용적 제도가 번영을 낳고, 착취적 제도는 실패를 낳는다고 사례를 바탕으로 설명했다. 최신작 《좁은 회랑》에서는 국가 내 자유주의가 자리 잡기 위한 조건을 탐구한다. 국가와 민간 부문 간의 힘의 균형이 이뤄질 때만 자유가 달성되며, 균형이 무너지면 권위주의나 무정부 상태로 치닫게 된다고 밝혔다.

- **이나경** 서울대학교 정치외교학부 부교수이며, 2021년에 설립한 미래전략연구소 산하 글로벌 코리아 클러스터의 구성원이다. 외교부 조직을 개편하는 데 기여했으며, 대통령실 국가안보실 자문위원으로도 활동했다. 2018년 미국 조지타운대학교 정부학과에서 박사학위를 받았다.

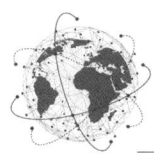

뉴 오디세이:
대전환기에 필요한 지도와 규칙

재러드 다이아몬드 | UCLA 명예교수
제임스 로빈슨 | 시카고대학교 교수
이나경 | 서울대학교 교수

"한국은 무(無)에서 세계에서 가장 성공적인 조선업과 자동차 산업을 갖게 됐다. 한국이 국제 경쟁력을 갖추게 된 이유는 혁신이다."(제임스 로빈슨 시카고대학교 교수)

"왜 한국이 성공했는가. 자체 문자를 보유하고 오래전부터 발전시켜온 금속 기술이 오늘날의 성공을 가능하게 했다."(재러드 다이아몬드 UCLA 명예교수)

제임스 로빈슨 시카고대학교 교수와 재러드 다이아몬드 UCLA 명예교수는 제26회 세계지식포럼 '뉴 오디세이: 대전환기에 필요한 지도와 규칙'을 주제로 한 세션에서 한국의 경제 성장에 대한 상반된 의견을 내놓았다. 국가와 문명의 흥망성쇠를 평생 연구한 2명의 세계적 석학이 한국이 선진국 반열에 오를 수 있었던 배경에 대해 열띤 토론을 벌인 것이다.

다이아몬드 교수는 저서 《총·균·쇠》를 통해 국가의 발전을 인종이나 민족의 우열이 아니라 지리와 환경의 차이가 결정짓는다고 주장했다. 국가 발전의 격차는 환경적 우연이 누적된 결과라는 것이다.

반면 로빈슨 교수는 국가 발전의 원동력을 정치·경제 제도에서 찾는다. 포용적 제도가 국가의 번영을 촉진하며 국가 권력과 사회 권력이 끊임없는 견제를 통해 서로 균형을 유지할 때 포용적 제도가 지속될 수 있다는 것이 그의 이론이다.

다이아몬드 교수는 한국에 대한 과거 미국 관료들의 인식을 우선 소개했다. 한국·필리핀·가나 세 국가를 놓고 '앞으로 수십 년 안에 어떤 나라가 부유해질까?'라는 질문을 던졌을 때 미국 관료들의 대답은 명백했다고 한다. "한국은 영원히 빈곤에 머물 것이고, 필리핀과 가나는 부유해질 것이다."

그러나 실제로 일어난 일은 정반대였다. 한국은 부유해졌고 필리핀과 가나는 여전히 빈곤에 머물러 있다. 다이아몬드 교수는 이 차이의 배경을 역사적 기반에서 찾았다.

한국은 1,500년 전부터 쌓아온 깊은 역사적 기반이 있다. 오랜 기간 '국가 정부'를 유지해왔고, 세계 최고의 문자 체계인 한글을 보유하고 있다. 또한 오랜 기간 금속 기술도 발전시켜왔다.

필리핀과 가나는 금속 기술도, 고유 문자도, 국가 제도도 모두 없었다. 다이아몬드 교수는 "한국의 이러한 역사적 기반이 오늘날 강대국 반열에 오를 수 있는 원동력이 됐다"고 평가했다. 그의 이론적 배경이 그대로 드러나는 주장이다.

로빈슨 교수는 한국이 강대국이 된 비결로 '혁신'을 꼽았다. 1970년대 한국은 기술의 모든 영역에서 주요국에 비해 완전히 뒤처져 있었다. 그러나 지금은 그것을 단순히 따라잡은 것이 아니라 오히려 다른 나라들을 추월했다.

로빈슨 교수는 조선업과 자동차 산업을 예로 들었다. 한국에서 조선업은 아예 존재하지 않았지만, 수십 년 만에 세계에서 가장 성공적인 조선업을 일궈냈다. 자동차 산업 역시 세계적으로 가장 성공적인 산업을 구축한 국가로 떠올랐다.

이 자리에서 로빈슨 교수는 한국에 대해 '문제를 해결할 능력과 기업가적 역량을 이미 증명한 국가'라고 정의했다.

AI 시대가 도래한 이후 한국에서는 AI 분야에서 뒤처질 수 있다는 불안감이 조성돼 있다. 기술 발전은 간헐적으로 일어나고, 어디서 어떤 발전이 일어날지 예측하기 어렵다. AI 역시 예상보다 빠르게 진화했고 모두를 놀라게 했다.

로빈슨 교수는 "그러나 한국의 역사적 경험을 보면, 제 생각에는 한국은 충분히 이 도전에 대응할 수 있을 것"이라고 단언했다.

두 석학은 교육에 대한 적극적인 투자가 한국 경제 발전의 원동력 중 하나가 됐다는 점에서는 의견을 같이했다. 로빈슨 교수는 "한국은 만약 저개발국과 개발도상국에, 교육에 투자하고 사회 변혁에 모든 것을 쏟아붓는다면 무엇이 가능한지 보여주는 나라"라고 치켜세웠다.

국가 발전에서 제도와 민주주의의 중요성 또한 이들에게는 중요한 항목이다. 로빈슨 교수는 민주주의가 인류학적 뿌리가 깊고 자연스러운 제도로서 한국 민주주의가 1980년대 제도적 기반 위에서 정착했고, 성과가 국민에게 체감되면서 민주주의가 더욱 강화됐다고 분석했다.

아울러 박정희 대통령과 같은 경제 발전에 집착했던 지도자의 몫도 있지만 오늘날의 창의성과 혁신은 민주주의 전환 덕분에 가능했다는 것이 그의 지론이다.

다이아몬드 교수는 민주주의를 지켜내는 것이 중요하고 조언했다. 그는 "민주주의는 결혼 생활과 유사해서 지속적 관리와 노력이 필요하다"며 "미국 민주주의는 현재 심각한 위기에 직면했다. 민주주의는 성취한 순간 끝나는 것이 아니다"라고 강조했다.

AI의 영향에 대해 다이아몬드 교수는 부정적인 면을 부각했다. 최근 UCLA 학생들의 글쓰기와 발표 능력이 급격히 저하된 데는 AI가 큰 영향을 미쳤다는 것이다.

이에 따라 학생들은 스스로 설득하는 능력을 잃고 있으며, 이는 사회적·개인적 역량에도 부정적이다. 학계에서도 AI로 생성된 허위 논문이 증가하고 있어 심각한 문제라고 그는 지적했다.

로빈슨 교수는 경제에 미치는 영향에 초점을 맞췄다. AI는 생산성 향상에 긍정적이지만 분배적 효과는 여전히 불분명하다. 과거 산업혁명 때처럼 특정 계층이 타격을 입을 수 있으나 이번에는 누가 피해를 볼지조차 예측하기 어렵다.

이에 대한 대응은 자본주의 체제의 유형에 따라 달라질 것으로 로빈슨 교수는 예상했다. 그는 "결국에는 변화가 정당하다고 여겨질 때 사회적으로도 수용이 가능할 것"이라고 설명했다.

재러드 다이아몬드 UCLA 명예교수가 제26회 세계지식포럼 '대전환의 시대: 문명의 몰락과 번영의 길' 세션에서 발표하고 있다.

대전환의 시대:
문명의 몰락과 번영의 길

재러드 다이아몬드 | UCLA 명예교수

전 세계적 베스트셀러 《총·균·쇠》의 저자 재러드 다이아몬드 미국 로스앤젤레스 캘리포니아주립대학교(UCLA) 명예교수는 제26회 세계지식포럼에서 '대전환의 시대: 문명의 몰락과 번영의 길'을 주제로 강연했다.

다이아몬드 교수는 우선 현재의 인류적 위기가 어떻게 도래했는지 역사적 맥락을 짚었다. 그동안 인류는 긴 역사에서 대부분의 사회와 국가가 바로 이웃한 부족이나 국가와의 갈등과 교류만을 경험해왔다. 그러나 20세기 이후 운송 수단, 특히 비행기의 발전과 국가 간 동맹·연합 체제의 형성으로 인해 특정 지역에서 벌어진 하나의 사건이 순식간에 전 세계적인 문제로 확대될 수 있는 조건이 형성됐다.

대표적인 사건이 1차 세계대전이다. 다이아몬드 교수는 1914년 6월 사라예보에서 발생한 프란츠 페르디난트 오스트리아 황태자 부부 암

살 사건이 과거 같았으면 국지적 사건에 그쳤을 일이지만, 당시 동맹국 네트워크로 인해 급격히 사태가 확산했다고 지적했다. 이 사건은 결국 유럽 전역의 전쟁으로 번졌고, 식민지를 보유한 제국들까지 얽히게 되면서 세계대전으로 확산했다.

2차 세계대전 역시 마찬가지 사례이다. 유럽에서 시작된 전쟁이 또다시 동맹국과 식민지 체제를 통해 전 대륙으로 확산했고, 이는 인류 역사상 최초의 진정한 글로벌 대전이 됐다.

이동과 네트워크의 급격한 팽창은 팬데믹이라는 재앙도 가져왔다. 1918년 스페인 독감은 전 세계 수천만 명의 목숨을 앗아간 사례로, 교통·인적 교류의 확대가 전 지구적 전염병을 만들어낸 사례로 평가된다. 2020년 코로나19 역시 중국의 한 지역에서 발생한 전염병이 삽시간에 전 세계를 마비시킨 가장 최근의 사건이다. 다이아몬드 교수는 이를 "세계화의 부정적 산물"이라고 표현했다.

다이아몬드 교수는 오늘날 인류가 직면한 위기로 팬데믹, 기후 변화, 해양 자원 고갈, 핵전쟁 위험 등 네 가지를 꼽았다.

첫 번째 팬데믹 위험에 대해 다이아몬드 교수는 코로나19와 같은 팬데믹이 다시 전 세계를 덮칠 가능성이 존재한다고 주장했다. 다만 그는 팬데믹이 네 가지 위기 중 가장 덜 위험한 것이라면서 "많아야 수천만 명을 죽이는 데 그칠 것"이라고 전망했다. 수천만 명의 생명을 위협하는 위기는 진정한 위기가 아니라는 것이다.

다이아몬드 교수에 따르면 두 번째 위기로 언급한 기후 변화야말로 가장 심각한 위기 중 하나다. 인류의 화석 연료 사용으로 인해 앞으로

지구 온도는 더 높아질 가능성이 크다. 미국 애리조나주 피닉스처럼 한 달간 기온이 45도 밑으로 내려가지 않은 지역도 이미 존재할 정도다.

기후 변화는 한 국가가 이산화탄소 배출량을 줄인다고 해결할 수 있는 문제가 아니다. 전 지구적인 협력을 통한 해결만이 가능한 문제다. 미국·중국·인도·EU 등이 모두 이산화탄소 배출을 감축해야 한다.

기후 변화는 팬데믹처럼 단번에 수천만 명을 죽이지 않는다. 그럼에도 팬데믹보다 더 위험한 이유는 굉장히 다양한 방식으로 사람들을 간접적으로 죽이기 때문이다. 궁극적으로는 문명의 생존을 위협한다고 다이아몬드 교수는 경고한다.

기후 변화는 말라리아, 황열병, 뎅기열 같은 열대성 질병을 온대 지역으로 확산시킨다. 또한 기온 상승은 식량 생산 감소를 초래한다. 기온이 상승하면 농작물이 더 잘 자랄 것이라고 생각할 수도 있지만 잡초가 성장하는 것도 촉진하고, 결국 곡물 생산량은 감소하게 된다.

또 다른 간접적 영향은 산호초 파괴로 인한 해안선 붕괴다. 산호초는 열대 해안선을 쓰나미로부터 보호하는 방파제 역할을 한다. 그러나 산호초가 파괴되면서 수십만 명이 사망하는 대참사가 더 쉽게 발생하게 된다.

세 번째로 언급한 해양 자원의 고갈은 인류가 어류를 남획한 것이 가장 큰 원인으로 작용한다. 다이아몬드 교수는 어떤 국가에도 속하지 않는 공해상의 어류 자원을 남획해 대부분 공해 어장이 붕괴하거나 어획량이 급격히 감소했다고 지적했다. 어류 자원은 스스로 번식하는 재생 가능한 자원이지만 이 같은 남획으로 인해 해양 자원의 재생 능력이 급격히 약화됐다.

다이아몬드 교수는 "전 세계 어장 붕괴는 한국에 가장 직접적인 위협으로 작용한다"며 "한국은 1인당 생선 소비량이 주요 국가 중 가장 높다"고 말했다.

마지막 핵전쟁도 분명히 인류의 생존을 위협하는 실존하는 위험이다. 현재 핵무기를 보유하고 있는 국가들로는 미국·러시아·영국·프랑스·인도·파키스탄·이스라엘·북한이 꼽힌다. 현재 모든 핵보유국은 핵무기를 사용하지 않는 것이 자국의 이익을 지키는 일이라는 사실을 안다. 핵무기를 사용하는 순간 그 국가는 파멸하게 된다는 것을 인지하고 있기 때문이다.

다이아몬드 교수는 이제 필요한 것은 모든 핵보유국이 참여하는 글로벌 합의라고 강조했다. 핵무기 비축량을 줄이고, 핵미사일을 쏘지 않겠다는 약속을 명문화해야 한다는 것이다. 그는 모든 핵보유국이 사실상 암묵적인 합의를 이미 실행해왔고, 이제는 그 합의를 서면으로 공식화하는 것이 필요하다고 주장했다.

다이아몬드 교수는 이와 같은 전 인류적 위기를 해결할 수 있다고 믿는다. 이미 전 세계적인 합의를 통해 공통의 문제를 해결한 사례가 있다는 것이다. 예로 천연두 퇴치, 프레온가스 퇴출, 배타적 경계수역(EEZ) 설정 등을 제시했다.

다이아몬드 교수는 "우리는 이미 여러 글로벌 문제를 해결한 성공의 전례가 있다"며 "우리가 반드시 해결해야 한다는 공감대와 의지를 갖는다면 충분히 극복할 수 있다고 신중하게 낙관한다"고 강조했다.

샤를 미셸 전 EU정상회의 의장(오른쪽)과 티에리 드 몽브리알 프랑스 IFRI 설립자 겸 이사장이 제26회 세계지식포럼 '갈림길에 선 유럽: 부흥의 길' 세션에서 대담을 하고 있다.

- **샤를 미셸** 복잡한 정치 환경을 능숙하게 헤쳐 나가는 역량으로 인정받는 유럽의 지도자다. 38세에 벨기에 역사상 최연소 총리로 취임했으며, 국제 협력과 경제 회복을 위한 강한 의지를 보여주었다. 2019년부터 2024년까지 유럽이사회 의장으로 재임하며, 코로나19 팬데믹에 대한 EU의 대응을 조율하고, 대규모 회복 계획을 추진했다. 러시아가 우크라이나를 침공하자 우크라이나에 대한 즉각적인 지원을 이끄는 데 핵심적인 역할을 했다.

- **티에리 드 몽브리알** 1979년 그가 설립한 프랑스 국제관계연구소(IFRI) 이사장이다. 프랑스 국립예술산업대학교 명예교수이기도 하다. 2008년 세계 정책 컨퍼런스(WPC)를 창립해 현재까지 운영하고 있다. 1992년부터 프랑스학술원 도덕정치과학아카데미 회원으로 활동 중이다. 1974년부터 1992년까지 에콜폴리테크니크 경제학과를 이끌었으며, 1993년부터 2001년까지 프랑스 전략연구재단 초대 회장을 역임했다.

갈림길에 선 유럽: 부흥의 길

샤를 미셸 | 전 EU정상회의 의장
티에리 드 몽브리알 | 프랑스 국제관계연구소 이사장

러시아-우크라이나 전쟁에 이어 미국의 자국 우선주의 정책으로 인해 유럽의 지정학적 리스크가 커진 가운데, EU가 안보·경제 주권 강화를 위한 적극적 움직임에 나서야 한다는 분석이 나왔다. 구체적으로는 EU 안전보장이사회 구성이 제안됐다. 또 전략적 이익을 위해 파트너를 다변화하는 등 실용주의 노선을 추구할 필요성도 제기됐다.

제26회 세계지식포럼 '갈림길에 선 유럽: 부흥의 길' 세션에서 연사로 나선 샤를 미셸 전 EU정상회의 상임의장은 오늘날 국제 사회가 직면한 충격으로 중국의 다양한 분야에서의 야망 증가, 러시아-우크라이나 전쟁, 무역 전쟁 같은 미국 정책 등 세 가지를 꼽았다. 그러면서 그동안 EU가 안보를 미국에 크게 의존해온 경향이 있다고 반성했다.

미셸 전 의장은 "2차 세계대전 이후로 현재 세계가 또다시 위험에 처했다"며 "EU는 정체성과 미래 방향을 고민해야 한다. 특히 주권 수호는 앞으로 주요 과제가 될 것"이라고 밝혔다.

그는 2022년 발발한 러시아-우크라이나 전쟁이 EU에 상당한 도전적 과제를 던져주고 있다고 꼽았다. 현재 EU는 우크라이나에 무기 등 군사적 지원을 제공하고 있다. 이 과정에서 유럽이 스스로 자신들의 미래에 대해 더 많은 책임을 져야 한다는 인식이 증가하고 있다.

미셸 전 의장은 "러시아-우크라이나 전쟁은 민주주의의 원칙, 인권 신념과의 전쟁"이라며 "EU는 정치적 관점에서 이익이 되는 방향으로 27개국을 통합하는 것이 중요하다"라고 말했다.

일각에서는 EU가 타국의 정치적 문제에 개입하려면 정당성을 어디에서 찾을 것인지에 대한 고민이 필요하다는 지적도 내놓는다. 좌장으로 세션에 참여한 티에리 드 몽브리알 프랑스 IFRI 설립자 겸 이사장은 "EU가 전쟁과 평화와 관련된 문제들에 대한 의사 결정을 할 때 정당성 문제가 발생한다"라고 말했다.

이에 대해 미셸 전 의장은 "각국에서 민주적으로 선출된 국가 원수나 정부 수반의 결정은 당연히 강력한 정당성을 가진다"며 "추가로 현실적이고, 실용적인 제도적 개혁이 더해진다면 동의하는 유럽 시민들이 늘어날 것"이라고 말했다.

또 미셸 전 의장은 우크라이나에 대한 EU의 지원을 유지해야 한다고 강조했다. 유럽이 스스로의 이익을 지키고, 예측 가능성을 높이기 위해 지원 필요성은 유지된다는 것이다. 다만 그는 "설득과 개혁이 필요하다는 과제는 남는다"며 "인권·민주적 사상 등 기본 원칙을 지키기 위해 머뭇거리지 말아야 한다"고 강조했다.

한편 이 자리에서는 유럽이 미래를 위해 반드시 검토해야 할 요소에 대한 논의도 이어졌다. 미셸 전 의장은 이를 큰 틀에서 경제, 안보, 균형을 갖춘 협력 세 가지를 꼽았다.

구체적으로 경제는 노동조합을 뜻한다. EU가 미국의 경제적 야망을 발전시키는 데 자원을 쏟지 말고, 스스로의 부(저축)를 쌓기 위한 노조의 역할이 중요하다는 지적이다.

미셸 전 의장은 안보와 관련해서는 유럽을 위한 안전보장이사회 구성이 필요하다고 강조했다. 그는 "우리는 안보 분야에서 특별한 책임을 져야 한다"며 "국가적 노력을 집중해 우리의 안보 역량을 개발해야 한다"라고 밝혔다.

마지막으로 균형을 갖춘 협력은 유럽이 전략적 이익을 위한 결단력이 필요하다는 조언이다. 이 과정에서 중요한 경제적 이익을 방어하기 위해 실용주의 노선을 탈 수도 있다고 언급했다.

이는 전통적 우방인 미국이 자국 우선주의 정책을 표방하자, EU도 미국 의존도를 낮추고 경제적 파트너를 다변화해야 한다는 뜻으로 해석된다. 특히 현재 EU가 진행 중인 에너지 시장 구축을 위한 공동 프로젝트를 기반으로 EU가 자립할 수 있는 역량을 키워 나가는 것이 필요하다고 덧붙였다.

그는 "앞으로 EU가 무역 분야를 포함한 다자간 질서를 지키기 위해 전 세계의 다른 생각을 가진 국가와 훨씬 더 많이 협력하는 것이 중요하다"며 "EU가 15% 관세를 부과하는 협정을 받아들이기로 한 것은 아쉽다"라고 전했다.

할 브랜즈 존스홉킨스대학교 국제대학원 교수가 제26회 세계지식포럼 '글로벌 지정학 아웃룩 2026' 세션에서 발표하고 있다.

- **할 브랜즈** 존스홉킨스대학교 교수다. 미국 국방부 장관 고문, 국무부 외교정책위원회 위원, 미국 의회가 설립한 미·중 경제·안보 검토위원회 위원으로 활동했다. 현재 미국기업연구소 선임연구원을 겸하고 있다. 전 세계 정부·학계·민간 부문의 청중을 대상으로 지정학·외교 문제에 대해 강연하고 있다.

- **테리 마르틴** CNN인터내셔널에서 일했으며 현재 독일 방송사 도이체벨레(DW)에 소속된 뉴스 앵커다. G7 회의, 유엔 기후변화협약 등 국제 행사·자연재해, 주요 선거 등을 생중계하며 수많은 정·재계 인사와 비즈니스 리더, 과학자와 활동가들을 인터뷰해왔다.

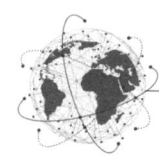

글로벌 지정학 아웃룩 2026

할 브랜즈 | 존스홉킨스대학교 교수
테리 마르틴 | 뉴스 앵커

"한미동맹이 변곡점을 맞았다. 북한의 핵-미사일 프로그램이 트럼프 1기 때와 비교해 매우 정교해지고 발전했기 때문이다. 한미동맹의 핵심 축인 북핵 억제 약속이 위협받고 있다."

《중국은 어떻게 실패하는가》의 저자이자 전 세계가 주목하고 있는 지정학 전문가인 할 브랜즈 존스홉킨스대학교 교수는 제26회 세계지식포럼 '글로벌 지정학 아웃룩 2026' 세션에서 이같이 말했다.

브랜즈 교수는 "한미는 2023년 워싱턴 선언을 통해 핵협의그룹(NCG)을 창설해 양국 동맹 수준을 핵 기반 동맹으로 업그레이드했다. 미국 핵 잠수함을 한반도 주변에 더욱 많이 배치했지만, 더 많은 조치가 필요해 보인다"라고 말했다. 그는 "미국 대통령 역시 미국이 앞으로 한반도에 개입할 때 미국 본토가 북한의 핵 공격을 당할 수도 있다는 위험을 고려해야 하는 상황"이라고 평가했다.

이 같은 상황에서 한·미·일 동맹은 한반도 안보를 위한 또 하나의 중요한 공조 축이라고도 했다. 브랜즈 교수는 "한·미·일 협력은 중요한 돌파구가 될 수 있다"며 "한·미·일 3국 협력은 북한 위협뿐만 아니라 대만 해협 등 중국에 의한 역내 안보 위협에 대한 대응을 위해 매우 중요한 삼각관계"라고 말했다.

미·중 갈등 역시 오래 지속될 만큼 한국 등 주요 국가가 이에 대한 대비책을 마련해야 한다고도 조언했다. 브랜즈 교수는 "안보 부분에서 미국과 중국의 충돌 가능성은 계속해서 높아지고 있다"며 "인도·태평양 지역에서 극적으로 상황이 변할 위험이 있다"라고 진단했다. 그는 "중국이 남중국해와 대만 해협에서 향상된 군사력을 바탕으로 점차 과감하게 해당 지역이 자신들의 영토라고 시위하고 있다"며 "폭력이 발생할 가능성은 높아지고 있다"라고 했다.

관세 분쟁과 관련해서는 "미·중이 어떤 종류의 협정을 체결하든 미·중 관계는 근본적으로 오랜 기간 적대적일 수밖에 없다"라며 "중국은 수출 지향적인 경제 모델을 변경하지 않을 것이고 미국은 중국 등 다른 나라들에 과잉 생산 문제를 계속해서 압박할 것이기 때문"이라고 말했다.

그러면서도 "도널드 트럼프 미국 대통령은 한편으로는 중국과 경제적 거래를 염두에 두고 있기도 하다"며 그의 행보를 예의주시할 필요가 있다고 강조했다.

'2개의 전쟁'이 끝날 기미가 없다는 점도 불확실성을 가중하는 요소다. 브랜즈 교수는 먼저 중동 전쟁에 대해 "이스라엘이 중동에서 미국의 최대 우방으로 떠오르는 카타르에 있는 팔레스타인 무장 정파 하마스 사무실을 공격했다"며 "'이스라엘의 적들에게 안전 구역은 없다'는 베냐민 네타냐후 이스라엘 총리의 발언은 휴전까지 갈 길이 멀다는 사실을 강화한다"라고 했다.

그는 중동 전쟁에서 이란 문제가 한국에 시사하는 바가 크다고 짚었다. 브랜즈 교수는 미국이 이란 핵 시설을 파괴하기 위해 벙커 버스터 폭탄을 투하한 점을 언급하고 "이는 국제 핵 비확산을 지키기 위한 투쟁의 일환이었다"며 "북한 핵 문제와도 직결되는 행위"라고 평가했다. 이어 "북한 같은 국가들이 핵 능력을 확보하면 이를 돌이키기 매우 어렵다는 점을 보여주는데, 안타깝게도 북한은 이미 모종의 성과를 이룬 모습"이라고 말했다.

러시아-우크라이나 전쟁에 대해서는 러시아가 다른 유럽 국가들도 공격할 수 있다고 경고했다. 브랜즈 교수는 러시아의 드론이 폴란드 영공을 침범한 사례를 들며 "지금까지는 전장이 우크라이나에 국한돼 있었지만, 러시아가 더욱 적극적으로 나서기 시작하면 어떤 식으로든 전쟁이 확산할 가능성이 크다"라고 말했다.

그는 "미국이 주도하는 러시아-우크라이나 사이 휴전 혹은 종전 합의는 적어도 2025년에는 어려워 보인다"며 "블라디미르 푸틴 러시아 대통령의 전쟁 목표가 변했다는 증거가 없으며, 우크라이나 역시 푸틴 대통령이 제안할 합의 내용에 동의하지 않을 가능성이 높다"고 말했다. 브랜즈 교수는 "결국에는 우크라이나 군과 러시아 경제 중 어느 쪽이 더 버티느냐가 관건으로 보인다"라고 말했다.

이브라힘 마흘랍 전 이집트 총리가 제26회 세계지식포럼 '가자지구 재건의 열쇠 이집트' 세션에서 발표하고 있다.

- **이브라힘 마흘랍** 오랜 기간 이집트 경제에 영향력을 행사한 인물이다. 2001년부터 11년간 국영 건설사 아랍 컨트랙터스 대표를 맡았다. 이후 주택부 장관을 거쳐 2014년부터 1년 6개월 동안 총리로 재직하며 신수에즈 운하, 신행정수도 등 국가 핵심 프로젝트를 주도했다. 총리직을 마친 뒤에는 3년간 전략·국가 프로젝트를 담당하는 대통령 보좌관으로 지냈다.

- **김종도** 고려대학교 중동·이슬람센터장이며 아랍법 연구의 권위자다. 현지 조사를 통해 국내에서 연구가 드물었던 아랍 실정법 번역과 연구의 토대를 놓았다. 아랍어 보급에도 큰 기여를 했다. 한국인에게 알맞은 아랍어 강의법과 대중을 위한 아랍어 입문서를 저술했다. 2021년 명지대학교에서 정년 퇴임을 한 후 현재 고려대학교 행정학과 특임교수로 재직하고 있다.

가자지구 재건의 열쇠 이집트

이브라힘 마흘랍 | 전 이집트 총리
김종도 | 고려대학교 중동·이슬람센터장

"지금 가자지구에는 아무것도 없습니다. 광범위한 파괴에 노출된 가자지구는 인도주의적 비극입니다."

중동의 신패권국으로 떠오르는 이집트에서 가자지구의 비극을 막고, 재건하기 위한 국제적 노력이 필요하다는 분석이 나왔다. 재건 과정에서 한국 기업과의 협업 기대감도 내비쳤다.

제26회 세계지식포럼 '가자지구 재건의 열쇠 이집트' 세션에서 연사로 참석한 이브라힘 마흘랍 전 이집트 총리는 현재 팔레스타인 가자지구가 존엄성과 희망이 사라지고 생계유지를 위한 긴급한 도움을 필요로 하는 인도적 위기에 직면해 있다고 강조했다.

이브라힘 마흘랍은 현재 압델 파타 엘시시 이집트 대통령의 집권 초기에 경제 정책을 도맡았던 인물이다.

마흘랍 전 총리는 "가자지구 내 팔레스타인 민족에 대한 체계적인 잔혹 행위가 발생하고 있다"며 "통계에 따르면 상당한 사망자와 부상자가 발생하고 있고, 많은 사람이 여전히 잔해 아래에 갇혀 있다"라고 밝혔다.

그에 따르면 현재 가자지구 내 사망자는 7만 명에 육박하고, 부상자는 17만 명에 달한다. 총 5,000만 톤에 달하는 잔해가 발생했고 도시는 황폐화한 상태다. 실업률도 80%에 육박한다.

가자지구 내에서 유통하는 물은 97%가 식수로 부적합한 상태로 대부분 주민이 심각한 기근에 직면해 있다. 병원에서는 마취 없이 시술을 진행하고, 학생들은 학교도 가지 않는다. 구호 트럭 600~700대가 필요한 상황인데 현재 5~10대만 가자지구에 진입이 가능한 상황이다.

인도주의적 위기 상황에서 마흘랍 전 총리는 중동의 신성 패권국으로서 발돋움하는 이집트가 적극적인 역할을 해 비극을 막아야 한다고 주장한다. 그동안 이집트는 미국·카타르 등 글로벌 파트너와 전쟁 종식, 인도적 지원 진입 보장, 인질 석방 등 세 가지 목표 달성을 위해 힘써왔다.

특히 현재 이집트는 가자지구 주민을 다른 지역으로 이주시키지 않고, 재건하는 것을 국가적으로 논의하고 있다. 또 원조를 집중하는 등 인도주의적 노력을 지속하고 있다.

마흘랍 전 총리는 가자지구 내 팔레스타인인들의 강제 이주를 추진하는 이스라엘의 행태에 대해서도 강력히 비판했다. 그는 "우리는 팔레스타인인의 자발적이든 비자발적이든 어떠한 이주에 대해서도 강력히 비판하고 거부한다"며 "이것이 변하지 않는 레드 라인"이라고 강조했다. 이어서 "동예루살렘을 수도로 하는 팔레스타인 독립 국가를 설립하는 것이 우리의 목표"라고 말했다.

실제 그는 미국 내에서도 여론이 바뀌고 있다고 강조했다. 마흘랍 전 총리에 따르면 미국인의 49%가 가자지구 내 이스라엘의 군사 행동을 '집단학살'로 묘사하고 있다.

또 미국인 63%는 팔레스타인을 국가로 인정하는 것에 대해 지지한다. 팔레스타인의 80%는 가자지구에서 이스라엘의 완전한 철수 없이는 전쟁이 끝나지 않는다고 믿고 있다.

한편 이집트의 시선은 인도주의적 비극을 멈추는 데 그치지 않는다. 체계적인 재건을 통해 가자지구를 '제2의 중동 건설 붐'의 장소로 조성하려고 노력하고 있다.

마흘랍 전 총리는 가자지구 재건을 통한 이집트의 로드맵으로 쓰레기 제거와 재활용, 인프라스트럭처(사회적 생산 기반) 구성, 주거지 설립, 사회 시스템 구축, 투명성 제고 5단계를 제시했다. 특히 마지막 5단계로 제시한 투명성 제고가 가자지구 내 정당한 리더십과 거버넌스를 보장하는 데 중요하다고 봤다.

그는 "재건과 평화 추구의 노력은 중동의 분쟁을 줄이고, 극단주의를 해결할 새로운 기회를 열 것"이라며 "가자지구를 아시아·중동·유럽의 공급망과 연결해 지역 물류 허브로 만들 수 있다"고 강조했다.

끝으로 마흘랍 전 총리는 가자지구를 재건하는 과정에서 한국과의 협력을 기대한다고 언급했다. 그는 "이집트에는 건설 인력이 많다"며 "한국의 정보기술(IT) 등 첨단 기술과 결합해 가자지구의 재건을 위한 협력을 한다면 많은 것을 이룰 수 있다"고 말했다.

이날 좌장으로 나선 김종도 고려대학교 중동·이슬람센터장은 "이집트가 2050년에는 세계 10대 강국이 될 수도 있다"며 "한국이 어떻게 이집트와 상생하고 양국 이익을 창출할 수 있을지 고민해보자"라고 답했다.

3
스트롱맨 시대 생존 전략

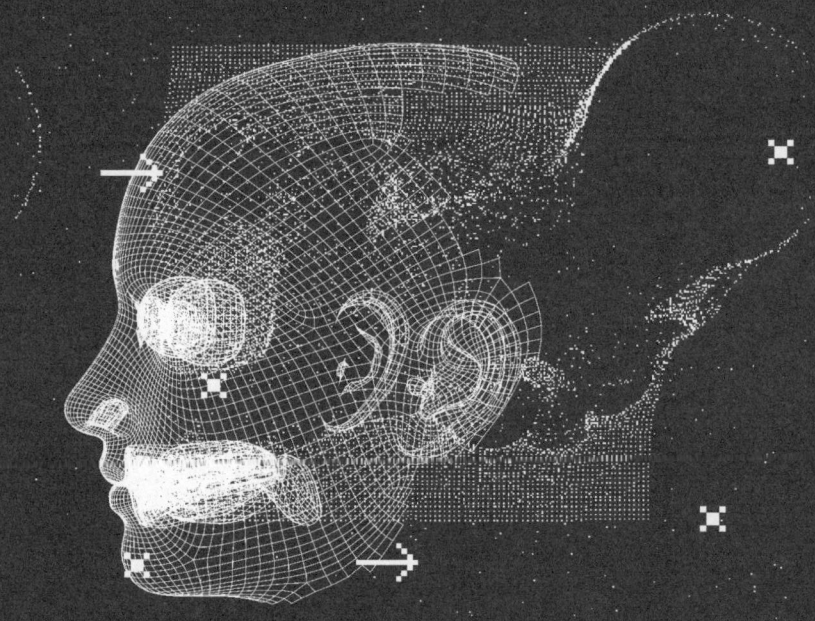

채드 울프 AFPI 수석부회장이 제26회 세계지식포럼 '트럼프 싱크탱크가 제시하는 미국 우선주의 정책' 세션에서 발표하고 있다.

- **채드 울프** 미국우선주의정책연구소(AFPI) 수석부회장이다. 트럼프 2기 행정부의 정책을 설계하며 트럼프 대통령의 싱크탱크로 불리는 AFPI의 전반적인 연구 방향과 정책 목표를 설정하는 등 핵심 역할을 맡고 있다. AFPI에 합류하기 전, 미국 연방 정부 내 세 번째로 큰 부처인 국토안보부 차관대행을 지냈다. 재임 기간에 코로나19 팬데믹, 시민 시위, 국경·이민 위기 등 여러 중요한 안보 문제 해결을 진두지휘했다.

- **안호영** 오랜 기간 대한민국 외교관으로 활동하며 통상교섭조정관, 제1차관직을 역임했다. 해외 공관에서는 주벨기에 겸 유럽연합 대사, 주미 대사로 근무했다. 2018년부터 2022년까지 북한대학원대학교 총장직을 역임했으며 현재는 경남대학교 석좌교수로 재직하고 있다.

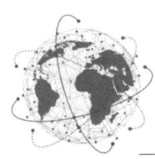

트럼프 싱크탱크가 제시하는 미국 우선주의 정책

채드 울프 | 미국우선주의정책연구소 수석부회장
안호영 | 전 주미대한민국 대사

"도널드 트럼프 미국 대통령은 미국에 대규모 투자를 감행한 한국을 위해 앞으로는 한국 기업 근로자들에 대한 비자 심사 절차를 더 빨리 진행하도록 지시할 것이다."

'트럼프의 그림자 내각'이라는 평가를 받는 AFPI 채드 울프 수석부회장은 제26회 세계지식포럼 '트럼프 싱크탱크가 제시하는 미국 우선주의 정책' 세션에서 "미국 조지아주 한국인 300명 구금 사태 해결과 재발 방지책이 필요하다"는 안호영 전 주미 대사의 물음에 이와 같이 답했다.

AFPI는 마이클 월츠 백악관 국가안보보좌관, 린다 맥마흔 교육부 장관 등 트럼프 2기 고위 인사들을 대거 배출한 미국 워싱턴의 싱크탱크다. 울프 수석부회장에 따르면 2025년 1월 트럼프 2기 행정부가 출범한 이후 정부에서 일하고 있는 AFPI 출신은 약 100명에 달한다.

특히 울프 수석부회장은 트럼프 1기 때 미국의 이민 정책을 총괄하는 국토안보부 차관대행을 지냈다. AFPI가 2024년 출간한 정책집 〈미국 국가 안보에 대한 미국 우선주의적 접근〉은 현재 미국의 이민·대외 정책 등에 그대로 반영되고 있는데, 울프 수석부회장이 월츠 보좌관 등과 함께 공동 저자다.

울프 수석부회장은 "다시는 이런 일이 벌어져서는 안 된다는 데 공감한다"며 "한국 기업이나 정부가 필요한 사항이 무엇인지 트럼프 정부에 말해준다면 트럼프 대통령은 이를 빠르게 처리할 것"이라고 말했다. 그는 "트럼프 정부는 이 문제를 함께 해결하려는 의지가 분명히 있다"고 강조했다.

그러나 울프 수석부회장은 비자 관련 법 집행에서 한국인에 대한 예외를 두기는 어려울 것이라고 내다봤다. 한국과 미국 정부가 재발 방지 대책을 논의하고 있지만, 행정적인 차원에서 일종의 편의를 봐주는 정도에서 협의를 마무리할 것이라는 전망이다. 울프 수석부회장은 "특별한 예외나 포괄적 합의가 필요하다고 생각하지 않는다"라고 밝혔다.

그는 "미국에서 일할 수 있는 올바른 비자를 받는 데 시간이 오래 걸린다는 것이 문제라면 행정부 권한으로 꽤 간단하게 해결할 수 있다"며 "한국 기업이나 정부가 '우리는 대규모 투자를 하고 있는데 비자 발급에 애로가 있다'라고 하면 트럼프 측은 '신속히 처리하고 지원하겠다'고 기꺼이 화답할 것"이라고 말했다. 이어 "한국 기업이나 정부가 신속한 심사가 필요한 비자 숫자를 전달하는 등 구체적으로 요구해도 미국 당국이 적극 협조할 것"이라고 예상했다.

이번에 체포·구금 작전을 진행한 이민세관단속국(ICE)이 기관으로서 법에 따라 맡은 업무를 수행한 것이라면서도 "앞으로는 ICE가 법 집행에 앞서 정부와 소통을 더 잘하는 방향으로 개선할 가능성이 높다"라고 말했다. 앞서 한국 정부는 ICE의 체포 계획에 대한 사전 통보는 물론 사후 통보도 받지 못했다.

울프 수석부회장은 "미국에서 합법적으로 일할 수 없는 비자를 일할 수 있도록 허용해주는 것은 옳은 접근이 아니다"라며 "한국은 앞으로 어떤 일자리인지도 봐야 한다. 고도의 기술이 필요해 미국인이 대체할 수 없는 경우 비자 관련 편의를 제공할 것"이라고 말했다. 그러면서 "한국 기업들은 하청 업체가 어떤 사람들을 쓰는지도 살펴봐야 할 필요가 있다"라고 했다.

한편 울프 수석부회장은 한국의 마스가(MASGA) 프로젝트에 대해 탁월하다고 평가하고, 한국 조선업체의 미국 내 투자를 어렵게 하는 관련 법안을 개정할 필요가 있다고 밝혔다. 그는 "'존스법'이나 '번스-톨레프슨법'에는 면제 조항이 있어 합법적으로 절차를 진행할 수 있기는 하다"며 "그러나 의회는 미국이 조선 관련 투자를 늘리려고 장려하는 현시점에 이 두 법률의 입법 취지가 여전히 미국에 이익이 되는지 고민해야 한다. 재검토가 필요하다"라고 말했다.

존스법은 1920년 제정된 법으로, 미국에서 만들고 미국인이 소유·운영하는 상선만 미국 내 해상 운송을 허용하는 내용을 골자로 한다. 번스-톨레프슨법은 미국 함정은 미국 조선소에서만 건조하도록 제한한다. 1965년에 제정됐다.

울프 수석부회장은 미국 우선주의에 오해가 있다고도 주장했다. 그는 "미국 우선주의에서 '미국 우선'이라는 말이 '미국 단독'을 의미하는 것이 아니다"라며 "이는 자국민에게 최선을 다하겠다는 뜻이며, 그래서 우리는 전 세계 동맹, 우방과 협력을 계속해 나갈 계획"이라고 말했다. 특히 한국은 트럼프 대통령이 중요시하는 동맹이라고 언급했다. 그는 중국의 부상을 더는 지켜보고 있을 수만은 없는 시점이라면서 "인도·태평양 지역에서 한국과의 안보 협력, 한·미·일 3국 협력이 대단히 중요하다"며 "트럼프팀도 같은 신호를 보내고 있다"고 말했다.

오렌 캐스 아메리칸컴퍼스 창립자 겸 수석이코노미스트가 제26회 세계지식포럼 '트럼프 2.0과 MAGA 경제 정책' 세션에서 발표하고 있다.

- **오렌 캐스** 2020년 가족·공동체·산업의 중요성을 복원하고자 보수 성향 싱크탱크 아메리칸컴퍼스를 설립했다. 미국 부통령 J. D. 밴스와 긴밀한 정책적 동반자로 꼽힌다. 아메리칸컴퍼스는 밴스 부통령과 신보수주의 진영의 정책 방향을 이끄는 핵심 싱크탱크로 평가받고 있다.

트럼프 2.0과 MAGA 경제 정책

오렌 캐스 | 아메리칸컴퍼스 창립자

"트럼프 2.0은 미국 내 생산성을 높이기 위한 패러다임 전환 시도입니다."

미국 우선주의를 표방하는 '미국을 다시 위대하게(MAGA, Make America Great Again)' 정책의 탄생 배경은 생산 기피로 인해 미국 경제가 침식 중이기 때문이라는 분석이다. 노동자와 지역 사회에 올바른 자본 환원이 이뤄지지 않으면서 경제는 성장하지만, 점차 가난해지는 미국인이 늘고 있다. 이에 미국인의 재정적 안정성을 높여주는 것이 트럼프 행정부의 책무라는 것이다.

제26회 세계지식포럼 '트럼프 2.0과 MAGA 경제 정책' 세션에서 연사로 나선 오렌 캐스 아메리칸컴퍼스 창립자 겸 수석이코노미스트는 트럼프 행정부의 핵심 정책 기조가 '기업 침식'을 막는 것이라고 밝혔다. 그는 도널드 트럼프 미국 대통령을 비롯한 현 미국 행정부 고위 관리들에게 영향을 미치는 보수 성향 평론가다.

자본주의 시스템으로 인해 기업들의 곳간은 풍성해졌지만, 정작 노동자들의 지갑은 얇아졌다는 지적이다. 많은 영업이익을 올린 기업들이 투자를 망설여 사회 공공의 부가가치를 창출하지 못했다는 일침이다. 캐스는 이 현상을 "기업들은 아무것도 하지 않았다"라고 표현했다.

이어서 캐스는 "미국은 확실히 세계에서 가장 강력한 경제 국가다. 성장이 강력하고 실업률도 낮다"면서도 "문제는 그런 성과가 일반 노동자에게는 잘 체감이 되지 않는다는 것"이라고 말했다.

아메리칸컴퍼스에 따르면 미국 기업의 수익성은 1960년 이후 급증해왔다. 1인당 GDP와 노동생산성도 함께 개선됐다. 하지만 인플레이션을 조정한 일반적 미국 노동자의 임금은 1972년과 2022년에 크게 다르지 않다는 것이 그의 주장이다. 특히 젊은 남성들(25~29세)의 경우 1970년보다 2020년에 실질적으로 수입이 더 적은 것으로 조사됐다.

캐스는 "과거에는 대학 교육을 받지 않는 일반 남성도 식비, 주거비, 건강보험료, 자동차 운영비 등을 부담하고 가족을 부양할 정도로 충분한 수입을 벌었다"면서도 "최근에는 중산층이 기본적인 삶을 영위하기 더욱 어려워졌다"라고 말했다. 무엇보다 기업 침식의 결과는 미국 제조업의 공동화다. 자국 내 산업 생산 능력이 크게 떨어져 일자리가 창출되지 못하고 있다는 것이다. 세계화의 전제이자 원만히 작동하는 자본주의의 전제가 무너졌다는 것이 캐스의 주장이다.

그는 미국은 소련과의 냉전에서 사실상 승자이지만 현대 첨단 기술 전쟁에서의 경쟁력이 사실상 붕괴됐다는 분석도 내놓았다. 이에 대한 여파로 직업학교가 사라지고, 모든 청년이 대학에 진학해 정작 산업에 필요한 필수 인력이 부족한 사태까지 이르렀다고 덧붙였다.

캐스는 "미국은 혁신, 기술 분야에서 세계의 리더 역할을 더는 하지 못하게 됐다"며 "노동자들은 제조업 일자리를 뺏기고 임금이 더 낮고, 근무 여건이 열악한 곳으로 밀려나게 됐다"고 밝혔다.

현재 트럼프 행정부는 노동자, 지역 사회로의 환원을 늘리기 위해 패러다임을 소비에서 생산으로 전환하고 있다는 분석이다. 특히 생산성을 강화하면 지역 사회에 활기가 돌고 사회의 공익도 증진한다.

캐스는 생산의 긍정적 영향을 설명하기 위해 한국 기아가 2010년 진출한 조지아주 생산 공장 사례를 언급했다. 그는 "수십 년간 심각한 빈곤으로 무너진 조지아주의 한 마을에 멋진 기아의 공장이 들어서며 지역 경제가 회복됐다"라며 "가난하게 자란 한 여성이 기아 공장에 취업해 만족하는 다큐멘터리 내용도 있다"라고 치켜세웠다.

이어서 캐스는 "그래서 우리는 반도체 제조를 다시 도입하고, 선박을 건조하는 데도 투자할 것"이라며 "관세도 생산성 증대를 위한 친시장 개입"이라고 말했다. 시장이 허용할 수 있는 범위의 관세 정책은 반시장적 조치가 아니라는 지적이다.

한편 캐스는 '보이지 않는 손'을 주장한 애덤 스미스의 《국부론》 한 구절을 인용하기도 했다. 그는 "《국부론》을 보면 외국 산업을 지원하기보다 국내 지원을 선호한다고 가정하고 있다"라며 "오늘날에도 미국은 제조업 강국이 되어서는 안 된다고 주장하는 부류도 있지만, 경제의 건전성에 미치는 비용은 엄청나다"고 말했다.

조지프 토리지언 아메리칸대학교 교수가 제26회 세계지식포럼 '시진핑과 중국공산당의 이해' 세션에서 발표하고 있다.

- **조지프 토리지언**　아메리칸대학교 교수이자 중국에서 수학한 중국 전문가다. 호주국립대학교 '차이나 인 더 월드 프로그램' 방문연구원, 프린스턴-하버드 '차이나 앤 더 월드 프로그램' 박사후연구원, 상하이 푸단대학교 풀브라이트 장학생으로 활동했다. 《명성, 조작, 강압: 스탈린과 마오 이후 소련과 중국의 엘리트 권력투쟁》, 《당의 이익이 최선이다: 시진핑 아버지 시중쉰의 삶》 등을 저술했다.

시진핑과 중국공산당의 이해

조지프 토리지언 | 아메리칸대학교 교수

"시진핑 중국 국가주석이 2025년 9월 3일 전승절에 수도 베이징에서 개최한 대대적인 열병식은 사실 국제 사회에 중국의 군사력을 과시하기 위한 것이 아니라 자국 청년들에게 이념적 자긍심 등을 고취하기 위한 차원이었다."

2025년 미국에서《당의 이익이 최선이다: 시진핑 아버지 시중쉰의 삶》을 출간하고 베스트셀러 작가가 된 중국공산당 분석의 대가 조지프 토리지언 아메리칸대학교 교수는 제26회 세계지식포럼 '시진핑과 중국공산당의 이해' 세션에서 이와 같이 말했다.

토리지언 교수는 "시진핑은 서방 제국주의자들이 공산주의를 파괴하기 위해 3세대에 승부를 걸었다고 말했다"며 "그는 오늘날의 중국 청년을 가장 취약한 세대로 지목했다"고 설명했다. 그러면서 "우리는 중국 청년들이 '혁명'의 바통을 이어받아 사명과 집단주의의 가치에 삶을 바치는 데서 의미를 찾을지, 아니면 사실상 고난을 견디라는 호소에 감흥을 잃을지 여부에 주목해야 한다"라고 했다.

시진핑 주석이 청년층 포섭 성공 여부가 중국의 생존과 직결된다고 생각하고 있다는 분석이다. 토리지언 교수는 그가 청년들을 예의주시하는 이유가 승계 문제와 맞물린다고 설명했다. 그는 "중국 리더십의 승계 관리는 청년층을 설득하는 문제와 대개 맞물려 있다"면서 1980년대 명목상 당 서열 1위인 중국공산당 중앙위원회 총서기를 지낸 후야오방의 사례를 제시했다.

후야오방은 최고 실권자인 덩샤오핑에 의해 발탁돼 1982년부터 당 총서기를 맡았다. 둘은 개혁·개방이 필요하다는 생각은 일치했지만 1985년부터 터지기 시작한 학생 시위에 관한 입장은 달랐다. 후야오방은 민주와 법치로 문제를 접근했고 시위는 계속 번졌다. 결국 덩샤오핑은 1987년 그의 자진사퇴를 유도했다. 1989년 후야오방은 급성 심근경색으로 숨졌다. 대학생들이 후야오방의 장례를 이유로 톈안먼 광장에 몰려나왔고, 이는 톈안먼 사태로 발전했다.

물론 시진핑 주석은 청년과 승계의 리스크를 의식하고 1인 통치 체제를 굳혔다. 토리지언 교수는 후계자를 지명하면 시험과 검증이 가능하지만, 권력이 두 갈래로 나뉘는 문제가 발생하고, 지명하지 않으면 권력은 보존되지만 권력 이양 시점에 충성 경쟁과 권력 공백이 발생한다는 딜레마를 시진핑 주석이 고려했다고 설명했다. 그럼에도 시진핑 주석은 언제든 청년과 승계 문제가 촉발될 수 있다고 보고 통제 고삐를 쥐고 있다고 그는 짚었다.

토리지언 교수는 시진핑 주석이 통제에 집중하는 배경에 아버지인 시중쉰의 삶이 있다고 설명했다. 시중쉰은 마르크스의 《자본론》이 아닌 소설을 통해 공산주의에 입문했다. 그러면서 개혁적인 성향을 보였다. 이 때문에 시중쉰은 옥고를 치르기도 했고 '귀양'도 갔다. 그럼에도 그는 당의 부름을 한 번도 거부하지 않았고 중국 체제의 존치를 위해 평생을 고민했다.

토리지언 교수는 "시중쉰은 중국 역사의 굴곡을 당사자로서 경험하면서 '경제 성장을 추구하면서도 동시에 정신적 토대를 공고히 다져야 한다'는 생각을 하게 됐다"고 평가했다. 그는 1980년대 말 공산주의 붕괴 조짐이 전 세계적으로 퍼질 때 폴란드와 소련의 상황을 보고 개혁의 필요성을 강조하면서도 북한의 이념 교육을 깊게 연구해서 벤치마킹할 필요도 있다고 당에 조언했다.

시진핑 주석이 승계 구도와 청년 문제에 유의하고 있는 이유도 시중쉰의 경험이 바탕이다. 토리지언 교수는 "시중쉰은 '청년을 위한 싸움은 사생결단의 투쟁'이라고 했다"며 시중쉰이 문화대혁명과 톈안먼 사태의 본질을 승계 등 지배 구조 문제와 청년 리스크 관리의 실패라고 진단했다고 설명했다.

토리지언 교수는 "시진핑 주석은 '이데올로기에 과도하게 치우칠 때 위험과 부족하게 집중했을 때 위험'이라는 아버지의 경험에서 교훈을 얻어 마오쩌둥 시대의 극단주의적 경향과 그 이후 세대의 헌신 결여 행태를 모두 피하겠다는 과제를 내세우고 있다"며 "앞으로도 청년에 집중해 국가와 당에 헌신하도록 하는 방안을 고민할 것"이라고 했다.

안호영 경남대학교 교수, 앤드루 김 전 미국 CIA 부국장, 미하엘 라이터러 전 주한유럽연합 대사, 스즈키 카즈토 도쿄대학교 교수(왼쪽 첫 번째부터)가 제26회 세계지식포럼 '패권 격랑 속 동북아, 생존항로는' 세션에서 대담을 하고 있다.

- **앤드루 김**(김성현) 2018년까지 28년간 미국 중앙정보국(CIA)에서 근무했다. CIA에서 그가 맡은 마지막 직책은 부국장이다. 동아시아 주요 3개 도시에서 CIA 지부장을 역임하며 미국 국가 안보에 직접적인 영향을 미치는 정보의 수집·분석·생산·배포를 관리했다.

- **스즈키 카즈토** 국제 경제·안보 분야 전문가이자 도쿄대학교 교수다. 2013년부터 2015년까지 유엔 안전보장이사회 산하 이란 제재위원회 전문가 패널에서 제재 전문가로 활동했다. 일본 국제안보무역학회 회장을 역임하기도 했다. 2000년부터 2008년까지 쓰쿠바대학교 교수, 이후 2020년까지 홋카이도대학교에서 교수로 재직했다.

- **미하엘 라이터러** 브뤼셀자유대학교(VUB) 산하 안보·외교전략센터(CSDS) 석좌교수로 활동하고 있다. 오스트리아와 EU 외교관으로서의 경력과 학문적 활동을 병행해왔다. 외교관으로서는 주스위스·리히텐슈타인 EU대사, 주일본 EU대표부 차석대사 등 다양한 고위직을 역임했다.

패권 격랑 속 동북아, 생존 항로는

앤드루 김 | 전 미국 CIA 부국장
스즈키 카즈토 | 도쿄대학교 교수
미하엘 라이터러 | 전 주한유럽연합 대사
안호영 | 전 주미대한민국 대사

미국 우선주의를 내세우며 자유주의 국제 질서를 뒤흔드는 도널드 트럼프 미국 대통령의 외교 스타일이 '포스트 트럼프 정부'에서도 계속될 수 있다는 분석이 나왔다.

제26회 세계지식포럼에서는 '패권 격랑 속 동북아 생존 항로'를 모색하는 토론회가 열렸다. 앤드루 김(김성현) 전 미국 CIA 부국장을 비롯해 미하엘 라이터러 전 주한유럽연합 대사, 스즈키 카즈토 도쿄대학교 교수가 연사로 나섰으며, 좌장은 안호영 전 주미대한민국 대사가 맡았다.

이날 김성현 전 부국장은 트럼프 대통령이 자유주의 국제 질서보다 개별 국가와 거래하는 외교 방식을 선호한다고 강조했다. 그는 "트럼프는 UN을 신뢰하지 않는다. 그는 항상 NATO를 괴롭히고 WTO는 무역 문제 해결을 위한 편리한 방법이 아니라고 생각한다"라고 말했다.

김성현 전 부국장은 이 같은 트럼프 대통령의 태도에 대해 "지난

80년 동안 미국이 규칙 기반 국제 질서의 가장 큰 수혜자였다는 점을 깨닫지 못하고 있다"라고 꼬집었다. 미국은 동맹국들과의 협력을 통해 중동 국가와 싸울 수 있었으며, 미국 사회의 의제를 국제 사회의 의제로 띄우고 추진할 수 있었기 때문이다.

하지만 김성현 전 부국장은 트럼프 대통령의 '미국 우선주의' 외교가 트럼프 2기 정부 이후에도 기본적인 외교 기조로 자리 잡을 수 있다고 경고했다. 그는 "트럼프가 미국 우선주의를 내세우며 '개별 국가들과 우리 방식대로 거래할 것'이라고 말하기 시작하면 상황이 달라진다"며 "트럼프를 대체할 사람은 미국인들이 익숙해질 이 사고방식을 무시할 수 없을 것"이라고 전망했다.

한편, 김성현 전 부국장은 트럼프 대통령의 거래 중심 외교 기조가 북핵 문제 해결의 마중물을 마련할 수도 있다며 기대감을 내비쳤다. 그는 트럼프 1기 정부에서 북미정상회담을 조율했던 핵심 인물로, '대북 저승사자'라는 별명을 가진 '대북 강경파' 외교 인사다. 당시 북미정상회담을 앞두고 마이크 폼페이오 전 국무부 장관과 함께 북한에 방문하며 주목을 끌어왔다.

김성현 전 부국장은 "북한은 '행동 대 행동' 방식의 협상을 원한다"라고 강조했다. 그는 "첫 번째 트럼프 행정부 시절 북한이 핵 ICBM 하나를 포기하면, 미국이 평양에 대사관을 만드는 식의 거래를 북한이 원했다"며 "그런 종류의 거래를 성사하고, 계속 밀어붙이는 것이 북한의 기대를 관리하는 방법이 될 것"이라고 말했다.

이날 토론회에서 유럽과 일본 인사들은 미·중 패권주의에 대한 우려를 내비쳤다. 라이터러 전 주한유럽연합 대사는 2025년 9월 중국 베이징에서 열린 전승절 행사에 대해 "권위주의 동맹이 새로운 세계 질서를 향해 지름길을 모색하고 있다"며 "단순한 반서방적 시각이 아니라 규칙에 기반한 국제 시스템에 대한 직접적인 도전"이라고 말했다.

라이터러 전 대사는 미국의 무역 정책에 대해서도 "WTO의 최혜국 대우 원칙이나 국제 무역법을 위반하고 있다"며 "자유 무역 시대는 끝났고, 경제 관계가 점점 힘의 균형과 유사해지고 있다"라고 날을 세웠다. 그러면서 한국·일본·오스트레일리아·EU 등도 이에 대항할 수 있는 각자의 시장을 만들어야 한다고 강조했다.

스즈키 교수는 미국·일본이 체결한 대미투자펀드 양해각서와 관련해 "정부 관계자들은 자동차 등에 15% 관세만 부과된다면 좋은 거래라고 생각하는 것 같다"라고 설명했다. 미국과 일본이 체결한 이 양해각서는 투자처 결정 권한이나 이익 분배 조건이 모두 미국 쪽에 유리하게 짜였다. 스즈키 교수는 "관세를 낮추는 것에 대한 상호 작용"이라며 "이 양해각서가 트럼프 행정부 말까지만 유효하고, 2029년 후에는 투자가 중단될 수도 있다"라고 전망했다.

로버트 웩슬러 발라드파트너스 파트너, 짐 모런 모런스트레터지 대표, 신우진 넬슨멀린스 파트너 변호사(오른쪽 첫 번째부터)가 제26회 세계지식포럼 '워싱턴 로비스트의 세계' 세션에서 대담을 하고 있다.

- **짐 모런** 전 미국 연방 하원의원이다. 민주당 소속으로 버지니아주 북부 지역에서 1991년부터 2015년까지 12선에 성공한 원로 정치인이다. 하원 세출위원회에서 국방·환경·보건 등 핵심 예산 소위원회의 위원장 또는 수석위원으로 활동하며 의정에 큰 영향력을 행사했다. 현재 정부 관계와 전략컨설팅회사인 모런스트레터지 대표로 활동하고 있다.

- **로버트 웩슬러** 발라드파트너스 파트너다. 2024년 도널드 트럼프 대통령이 재선에 성공한 이후 미국에서 주목받고 있다. 트럼프 대통령과의 오랜 신뢰 관계를 바탕으로 정부 인사와 연방 기관에 강력한 영향력을 행사하고 있다.

- **신우진** 넬슨멀린스 파트너 변호사로 현재 워싱턴DC 사무소에서 근무하고 있다. 회사의 경제 개발 실무와 산업 그룹의 공동 의장이며 미국 국가 안보 관련 프로젝트의 수석고문 역할을 자주 맡고 있다.

워싱턴 로비스트의 세계

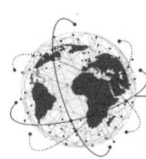

짐 모런 | 전 미국 연방 하원의원
로버트 웩슬러 | 발라드파트너스 파트너
신우진 | 넬슨멀린스 파트너 변호사

'정부가 올바른 일을 하도록 돕는 직업'이자 '정치적으로 고객의 입장을 대리하는 변호사 역할'이다.

짐 모런 모런스트레티지 대표와 로버트 웩슬러 발라드파트너스 파트너는 제26회 세계지식포럼에서 로비스트라는 직업을 이와 같이 정의했다. 이들은 로비 회사들이 즐비한 미국 워싱턴DC의 K스트리트에서 활발하게 활동하고 있는 현역 로비스트들로 '워싱턴 로비스트의 세계'를 주제로 한 세션에서 한국 청중과 만났다.

모런 대표는 미국 민주당 소속으로 버지니아주에서 12선을 지낸 원로 정치인 출신이며 웩슬러 파트너 역시 플로리다주 하원의원을 지냈다. 한국에서는 로비가 불법이므로 이들의 세계는 상당히 생소한 영역이다. 이에 웩슬러 파트너는 로비스트를 변호사에 빗대어 표현했다.

웩슬러 파트너는 "변호사가 사법 시스템에서 활동하는 대리인이라면 로비스트는 정치 시스템 안에서 활동하는 대리인"이라며 "변호사가 의뢰인을 대변하듯 로비스트는 정치적 영역에서 고객을 대리한다"라고 설명했다.

의회의 입법 과정에서 법안과 관련된 여러 이해관계자의 입장을 전하고 법안에 반영하게 하는 대리인 역할이 주된 업무라는 설명이다. 다만 로비스트가 단순히 고객의 이익만을 대변하는 것은 아니다.

그는 "선출직 의원의 경우 자신의 선거구민 의지나 자신이 옳다고 믿는 것을 대표해야 하므로 여러 입장에 대한 균형을 맞추지 못할 때가 있다"며 "이럴 때 로비스트는 특정 고객의 이익을 대변하고 옹호자가 된다"라고 설명했다.

입법 과정에서 한쪽의 입장만 과도하게 반영되지 않도록 로비스트가 균형추 역할을 할 수 있다는 것이다. 웩슬러 파트너는 "민주주의 정치는 모든 당사자가 강한 대표성을 가지고 의견을 제시할 때 가장 잘 작동한다"라며 로비스트의 순기능을 강조했다.

모런 대표 역시 "좋은 아이디어와 기업, 좋은 대의들이 적절히 대표되지 못해 공정한 대우를 받지 못하는 경우를 너무 많이 봐왔다"며 "로비스트의 역할은 입법자들이 개인·기업·국가에 영향을 미치는 결정을 내리기 전에 반드시 알아야 할 사실을 확실히 전달하는 것"이라고 말했다.

이들은 로비스트에 대한 일각의 비판에 대해 수긍하면서도 진짜 문제는 정치 시스템에 있다고 주장한다. 하원과 상원에서 당선되려면 자금이 수백만 달러 필요한데, 그들은 모금에 의존할 수밖에 없는 현실이다. 선출직이 선거 자금을 지원하는 이들에게 휘둘릴 수밖에 없는 구조인 것이다. 기부자는 선출자에게 대가를 기대하기 마련인데, 이는 구조적 부패를 야기한다.

로비스트는 단순한 대리인이 아니라 전략가로서 조언자 역할도 한다. 의회 구조나 정당별 접근법, 문제에 맞는 위원회와 인물을 선정하는 데까지 도움을 준다. 즉 로비스트는 대변인이자 전략가로서 역할을 동시에 수행하는 것이다.

선거 자금을 조달하는 구조와 이해집단 간 경쟁 속에서 대표성을 확보하는 것은 곧 생존과 같다는 것이 이들의 지론이다. 특히 이들은 조지아주 한국 근로자 구금 사태를 교훈 삼아 한국 역시 미국의 의회·행정부·지역 정치권을 향해 직접 목소리를 내야 한다고 촉구했다.

이 과정에서 로비스트 역시 중요한 역할을 할 수 있다. 단순하게 외교에 의존하는 것보다 전문 로비스트나 법률가 등을 제도권 안에서 충분히 활용해야 한다는 것이다. 기업이 관세나 규제 위협 등으로 위기에 직면했을 때 로비스트는 네트워크와 정보력으로 대응한다. 이는 부패가 아니라 정당한 옹호라고 그들은 믿는다.

PART 2
미래를 위한 투자

1
구루의 시각

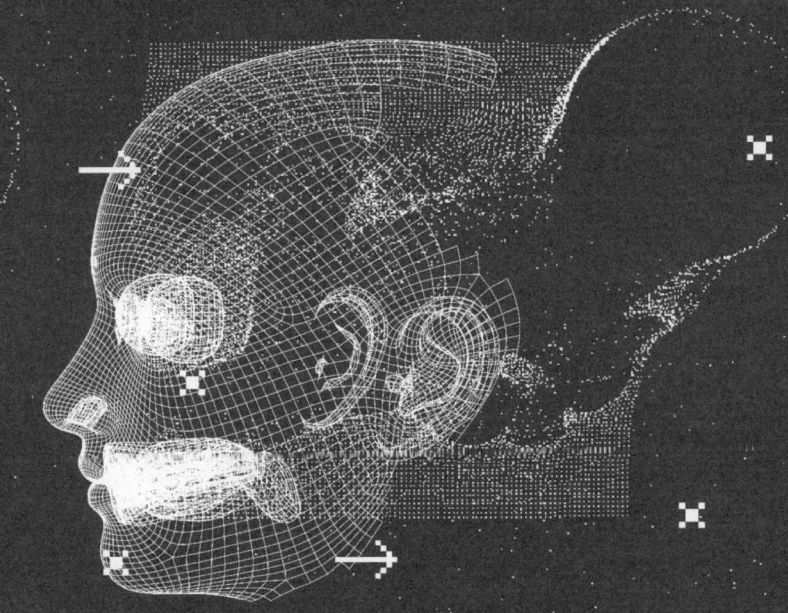

로버트 스미스 비스타에퀴티파트너스 회장(오른쪽), 윤제성 전 뉴욕생명자산운용 CIO가 제26회 세계지식포럼 'AI와 투자의 미래' 세션에서 대담하고 있다.

- **로버트 스미스** 비스타에퀴티파트너스 회장이다. 인공지능, 테크, 소프트웨어 산업에 집중 투자하는 사모펀드를 운영하고 있다. 운용 자산은 1,000억 달러 이상이며, 다양한 기술 기업 포트폴리오로 전 세계 수백만 명의 고객을 확보하고 있다. 비스타의 주요 투자 전략과 자본 조달을 총괄하며 핵심 펀드의 투자위원으로 활동하고 있다. 600건 이상의 거래를 감독했으며, 누적 거래 가치는 3,200억 달러가 넘는다.

- **윤제성** 뉴욕생명자산운용(NYLIM) 최고투자책임자(CIO)와 아시아부문 회장을 지냈다. NYLIM 계열 포트폴리오팀과 부티크 등에 의한 투자 성과를 감독하는 투자관리위원회 의장도 맡은 바 있다. NYLIM에 입사하기 전 웨스턴에셋 매니지먼트의 리서치·분석·리스크관리 책임자를 담당하기도 했다.

AI와 투자의 미래

로버트 스미스 | 비스타에퀴티파트너스 회장
윤제성 | 전 뉴욕생명자산운용 최고투자책임자

"'에이전틱(Agentic, 대리인)AI'는 끊임없이 진화하고 있다. 새로운 에이전틱AI 기술을 투자 기업에 도입해서 경쟁력과 수익성을 높이는 것이 우리의 핵심 기업가치 제고 전략이 됐다."

로버트 스미스 비스타에퀴티파트너스 회장은 제26회 세계지식포럼 'AI와 투자의 미래' 세션에서 이와 같이 말했다. 비스타는 토마브라보, 실버레이크파트너스와 함께 기술 분야 세계 3대 투자사로 꼽히는 사모펀드(PEF) 운용사다. 누적 운용 자산만 1,000억 달러(약 140조 원)에 달한다. 스미스 회장은 2017년 〈포브스〉가 선정한 '100대 위대한 사업가'에 이름을 올렸으며, 미국 뉴욕 카네기홀 역사상 최초의 흑인 운영이사회 의장으로 선출된 인물이기도 하다.

스미스 회장은 전통적인 소프트웨어 기업이나 생성형AI 투자를 넘어 에이전틱AI에 주목해야 할 때라고 강조했다. 기존에 투자했던 서비스형 소프트웨어(SaaS)와 AI 기업에 에이전틱AI를 입혀 진화시켜야 수익성을 극대화하고 성공적인 투자금 회수 전략을 짤 수 있다는 것이다. 에이전틱AI란 기존 챗봇이나 가상 비서처럼 질문에 답하는 수준을 넘어 고객 행동을 관찰·추론하며 능동적으로 의사 결정과 실행까지 하는 지능형 시스템을 말한다.

그는 "이러한 에이전틱AI를 활용해 운영을 강화하면 기업은 고객을 위한 업무를 더욱 효율적으로 수행할 수 있고, 이를 통해 더 빠른 성장과 높은 수익을 달성할 수 있다"라며 "이것이 우리가 현재 경험하고 있는 새로운 경제 패러다임"이라고 강조했다.

이어 "핵심은 이를 대규모로 확장해 소비자에게 더 큰 경제적 가치를 제공하는 것"이라며 "비스타는 이러한 접근 방식을 투자 포트폴리오 내 기업에도 적용하고 있으며, 그 수익 잠재력이 기존 대비 몇 배에 이를 것으로 보고 있다"고 설명했다.

그는 또 "이 기술의 효용을 우리가 보유한 기업들과 향후 인수할 기업들에 최대한 제공해 연금 수급자와 투자자 등 이해관계자들에게 가치를 창출하겠다"라고 말했다.

그는 "기업용 에이전틱AI 시스템은 설계가 쉽지 않지만, 개발에 성공하면 소비자 효용이 폭발적으로 증가한다"며 비스타는 기업용 에이전틱AI 솔루션을 개발할 수 있는 역량을 갖추기 위한 투자에 집중하고 있다고 소개했다. 비스타는 기존에 투자한 소프트웨어 기업에 에이전틱AI를 접목하는 한편, 관련 기술을 보유한 기업을 인수하는 데도 역량을 집중하고 있다고 설명했다.

이어 "비스타는 인공지능 기업 오픈AI, 앤스로픽과 파트너십을 맺고 관련 인프라를 구축하는 데 나섰다"며 "과거 회사 내부 IT 인프라에서 클라우드로 전환할 때도 고객 효용이 2.5배 증가했는데, 에이전틱AI 솔루션을 도입하면 성과가 기존 대비 10배 이상 개선될 것"이라고 설명했다.

스미스 회장은 "새로운 에이전틱AI 솔루션을 통해 지금보다 4~5배, 심지어 10~20배 더 많은 작업을 수행할 수 있다"며 업무 처리량과 효율이 크게 개선될 것이라고 말했다.

이어 "고객 지원(CS) 영역에서도 전화 응대 자동화가 가능해 비용 절감과 소비자 만족도 향상을 동시에 달성하고 사무 관리나 시장 진출 전략 등 다른 영역에도 적용할 수 있다"며 "결과적으로 기업의 성장률과 상각 전 영업이익(EBITDA) 마진을 합해서 40%가 넘으면 유망 투자 기업이라는 '룰 오브 40(Rule of 40)'이 '룰 오브 70' 수준으로 향상될 수 있다"라고 덧붙였다.

한편 스미스 회장은 2022년에도 방한해 한국소프트웨어산업협회(KOSA)와 유망한 한국 소프트웨어 기업에 투자하기 위해 협력한다는 내용의 양해각서(MOU)를 체결하는 등 한국 투자에도 관심을 보여왔다. 하지만 주로 북미 지역 투자에 집중하며, 아직 국내 투자 집행은 없는 것으로 파악된다.

제임스 로빈슨 시카고대학교 교수(오른쪽), 장유순 인디애나대학교 교수가 제26회 세계지식포럼 '글로벌 대전환기 속 국가의 흥망성쇠' 세션에서 대담하고 있다.

- **장유순** 인디애나대학교 교수로 계량경제학과 머신러닝 기법을 접목한 거시·금융 분야 전문가다. 세대 간 이동성, 소득 불평등, 기대 인플레이션, 노동 시장 양극화 등 다양한 주제에 대해 첨단 시계열 기법을 적용해 정책 시사점을 도출해왔다.

글로벌 대전환기 속 국가의 흥망성쇠

제임스 로빈슨 | 시카고대학교 교수
장유순 | 인디애나대학교 교수

"한국의 역동성이 국가와 사회의 균형을 이끌어 경제·사회·문화적 기적을 만들어냈다."

제임스 로빈슨 미국 시카고대학교 교수는 제26회 세계지식포럼에서 '글로벌 대전환기 속 국가의 흥망성쇠'를 주제로 강연하면서 한국이 세계적 강국으로 떠오른 비결을 이렇게 설명했다.

로빈슨 교수는 국가 번영과 제도 간 관계를 입증해 대런 애쓰모글루, 사이먼 존슨 매사추세츠공과대학(MIT) 교수와 공동으로 2024년 노벨 경제학상을 수상했다. 그는 공저 《국가는 왜 실패하는가》를 통해 '포용적 제도'가 국가의 발전을 이끈다는 사실을 밝히고, 한국과 북한의 경제 발전 격차를 대표적 사례로 제시해 국내에서 큰 관심을 모았다.

후속작 《좁은 회랑》을 통해서는 국가 권력과 사회 권력이 상호 견제와 균형을 이루는 회랑 안에서만 국가의 자유와 번영이 보장되고, 포용적 제도가 등장할 수 있다고 주장했다. 로빈슨 교수는 한국이 1950년대 농지 개혁과 적극적인 교육 확대가 사회 권력을 강화하는 결정적인 요인으로 작용했고, 이로 인해 국가 권력과 사회 권력 간 견제와 균형이 형성된 좁은 회랑에 진입할 수 있었다고 평가했다. 국가와 사회의 상호 작용이 경제·사회·문화 발전을 이끌었다는 설명이다.

로빈슨 교수는 국가와 사회가 끊임없는 견제를 통한 균형을 유지하며 좁은 회랑 안에서 경제 성장을 지속하는 것을 의미하는 '붉은 여왕 효과'를 한국이 톡톡히 누렸다고 본다. 이는 루이스 캐럴의 소설 《거울 나라의 앨리스》에 나오는 붉은 여왕이 앨리스에게 "제자리라도 유지하려면 끊임없이 달려야 한다"라고 말한 데서 나온 개념이다.

로빈슨 교수는 한국을 역사적으로 집단주의 문화가 존재한 사회로 봤다. IMF 시기 금 모으기 운동으로 위기를 극복한 것이 대표적 사례다.

로빈슨 교수는 권력과 사회가 균형을 찾지 못한 국가는 극단적 상황으로 내몰릴 수 있다고 경고했다. 국가가 사회를 지배하는 경우 중국과 같은 감시 사회가 될 수 있고, 반대로 사회가 국가를 압도하는 경우 예멘처럼 무정부 상태에 놓일 수 있다는 것이다. 로빈슨 교수는 "두 경우 모두 진정한 자유로 이어지지 않는다"라고 강조했다.

그는 현재 미국 정치 상황을 '통제 불능에 빠진 붉은 여왕'으로 묘사하면서 국제 정세가 위험한 순간이라고 진단했다. 그는 "사회적 양극화와 제도의 실패로 갈등 해결이 불가능해졌고, 제도에 대한 불신으로 민주적인 저항마저도 반제도적인 형태를 띠고 있다"라고 지적했다.

로빈슨 교수는 "북한 체제가 변할 유일한 방법은 국민이 정권을 전복하는 것"이라고 말해 이목을 집중시키기도 했다. 그는 "북한은 중국이나 베트남이 체제 변화를 통해 엄청난 부를 창출했다는 것을 알지만 그들은 그렇게 하지 않을 것"이라며 "북한 체제는 제도화돼 있지 않으므로 변하면 권력을 잃을까 봐 두려워하기 때문"이라고 주장했다.

그러면서 "북한이 변할 수 있는 유일한 방법은 사람들이 들고일어나 정권을 차지하거나 국가 간 전쟁을 일으켜 패배하는 경우뿐"이라고 말했다. 그는 "다만 소련이 붕괴할 줄 아무도 예측하지 못했듯이 북한에서도 흥미로운 일이 일어날 수도 있을 것"이라고 덧붙였다.

로빈슨 교수는 한국의 민주화 과정에서 재벌의 역할이 분명히 있었다고 평가했다. 그는 "재벌은 경제적으로 역동적인 존재였으며 군부 권위주의 시절에 사회적 균형 역할을 하며 일정 부분 권력에 대한 견제 기능을 수행했다"라고 분석했다.

로빈슨 교수는 AI가 노동 시장에 미칠 영향을 우려했다. 미국 자본주의의 논리는 결국 기계를 이용해 노동을 대체하는 방식이라고 믿는 로빈슨 교수는 AI로 인한 일자리 감소와 이에 따른 대규모 실직 사태가 경제에 주는 충격을 걱정한 것이다. 특히 그는 자율주행차에 대한 집착이 의아한 부분이라고 지적했다. 자율주행 분야가 혁신을 집중해야 할 곳이라는 점을 증명하는 경제적 근거가 없다는 이유에서다.

다만 로빈슨 교수는 AI를 결국 '선택의 문제'가 될 것이라고 봤다. 그는 "반드시 기술이 인간을 대체해야 할 필연성은 없다"며 "우버 기사들을 로봇으로 교체할 생각을 하기보다 그들을 어떻게 더 효과적이고 생산적으로 만들 수 있을지를 고민해야 한다"라고 강조했다.

커트 비오클룬드 퍼미라 회장(오른쪽), 김용석 퍼미라 한국대표가 제26회 세계지식포럼 '글로벌 사모 펀드가 주목하는 시장은' 세션에서 대담하고 있다.

- **커트 비오클룬드** 1996년 영국 런던 사무소를 통해 글로벌 투자회사인 퍼미라에 합류했다. 2008년 공동 매니징 파트너, 2021년 매니징 파트너를 거쳐 2024년 회장직에 올랐다. 퍼미라는 글로벌 사모펀드 업계에서 선도 그룹에 속한다. 2024년 프라이빗에쿼티인터내셔널(PEI) 300 랭킹에서 세계 20위를 기록했다.

- **김용석** 대체 투자 전문가다. 퍼미라에 합류하기 전에는 수협중앙회에서 투자 전문가로 근무했다. 서울 소재 투자은행에서 약 15년간 기관 영업과 운용 업무를 수행한 경력이 있다.

글로벌 사모펀드가 주목하는 시장은

커트 비오클룬드 | 퍼미라 회장
김용석 | 퍼미라 한국대표

"우리는 투자 기업의 전략과 운영, 리더십에 직접 참여하고 통제하는 등 적극적인 지배 구조 참여를 통해 역량과 관점을 활용할 수 있는 곳에 투자합니다. 이를 통해 퍼미라는 세계 최고의 기술 투자자 중 하나로 자리매김하고 있습니다."

커트 비오클룬드 퍼미라 회장은 제26회 세계지식포럼 '2026년 글로벌 사모펀드가 주목하는 시장' 세션에서 향후 10년간 지속 가능한 성장을 이끌 최고의 분야와 투자 테마에 대해 이와 같이 밝혔다.

비오클룬드 회장은 "2010년대에는 기술이나 소프트웨어 분야만 투자해도 충분히 성과를 낼 수 있었지만, 오늘날에는 유효하지 않다"며 "기업용 소프트웨어와 온라인 마켓 플레이스가 엄청난 성공을 거두면서 퍼미라의 핵심 투자 축이 됐지만 앞으로는 단순히 소프트웨어 투자만으로는 부족하다"라고 말했다. 기술 자체가 아닌 기술이 만들어내는 가치가 더 중요하다는 것이 그의 주장이다.

비오클룬드 회장은 2035년까지 주목해야 할 분야로 AI 기반 신약 개발, 금융 업무 효율화, 소비 경험 개선 등을 꼽았다. 기술과 AI를 실질적인 문제 해결에 접목하는 기업이 유망하다는 분석이다.

비오클룬드 회장은 "엔터프라이즈 소프트웨어가 지난 15년의 승자였다면, 앞으로의 무대는 테크놀로지와 AI를 응용한 생산성 혁신이 될 것"이라며 "향후 10년은 더 나은 고객 서비스를 제공하는지, AI로 신약 개발과 분자 탐색을 가속화하는지, 은행이나 금융 기관의 업무 효율을 얼마나 높이는지 등 기술이 실제로 만들어내는 가치가 더 중요해지는 시대"라고 강조했다.

AI 활용 전략과 관련해 그는 "퍼미라는 기초 모델보다 인프라와 응용 단계에 집중하고 있다"며 "이미 포트폴리오 기업들의 고객 응대와 운영에서 AI가 사람보다 더 빠르고 정확한 성과를 내는 사례를 확인했다"고 소개했다.

특히 노동 시장이 경직되고 경기 변동성이 커지더라도 투자 결정에는 흔들림이 없다는 점을 분명히 했다. 장기적인 시각에서 기업 가치를 높이고 투자 성과를 내는 것이 핵심이라는 것이다.

비오클룬드 회장은 "미국 노동 시장이나 유럽의 물가 상승 같은 소란은 우리가 5년, 8년 뒤 세상을 어떻게 보느냐, 투자 기업을 어떻게 운영하느냐에 거의 영향을 미치지 않는다"며 "장기적인 성장 테마를 정확히 식별해 구조적 이익을 얻을 수 있는 기업을 발굴하는 것이 중요하다"라고 말했다. 이어 "우리는 투자 기업의 전략과 운영을 직접 주도하고 리더십을 이끌며 적극적인 거버넌스를 발휘한다. 단순히 자본을 투입하는 것을 넘어, 역량을 투입해 회사를 앞으로 어떻게 이끌어갈지 결정한다"라고 말했다.

투자사가 성공하기 위해 필요한 조직 문화와 관련한 언급도 이어졌다. 그는 "젊은 인재들이 책임감을 갖고 필요하다면 중단을 요청할 수 있는 솔직한 문화, 다른 한편으로는 새로운 분야에 헌신할 수 있도록 회사가 용기를 내고 위험을 감수하게 만드는 것이 가장 중요하다"라고 했다.

퍼미라는 신입 직원에게도 "조직을 움직이게 하거나 멈추게 하지 못하면 단순 대체 가능한 인력일 뿐"이라는 원칙을 분명히 한다. 실제로 주니어 인력의 의견이 대규모 투자 결정을 막아낸 사례도 있다. 비오클룬드 회장은 이 같은 사례를 언급하며 "젊은 세대에 실질적인 권한을 부여하는 것이야말로 최고의 리스크 관리"라고 설명했다.

퍼미라는 1985년 유럽에서 설립한 글로벌 사모투자펀드(PEF) 운용사로 기술과 다른 업종 간 융합을 통해 기업 가치 성장을 추구하는 전략으로 잘 알려져 있다.

실제로 젠데스크, 맥아피 등 퍼미라가 최근 수년간 인수하거나 투자한 주요 기업들은 AI 기술을 제품·서비스에 깊게 통합해 글로벌 혁신을 주도하고 있다.

지역별로는 북미와 유럽에 각각 45%, 아시아 등 나머지 국가에 10%를 배정하고 있다. 총운용 자산(AUM)은 800억 유로(약 131조 원)에 달한다.

이수형 한국은행 금융통화위원(왼쪽), 장유순 인디애나대학교 교수가 제26회 세계지식포럼 '통화정책: 소득 불평등 완화 전략' 세션에서 대담하고 있다.

- **이수형** 2024년 4월 역대 최연소이자 학계 출신 여성 경제학자로서는 최초로 한국은행 금융통화위원에 임명됐다. 기획재정부 사무관을 거쳐 스탠퍼드대학교에서 경제학 박사를 취득했다. 세계은행 등 국제기구의 자문 업무를 수행한 경력이 있다.

통화 정책: 소득 불평등 완화 전략

장유순 | 인디애나대학교 교수
이수형 | 한국은행 금융통화위원

정말 성장을 택하면 분배가 나빠지고, 분배를 택하면 성장이 나빠질까. 장유순 미국 인디애나대학교 교수는 통화 정책과 재분배 정책이 소득 불평등에 실제로 어떤 영향을 주는지 연구한 결과를 제26회 세계지식포럼 '통화 정책: 소득 불평등 완화 전략' 세션을 통해 발표했다. 장유순 교수는 AI를 연구에 도입해 거시경제 지표 변화와 소득 분배 영향을 연구하는 전문가다.

장유순 교수는 연구를 통해 통계적 분석 기법을 활용해 예상치 못한 변화(충격)가 소득 분포를 어떻게 변화시키는지 추적했다. 구체적으로 성장 목표 충격과 분배 목표 충격을 구분해 10년 뒤 소득 분포가 어떻게 달라지는지 실험했다.

결론부터 말하자면 장유순 교수의 연구에서는 성장과 분배의 구조적 상충은 관찰되지 않았다. 우선 산출 극대화를 지향하는 성장 목표에 충격을 줬을 때의 변화를 보면 산출은 크게 증가하고, 지속성도 장기적으로 이어졌다. 또한 산출 증가를 고려한 결과 불평등도 완화되는 되었다.

반대로 형평 목표에 충격을 줬을 때는 산출은 초기 몇 년간은 다소 감소할 수 있으나 통계적으로 유의미하지 않고, 이후 산출이 증가세로 전환했다. 또한 분배 측면에서는 정책 의도대로 빈곤층이 감소하고 중산층이 늘어나며, 최상층은 감소하는 분배 확대의 효과가 장기간 지속되는 것으로 확인됐다.

이와 같은 정책적 목표를 배제하고 통화 정책만 활용했을 경우 분배 효과는 미미하고 단기적인 것으로 확인됐다. 결론적으로 보면 성장과 형평을 목표로 한 재분배 충격은 지속성과 규모 측면에서 통화 정책을 능가하고, 특히 성장과 형평 사이의 구조적 상충이 관찰되지 않았다는 점이 흥미롭다.

장유순 교수는 "이는 통화 정책만으로 불평등을 개선하려는 기대는 비현실적"이라며 "목표를 둔 정교한 분배 정책이 성장과 형평 모두에 핵심적 역할을 한다는 해석이 가능하다"라고 밝혔다. 장유순 교수의 연구는 정교한 재분배 정책 설계가 동반된다면 성장과 형평을 동시에 달성할 수 있다는 점을 시사한다.

다만 이번 연구는 소득 데이터만을 활용해 분석한 것으로 자산 불평등까지 반영하지는 않았다는 한계가 있다. 장유순 교수는 향후 한국 등이 보유한 체계적인 데이터를 활용해 추가적인 연구를 진행할 계획이다.

이런 시각에서 보면 도널드 트럼프 미국 행정부의 금리 인하 압박 역시 불평등 완화에는 효과가 제한적일 수밖에 없다. 코로나19 이후 자산 가격이 상승해 부자들은 더 부유해지고, 서민층은 타격을 받았다. 코로나19 당시 현금 지원으로 저소득층의 임금이 일시적으로 상승했지만, 반등은 오래가지 않았고, 양극화는 지속될 것이라는 것이 장유순 교수의 생각이다.

장유순 교수와 함께 토론을 진행한 이수형 한국은행 금융통화위원은 통화 정책에 실물보다 자산 가격이 먼저 반응하는 한국의 상황을 들어 통화 정책이 오히려 불평등을 확대하고 있다는 점을 지적했다.

장유순 교수는 자산 시장은 기본적으로 재정 정책이 담당해야 하고, 결국 불평등 구조를 바꾸는 것도 재정 정책을 동반해야 한다는 점을 명확히 했다.

특히 자산의 상속이나 증여 없이 개인이 소득을 바탕으로 자산을 형성하는 비중이 높은 미국과 달리 부모의 자산 영향이 큰 한국 같은 사회에서는 소득뿐만 아니라 자산이 불평등에 미치는 영향을 세밀하게 추적할 필요가 있다.

이와 관련해 한국에서 떠오르고 있는 부류가 바로 '흙수저 고소득자'다. 부모 등의 도움을 통해 축적한 자산은 없지만 일정 수준 이상의 소득을 누리고 있는 노력형 중산층을 의미한다.

우선 과거와 지금의 중산층 개념 자체가 바뀌었다. 이수형 위원은 "과거 30년 전에는 근로소득으로 집을 마련하고 자녀 2명을 교육해 대학을 보내면 아이들이 잘 클 수 있겠다는 기대를 가진 사람들이 중산층이라고 볼 수 있다"라고 했다.

하지만 지금은 수도권에서 안정적인 직장을 가지고 자녀 2명을 걱정 없이 키우고 있는 가구가 전체의 몇 퍼센트나 될까. 부모님을 부양하고 자녀 교육도 부담해야 하는 상황에서 실제 가처분소득을 기준으로 한다면 압박을 느끼는 사람들이 대부분일 것이다.

이수형 위원은 "이와 같은 다양한 사회·경제적 배경을 고려해 세밀한 정책 설계를 해야 한다"며 "조세 전반과 성장 정책도 재정비가 필요하다"라고 강조했다.

2
요동치는 시장 환경

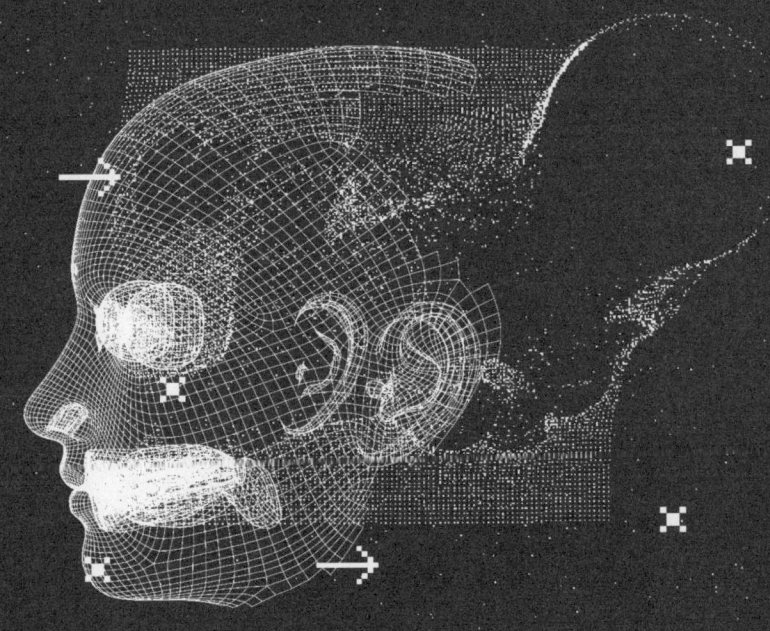

테리 마르틴 뉴스 앵커, 여한구 대한민국 산업통상자원부 통상교섭본부장, 할 브랜즈 존스홉킨스 대학교 국제대학원 교수(왼쪽 첫 번째부터)가 제26회 세계지식포럼 '글로벌 통상 질서와 미래 전망' 세션에서 대담하고 있다.

- **여한구** 산업통상자원부 통상교섭본부장으로 국제 통상 분야의 베테랑 협상가다. 역내포괄적경제동반자협정(RCEP), 한·영 FTA, 한·중·미 FTA, 한·인도네시아 CEPA, 한·필리핀 FTA 등 다수의 양자·다자 무역 협상에 수석대표로 임한 경력이 있다. 주미 한국대사관 상무관으로서 한미 FTA 개정 협상과 232조 철강 협상에 참여하기도 했다. 2025년 트럼프 행정부와의 한미 간 관세 협상을 총괄하고 있다.

글로벌 통상 질서와 미래 전망

여한구 | 산업통상자원부 통상교섭본부장
할 브랜즈 | 존스홉킨스대학교 교수
테리 마르틴 | 뉴스 앵커

 미국의 자국 우선주의는 도널드 트럼프 미국 대통령의 트레이드 마크처럼 보이지만, 실제로는 미국 내의 초당적인 지지를 받고 있어 적어도 2035년까지는 미국과 불협화음이 불가피하다는 전망이 제기됐다. 미·중 패권 경쟁까지 계속될 가능성이 높은 가운데 한국은 일본과의 협력 강화, 무역 포트폴리오 다변화로 대응한다는 구상이다.
 제26회 세계지식포럼 '글로벌 통상 질서와 미래 전망' 세션에 참석한 할 브랜즈 존스홉킨스대학교 국제대학원 교수는 2016년 미국 대선에서 트럼프 대통령과 경쟁했던 힐러리 클린턴 민주당 후보 역시 환태평양경제동반자협정(TPP) 탈퇴를 공언했다는 점을 언급하고 "미국의 자유 무역 체제로부터의 이탈은 미국 정치 지형의 변화로 인해 2010년대부터 진행된 현상"이라고 말했다.
 브랜즈 교수는 "2028년 대선이나 2032년에 누가 당선이 되든 미국은 1990년대 자유 무역 시대로 돌아가지 않을 것"이라고 평가했다.

브랜즈 교수는《중국은 어떻게 실패하는가》의 저자로, 최근 전 세계가 주목하고 있는 지정학 전문가다.

그는 "트럼프 대통령은 국제 환경을 동맹국과 적대국으로 보지 않고, '불균형'이라는 기준으로 인식한다"며 "많은 경우 미국과 오랜 관계를 맺어온 국가들은 그 반대의 국가들보다 더 나은 대우를 받기를 기대하지만 잘 이뤄지지 않는다. 전 세계에 불협화음이 발생하고 있는 배경"이라고 말했다.

브랜즈 교수는 "미국은 안보 측면에서 아시아에 깊이 관여하면서 동맹들이 중국의 대만 침공을 막기 위해 더욱 많은 역할을 하기를 압박하면서 경제적인 관계는 점차 축소하고 있다"며 "미국과 아시아 국가들 사이 안보 관계는 꽤 잘 유지되고 있지만, 이 같은 관계는 과거보다는 더욱 낮은 기반 위에 있다는 의미"라고 말했다.

하지만 미국 또한 중국의 도전이 이제는 위협적이므로 특정 부문에서는 동맹의 지원이 절실히 필요하다. 한국이 이 점을 파고들고 있는 배경이다.

여한구 산업통상자원부 통상교섭본부장은 '마스가'를 예로 들며 "한미 간 제조업 르네상스 파트너십이 모두에게 윈윈 전략이라는 점을 확인했다"며 "미국은 제조업을 재건하려면 파트너가 필요하며 한국이 기여를 많이 할 수 있다"라고 말했다. 여한구 본부장은 "미국은 이러한 과정에서 노동자와 중간재들이 필요하다"라고 말했다.

브랜즈 교수는 안보 부문에서도 미국은 우방국들과 협력해야 한다고 짚었다. 그는 "미국은 파트너들과의 깊은 산업 등 협력을 통해서만 미국의 핵심적인 군사·안보 수요를 충족할 수 있는 상황"이라며 "미국은 한국으로부터 군함 등 선박, 스칸디나비아 국가에서는 쇄빙선, 오스트레일리아는 핵잠수함, 인도는 드론과 제트 엔진과 관련해서 결정적인 도움을 받을 수 있다"라고 말했다.

한국은 미국과 윈윈 관계를 유지하면서 동시에 무역 포트폴리오를 다양화하고 일본과 협력을 통해 협상력을 극대화할 계획이다.

여한구 본부장은 "현재 한국의 대미, 대중 수출 비중이 균형을 이루고 있다"면서도 "과도한 의존은 리스크가 있다. 안보 측면의 전략적 이해관계가 일치하지 않을 때 취약한 위치에 놓일 가능성이 있다"라고 말했다. 그는 "따라서 무역 국가인 한국은 무역 포트폴리오를 지속적으로 재조정하고 다양화해서 스스로를 덜 취약하게 만들어야 한다"라고 강조했다.

앞으로 생존 과정에서의 핵심 파트너로는 일본을 꼽았다. 여한구 본부장은 "한국과 일본의 GDP를 합치면 세계에서 세 번째로 크고, 교역 규모로 따지면 네 번째로 크다"며 "둘이 뭉친다면 경제적으로, 지정학적으로 국제 사회에 더욱 큰 영향력을 행사할 수 있다"라고 말했다.

이어 "미·중 간 경쟁을 고려하면 한국과 일본의 협력 확대는 다른 국가들에 경제적으로 큰 의미를 줄 수 있다"라고 설명했다. 미국이나 중국이 아닌 한국과 일본이 '제3의 선택지'가 될 수 있다는 뜻으로 풀이된다.

한편 정부는 미래 핵심 기술인 AI에 대한 경쟁력도 갖춰야 한다는 판단이다. 여한구 본부장은 SK와 아마존웹서비스(AWS)가 함께 울산에 설립하는 AI데이터센터를 거론하고 "한국이 AI 분야에서 제공할 수 있는 가치는 다양하다"며 "특히 울산에는 자동차·화학·기계·조선 등 다양한 제조 산업이 있는데 제조업 관련 데이터가 미국 기업의 기초 기술과 결합하면 판도를 바꿀 수 있다고 기대한다"라고 말했다.

토르스텐 슬뢰크 아폴로글로벌매니지먼트 수석이코노미스트가 제26회 세계지식포럼 '글로벌 이코노미 아웃룩 2026' 세션에 줌으로 참여하고 있다. 윌리엄 리 밀켄연구소 수석이코노미스트와 래리 해서웨이 프랭클린템플턴 리서치센터 글로벌 투자 전략가(오른쪽)가 세션 현장에서 대담하고 있다.

- **토르스텐 슬뢰크** 아폴로글로벌매니지먼트 파트너 겸 수석이코노미스트 역할을 맡고 있다. 이전에는 경제협력개발기구(OECD)에서 통화·금융 부서와 구조정책분석 부서에서 근무했으며, 국제통화기금(IMF)에서 일하기도 했다.

- **래리 해서웨이** 기관 투자자와 협업하는 프랭클린템플턴 리서치센터에서 애널리스트팀을 총괄하고 있다. 지금 직책을 맡기 전에는 GAM 인베스트먼트에서 투자솔루션 글로벌헤드로 활약하며 100억 달러(약 14조 원) 이상의 자산을 운용했다.

- **윌리엄 리** 밀켄연구소 수석이코노미스트로 자본 시장의 기능과 금융 안정성을 개선하기 위한 연구를 이끌고 있다. 밀켄연구소에 근무하기 전에는 씨티은행에서 수석이코노미스트로 일했으며, IMF 홍콩사무소 대표이기도 했다.

글로벌 이코노미 아웃룩 2026

토르스텐 슬뢰크 | 아폴로글로벌매니지먼트 파트너
래리 해서웨이 | 프랭클린템플턴 리서치센터 투자 전략가
윌리엄 리 | 밀켄연구소 수석이코노미스트

    미국 우선주의 정책으로 인한 시장 불확실성 증대가 향후 스태그플레이션(고물가 속 경기 침체)으로 이어질 수 있다는 경고가 나왔다.

    제26회 세계지식포럼 '글로벌 이코노미 아웃룩 2026' 세션에서 거시경제·투자 전문가들은 미국 도널드 트럼프 정부의 관세 정책이 촉발한 무역 전쟁이 인플레이션과 경기 침체를 동시에 유발할 수 있다고 전망했다. 불법 이민자 추방으로 제조업 노동력이 공급 절벽에 이르며 경기 활력을 저하할 것이라는 우려도 내놓았다.

    토르스텐 슬뢰크 아폴로글로벌매니지먼트 파트너 겸 수석이코노미스트는 "미국의 성장은 둔화 중인데, 인플레이션은 잦아들지 않는다"라며 "미국이 스태그플레이션 상황에 놓일 수 있다"라고 진단했다. 관세 부담을 전가할 수 있다는 말에는 "미국이 세계를 상대로 싸우고 있어 단순하게 넘어가기는 힘들 것"이라고 반박했다.

그는 현재 미국 경제의 위험 요인으로 관세 전쟁, 보수적인 이민 정책, 학자금 대출 상환 재개 등 세 가지를 꼽았다. 〈블룸버그〉에 따르면 현재 미국 경제의 침체 확률 추정치는 약 30%인데, 향후 경제 상황에 따라 더 악화할 가능성이 있다.

2025년 미국의 소비자물가지수(CPI) 추정치도 종전 2.5%에서 2.93%로 상승할 것으로 전망된다. 미국의 글로벌 리더십 약화로 기축통화인 달러 약세도 지속되는 상황이다.

슬릭크 파트너는 "관세는 당연히 세계 경제에 걸림돌"이라며 "미국으로 수입되는 가격이 비싸지므로 기업 입장에서는 매출이 감소하게 된다"라고 강조했다.

보수적인 이민 정책은 숙련된 노동자의 강제 추방으로 인해 노동 공급 부족 사태를 유발할 수 있다. 도널드 트럼프 미국 대통령은 매일 약 3,000명의 불법 이민자를 추방하겠다고 공언하고 있다.

해당 정책이 지속되면 매년 수백만 명 규모의 노동자들이 건설·농업·호텔·레스토랑 등 일선 현장에서 쫓겨날 것으로 보인다. 팬데믹 기간에 중단하던 학자금 대출 상환이 재개되는 점도 미국인들 소비를 줄이는 악영향으로 이어질 수 있다.

전문가들은 다만 스태그플레이션이 오래 지속되지는 않을 것으로 봤다. 구조적 문제로 발생한 2008년 금융위기와 달리 일시적 변수로 인한 2020년 코로나19 팬데믹 당시와 유사할 것이라는 분석이다.

글로벌 경제의 스태그플레이션 가능성에 대비해 고품질 자산에 집중한 투자 포트폴리오를 짜야 한다는 조언이다. 대표적으로 빅테크 등 주요 기업들이 투자를 늘리는 AI, 데이터센터 등 고성장 시장이 있다.

프랭클린템플턴 리서치센터의 래리 해서웨이 투자 전략가는 "AI 자본 지출로 인한 경제 부흥을 기대하는 낙관론도 있다"며 불확실성이 낮은 분야에 주목하라고 강조했다.

또 각국이 정책적으로 관심을 기울이는 에너지, 기후 분야도 거론된다. 정부 지출이 필수적인 인프라스트럭처 시장에서도 투자 기회가 있다는 것이다.

특히 투자자들은 리스크, 기대수익률과 더불어 위기 상황에서는 유동성에 주목해 투자 대상을 선별해야 할 것으로 보인다. 만약 유동성이 마르게 되면 엑시트(투자금 회수)가 어려워질 수 있기 때문이다.

래리 해서웨이 투자 전략가는 "투자자들은 끊임없이 '나의 자산 상황은 유동적인가'를 물어봐야 한다"며 "수익률도 중요하지만, 전략적 자산 배분을 통한 안정적인 포트폴리오를 구축하고 유지해야 한다"라고 밝혔다.

연기금·보험사 등 기관 투자자들은 알파 수익을 창출하기 위해 사모펀드(사모 대출) 시장에 관한 관심이 높은 상황이다. 특히 비상장 기업에 집중적으로 투자하는 사모펀드 투자가 인기다.

슬뢰크 파트너는 "미국 상장 기업 수가 8,000곳에서 4,000곳으로 줄었다"라며 "시장에 상장하지 않은 좋은 기업들이 많다. 여기에 기회가 있다"라고 밝혔다.

사모 대출은 소수의 기관 투자자 자금을 모아 기존 제도권 은행에서 하지 못하는 대출을 제공하는 투자 방식이다. 시중 금리가 여전히 높은 상황에서 사모 대출은 채권 대비 안정적인 고정 수익을 안겨줄 수 있다.

끝으로 전문가들은 "위기 상황이라고 집에 가서 침대 밑에 숨어야 한다는 말이 아니다"라며 "패러다임의 전환기이므로 기회를 끊임없이 찾아야 한다"라고 말했다.

잉고 월터 뉴욕대학교 스턴경영대학원 명예교수, 웬디 커틀러 아시아소사이어티정책연구소 부소장, 쭝위안 조이 류 미국 외교협회 중국 연구 선임연구원, 푸샨 두트 인시아드 교수(왼쪽 첫 번째부터)가 제26회 세계지식포럼 '관세와 무역 전쟁의 미래' 세션에서 대담하고 있다.

- **웬디 커틀러** 미국 무역대표부(USTR)에서 약 30년간 활동하며, USTR 부대표 대행을 역임한 통상 전문가다. 재임 기간에 한미 FTA, TPP, 미·중 무역 협상 등 다양한 무역 협상을 주도했다. 현재 아시아소사이어티 정책연구소(ASPI) 부소장이다.

- **쭝위안 조이 류** 미국 외교협회 선임연구원으로, 지역적으로는 중국을 전문 연구 분야로 활동하고 있다. 부문별로는 국제 금융, 산업 정책, 경제 지정학 등 다양한 전문성을 보유하고 있다.

- **푸샨 두트** 인시아드 교수로 국제 무역과 정치 경제를 중점으로 연구하고 있다. 무역과 기술 변화가 노동자 간 불평등을 어떻게 심화하는지에 대한 연구를 수행하고 있다.

- **잉고 월터** 1970년부터 뉴욕대학교 교수로 재직한 원로 학자다. 국제 금융 중개, 은행 업무를 중점적으로 연구했다. 뉴욕대학교 스턴경영대학원 원장 등 주요 보직을 지냈다.

관세와 무역 전쟁의 미래

웬디 커틀러 | 아시아소사이어티정책연구소 부소장
쭝위안 조이 류 | 미국 외교협회 선임연구원
푸샨 두트 | 인시아드 교수
잉고 월터 | 뉴욕대학교 명예교수

도널드 트럼프 2기 행정부가 전 세계를 상대로 관세 전쟁을 벌이고 있는 가운데, 한국을 포함한 무역 상대국들이 관세 시나리오를 상황별로 세우고 무역 동반자의 다변화를 꾀해야 한다는 조언이 나왔다. 전문가들은 관세 전쟁이 트럼프 행정부 이후에도 지속될 것이라 보고, 대처 방안을 찾는 데 주력해야 한다고 입을 모았다.

제26회 세계지식포럼 '관세와 무역 전쟁의 미래' 세션에서는 웬디 커틀러 아시아소사이어티정책연구소(ASPI) 부소장과 쭝위안 조이 류 미국 외교협회 선임연구원, 푸샨 두트 인시아드 교수가 글로벌 통상 환경의 변화를 주제로 토론했다.

전문가들은 트럼프 2기의 관세 전쟁은 트럼프 1기와는 다른 모습을 보인다고 분석했다. 트럼프 대통령 1기 때는 중국이라는 특정 국가를 표적화했다면 지금은 전방위적인 공격을 하고 있다는 이유에서다. 두트 교수는 "처음에는 교역국 양자 간 무역 불균형 등에 초점을 맞췄다면 지금은 점점 정치와 투자, 세금 등 비금전적 문제로까지 전쟁이 번지고 있다"라고 말했다.

또 트럼프 행정부가 물러난 후에는 관세 전쟁이 사라지고 자유 무역 시대로 돌아올 것이라는 생각은 착각일 가능성이 크다고 꼬집었다. 쭝 위안 연구원은 관세 전쟁이 지속될 이유로 정치적 인센티브, 세수 확보, 기득권과의 이해관계 등을 꼽았다. 해외로부터 돈을 확보하면서 이를 정치 인사들이 자신의 치적으로 삼을 수 있다는 얘기다. 그는 "미국은 관세로만 연간 800억 달러의 수입을 거두고 있다"라며 "미국 국무부 예산 규모를 뛰어넘는 수준"이라고 말했다.

변동성이 크고 광범위한 관세 전쟁에 대응하려면 무역 협상에서 어떤 카드를 활용할 수 있을지 고민해야 한다고 조언했다. 두트 교수는 글로벌 공급망 가운데 미국이 의존하는 핵심 요소 중 하나가 고대역폭 메모리(HBM)인 만큼 메모리 반도체 강국인 한국은 이를 협상의 지렛대로 활용하라고 말했다. 다만 그는 국가 안보를 위해 미국에 지나치게 의존한다면 카드가 소용없어질 수 있다고도 덧붙였다. 장기적인 관점에서 방위력 역시 키워야 한다는 얘기다.

각 나라가 자신들이 양보할 한계점을 세우고 미국의 관세 정책을 실시간 관찰하며 대응해야 한다고도 말했다. 두트 교수는 "앞으로 나아가야 할 길은 최혜국 대우를 유지하고, 규칙에 기반한 무역 시스템을 수호하는 것"이라며 "이러한 무역 시스템에 미국이 다시 가입하기를 바란다"라고 말했다. 그는 "무역 전쟁의 격화를 피하고 자제하는 것은 약함을 드러내는 것이 아니라 지혜의 한 형태"라고도 말했다. 인도와 브라질처럼 미국과 정면으로 부딪치는 것이 현명하지 못하다는 얘기다.

웬디 커틀러 ASPI 부소장은 트럼프 관세 정책을 계기로 세계 각국이 미국 의존을 줄이고 시장과 파트너 다변화에 나서고 있다고 진단했다. 그 예로 한국이 일본과 오스트레일리아 등이 주축이 된 자유무역협정인 포괄적·점진적 환태평양경제동반자협정(CPTPP) 가입을 재검토하는 움직임을 보이고 있는 점을 들었다. 인도와 EU도 오랜 기간 진전이 없었던 FTA 협상을 재개해 2025년 말 타결을 목표하고 있다. 커틀러 부소장은 "한국은 아마도 CPTPP에 가입할 것"이라며 "뿐만 아니라 EU도 CPTPP와 어떤 특별한 관계에 대해 논의하고 있다"고 말했다.

쭝위안 연구원은 미국과 무역 패권 주도권 싸움을 벌이고 있는 중국의 대응 전략을 소개하기도 했다. 중국은 미국의 가혹한 관세 정책을 성토하고 있는 나라들을 결집해 자신들의 세력을 확대 중이다. 2025년 8월 상하이협력기구(SCO) 정상회의를 개최했고, 브릭스(BRICS, 브라질·러시아·인도·중국·남아프리카공화국)의 결집을 꾀하기도 했다. 시진핑 중국 국가주석은 SCO 정상회의에서 SCO를 서방에 대응하는 글로벌 사우스 국가 연합체로 만들어 나가겠다고 밝혔다.

쭝위안 연구원은 "SCO는 NATO보다도 규모가 크다"며 "중국은 이미 120개국 이상과 최대 교역 파트너를 맺고 있고, 중국인민은행은 30건 이상의 중앙은행 통화스와프 협정을 체결해 위안화에 기반한 국제 금융 시스템 확대를 시도 중"이라고 말했다. 중국이 미국의 관세 전쟁을 기회로 삼고 있다고 분석했다.

박지형 서울대학교 교수, 피넬로피 골드버그 예일대학교 교수, 웬디 커틀러 아시아소사이어티정책연구소 부소장, 윌리엄 리 밀켄연구소 수석이코노미스트(왼쪽 첫 번째부터)가 제26회 세계지식포럼 '미국 통상 정책과 글로벌 공급망 재편' 세션에서 대담하고 있다.

- **피넬로피 골드버그** 예일대학교 교수로 경제학계에서 저명한 인물이다. 2018년부터 2020년까지 세계은행 수석이코노미스트를 역임했으며, 계량경제학회 회장, 미국경제학회 부회장 등을 지냈다.

- **박지형** 서울대학교 교수로 국제 경제, 국제 무역, 한국의 경제 발전과 세계 경제 등을 가르치고 있다. 국제 무역 질서에 대한 연구 논문을 통한 학문적 업적을 인정받아 한미경제학회 젊은 경제학자상, 매경 이코노미스트상 등을 수상하기도 했다.

미국 통상 정책과 공급망 재편

피넬로피 골드버그 | 예일대학교 교수
웬디 커틀러 | 아시아소사이어티정책연구소 부소장
윌리엄 리 | 밀켄연구소 수석이코노미스트
박지형 | 서울대학교 교수

"지금 제 생각에 장기적으로 합리적인 전략은 미국과의 점진적인 디커플링(탈동조화)을 통해 의존도를 줄이는 것입니다. 미국인인 제가 보더라도 관세 정책은 큰 손실입니다."(피넬로피 골드버그 예일대학교 교수)

"트럼프 대통령은 기업이 미국 안에서 생산한다면 외부의 불공정한 경쟁에서 그 기업을 지키기 위해 관세 장벽을 만들어주겠다고 약속했습니다. 관세는 미국 국민에게 약속한 투자 프로그램의 부수적 수단에 불과합니다."(윌리엄 리 밀켄연구소 수석이코노미스트)

제26회 세계지식포럼에서는 미국발 새 무역 질서인 이른바 '트럼프 라운드'에 대해 격렬한 논쟁을 진행했다. 피넬로피 골드버그 예일대학교 교수, 윌리엄 리 밀켄연구소 수석이코노미스트, 웬디 커틀러 ASPI 부소장은 이날 진행된 '미국 통상 정책과 글로벌 공급망 재편' 세션에서 트럼프 미국 대통령의 관세 정책을 두고 설전을 주고받았다.

먼저 포문을 연 것은 골드버그 교수였다. 그는 "2025년 4월 발표된 미국 관세 조치에서 얻은 교훈은 바로 미국과 밀접히 연결된 국가일수록 오히려 더 큰 타격을 받는다는 사실"이라며 "관계의 기반이 규칙에서 힘으로 변하면서 지속적인 재협상 가능성으로 불확실성만 확대됐다"라고 지적했다.

이어 "불확실성 증대는 투자 의사 결정을 위축시키는 결과로 이어진다"며 "계속 규칙이 바뀌면서 상대국과 기업 등 민간에서 모두 최적의 대응을 찾기 어려운 상황이 반복된다"라고 말했다.

그는 한국을 향해 "단기적으로 미국과 보조를 맞추는 실용적 태도를 보이고 있지만 장기적으로는 대미 의존도를 줄이는 디커플링 전략이 필요하다"라는 '조언'을 했다.

반면 윌리엄 리 수석이코노미스트는 "트럼프 대통령은 관세 정책 때문에 당선된 것이 아니다. 그는 미국을 위대하게 만들겠다고 약속해 당선된 것"이라고 맞받았다. 그는 경제학 교과서적으로 관세는 왜곡을 일으키지만, 트럼프 대통령의 관세는 투자 유치 전략의 부속품에 불과하다고 주장한다.

윌리엄 리 수석이코노미스트는 "트럼프 대통령의 본령은 감세, 규제 완화, 투자 유치이고 관세는 단지 이를 보완하기 위한 수단에 불과하다"라며 "미국에 투자하고 미국에서 생산하면 보호해주고, 그렇지 않은 국가(기업)가 미국 시장에 들어오고자 한다면 입장료(관세)를 내라는 것"이라고 목소리를 높였다.

그는 "관세가 단기적으로 경제에 부정적 영향을 준다는 것은 인정한다"면서도 "장기적으로는 다층적인 공급망을 형성하기 위해 자원을 재배치해야 한다. 코로나19의 교훈을 떠올려야 한다"라고도 했다.

미국 내 투자를 위해서는 관세가 불가피하다는 윌리엄 리 수석이코노미스트의 주장에 대해 골드버그 교수는 "관세 없이도 미국은 오랫동안 매력적인 투자처였다"며 "오히려 정책 불확실성만 확대돼 장기적으로 부정적인 투자처가 됐다"라고 꼬집었다.

그러면서 대만 TSMC의 미국 애리조나주 투자 사례를 제시하며 "숙련공이 부족해 해외 인력을 동원하는 일이 필수인데, 노동 역량의 불일치는 관세로 해결될 수 있는 문제가 아니다"라고 덧붙였다.

커틀러 부소장 역시 미국 관세 정책의 부정적 효과를 우려했다. 그는 "관세는 미국 내 생산 기업들의 비용마저 증가시키고 있다"라며 "이것은 투자 유치를 더 어렵게 만드는 요인으로 작용할 것"이라고 설명했다. 또한 "트럼프 대통령은 외국의 투자 유치를 독려하면서 이민법을 강력하게 집행하고 있다"며 "우선순위가 서로 충돌하고 있다"라고 지적했다.

커틀러 부소장은 "미국이 기존의 규칙 기반 질서에서 힘 기반 질서로 전환한 것은 글로벌 리더 역할을 하지 않고 미국의 이익을 최우선으로 하겠다는 선언"이라며 "미국의 다자주의 이탈이 다른 국가들의 경제 협력으로 이어지면서 미국이 배제될 위험도 있다"라고 설명했다.

트럼프 행정부의 관세 정책이 차기 정부에서 유지될 가능성도 제기됐다. 골드버그 교수는 "미국 안에서 '우리가 손해를 보고 있다'라는 인식은 구조적이며 차기 정부에서도 관세 기조가 유지될 수 있다"며 "세

수 확보라는 측면에서 이를 유지할 수밖에 없을 것"이라고 전망했다.

커틀러 부소장은 "대법원에서 트럼프 행정부의 관세 정책이 위법이라는 판결이 나오더라도 그것이 관세 철회를 의미하지 않는다"라며 "트럼프 대통령은 의회로부터 위임받은 다른 수단을 갖고 있으며, 필요하다면 그 수단을 사용할 것이다. 행정부는 플랜B가 있다"라고 밝혔다.

다만 2026년 11월 중간선거가 가까워질수록 의회가 관세 정책에 비판적 목소리를 낼 것이라는 것이 커틀러 부소장의 예상이다. 그는 "관세 영향이 본격적으로 나타나면서 유권자들이 불만을 표출하게 될 것"이라며 "소비자물가 상승, 기업 생산원가 상승, 중소기업 도산 등 다양한 문제가 발생하면 의회도 개입할 수밖에 없다"라고 설명했다.

3
비상하는 아시아

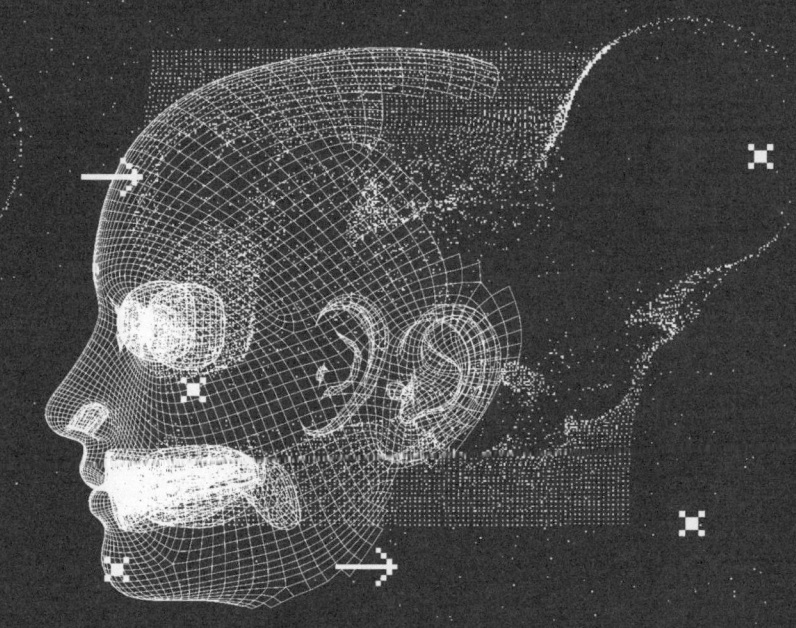

정은보 한국거래소 이사장, 아시시쿠마르 차우한 인도국립증권거래소 CEO, 황세운 자본시장연구원 펀드·연금실 선임연구위원(오른쪽 첫 번째부터)이 제26회 세계지식포럼 '기회의 땅 인도가 뜬다' 세션에서 대담하고 있다.

- **아시시쿠마르 차우한** 인도국립증권거래소(NSE) 대표이사 겸 CEO다. NSE 설립에 기여해 인도 최초 스크린 기반 거래 시스템, 모바일 트레이딩, 중소기업(SME) 주식 시장, 주가 지수, 파생 상품 거래 등 인도의 증권 시장을 현대적으로 발전시켰다.

- **정은보** 한국거래소 이사장으로 국내와 국제 금융 분야에서 국가 정책을 형성하는 데 중요한 역할을 해왔다. 금융감독원장, 금융위원회 부위원장, 기획재정부 차관 등을 역임했다.

- **황세운** 자본시장연구원(KCMI) 선임연구위원으로 자본 시장, 자산 운용, 연금 제도 등을 중심으로 연구를 수행하고 있다. 한국재무관리학회 부회장을 겸직하고 있다.

기회의 땅 인도가 뜬다

아시시쿠마르 차우한 | 인도국립증권거래소 CEO
정은보 | 한국거래소 이사장
황세운 | 자본시장연구원 선임연구위원

글로벌 경제 질서가 빠르게 재편되는 가운데, 인도는 새로운 경제 강국으로 부상하고 있다. NSE는 세계 7위 규모의 거래소로 성장하며 인도 자본 시장의 혁신과 발전을 이끌고 있다는 평을 받는다.

제26회 세계지식포럼 '기회의 땅 인도가 뜬다' 세션에서 아시시쿠마르 차우한 NSE 최고경영자(CEO)와 정은보 한국거래소 이사장은 양국 자본 시장의 미래를 논의하며 전략적 협력 가능성을 모색했다.

차우한 CEO는 인도의 핵심 경쟁력을 크게 네 가지 키워드로 요약했다. 소비 수요, 인구 구조, 기술, 인프라다.

먼저 차우한 CEO는 인도의 경제 구조가 소비 중심이라는 것에 주목할 필요가 있다고 강조했다. 인도는 저소득 국가임에도 불구하고 소비 여력이 큰데, 이는 곧 자본 시장에 대한 활발한 참여로 이어질 수밖에 없다는 것이 그의 주장이다. 실제로 인도에서는 매년 1조 달러에 달하는 저축이 금융 시장으로 유입되고 있다.

또한 그는 인도의 젊은 인구 구조는 고령화 현상 속 희소한 자원이자 생산성 향상의 핵심이 될 것이라고 진단했다. 그는 "인도의 평균 연령은 약 29세로, 세계 주요 국가 중 인구 구조가 가장 젊다"며 "향후 30~40년간 노동 인구가 꾸준히 증가함을 의미하고, 경제 생산성과 성장 가능성을 동시에 높인다"라고 설명했다.

차우한 CEO는 인도의 '기술 중심 경제 구조'가 향후 AI, 바이오, 헬스 케어 등의 분야에서 글로벌 리더십을 가능하게 하는 기틀이 될 것이라고 내다봤다.

인도는 세계 최대 규모의 디지털 인프라를 구축한 국가 중 하나로, 2017년 도입된 간접세(GST) 시스템은 전 국민을 대상으로 한 자동화 세금 징수 체계를 완성했다. NSE는 터미널 22만 개, 서버 1만 7,000대, 나노초 응답 속도 등을 갖추고 있다. 이외에도 인도는 디지털 결제, 온라인 거래 등에서도 세계 최고 수준의 기술력을 보유하고 있다.

정은보 이사장은 인도의 경쟁력과 향후 발전 가능성에 공감하며, 인도와의 협력 가능성에 주목했다. 그는 "글로벌 자본 시장이 탈중앙화(DeFi), 24시간 거래 체계 등으로 빠르게 변화하고 있는 가운데 기술적 경쟁력을 갖춘 인도는 매력적인 파트너"라고 평가했다.

양국의 협력 가능성은 실제로 다양한 형태로 확대되고 있다. 예를 들어 현대자동차 인도 법인의 상장, LG전자의 상장 추진 등은 인도 시장에 진출한 좋은 사례로 꼽힌다. 인도 기업들의 한국 상장 가능성 또한 최근 활발히 논의되고 있으며, 이는 양국 간 자본 시장 연결성을 높이는 계기가 될 것으로 시장에서 기대받고 있다.

차우한 CEO는 "한국과 같은 성숙한 시장은 인도와의 전략적 파트너십을 통해 새로운 성장 동력을 마련할 수 있다"며 "양국의 금융 기관, 투자자, 정책 당국이 함께 협력한다면 한국과 인도는 아시아를 넘어 글로벌 자본 시장 재편의 중심축으로 부상할 수 있을 것"이라고 말했다.

한국뿐만 아니라 인도는 전 세계 투자자들로부터 큰 관심을 받고 있다. 인도는 7.8%의 분기 성장률을 기록하며 대규모 경제 중 가장 빠른 성장을 보이기도 했다.

인도는 낮은 인플레이션과 견고한 은행 시스템을 기반으로 부채 비율도 안정적이라는 점에서 투자자들의 이목을 끌고 있다.

특히 미국과 중국 간의 갈등이 심화하며, '차이나 리스크'를 대체할 수 있는 대안 시장으로 인도가 부각하고 있다. 인도 정부는 외국인 투자자 보호 정책을 강화하고 있으며, 실제로 인도 개인 투자자들도 매달 소액 투자로 시장에 적극적으로 참여하고 있다.

차우한 CEO는 "글로벌 투자자들의 인도 시장을 향한 관심은 향후 상장지수펀드(ETF), 글로벌 펀드, 전략적 투자 등의 형태로 더욱 확장될 가능성이 크다"며 "한국 투자자들도 인도 시장에 대한 높은 관심을 보이고 있으며 이 과정에서 정보 비대칭과 정책 불확실성을 해소할 수 있다면 양국 간 자본 흐름은 더욱 활발해질 것"이라고 전망했다.

시라카와 마사아키 전 일본은행 총재(오른쪽), 박기영 연세대학교 교수가 제26회 세계지식포럼 '일본 경제 30년: 장기 침체의 교훈' 세션에서 대담하고 있다.

- **시라카와 마사아키** 전 일본은행 총재다. 2008년부터 2013년까지 5년 재임 동안 글로벌 금융 위기, 동일본 대지진 등 전례 없는 상황을 맞아 경제 회복을 위한 다양한 정책을 시행했다. 일본의 고도성장기와 버블 붕괴 이후 30년간의 장기 침체를 설명한 《일본의 30년 경험에서 무엇을 배울 것인가》를 집필했다. 1972년 일본은행에 입행한 이후 다양한 직책을 맡으며 얻은 통찰을 담았다.

- **박기영** 연세대학교 교수이며 2021년부터 2023년까지 한국은행 금융통화위원회 위원으로 활동했다. 금융 시장, 국제 금융, 거시경제 정책 등에서 탁월한 연구 업적을 쌓아왔다.

일본 경제 30년: 장기 침체의 교훈

시라카와 마사아키 | 전 일본은행 총재
박기영 | 연세대학교 교수

한국이 저출생 고령화로 인한 생산성 감소로 '잃어버린 30년'을 겪은 일본처럼 장기 침체에 빠질 수 있다는 경고가 나왔다. 남성의 가사와 육아 참여도를 높이고 세대 간 합의를 통한 발 빠른 개혁이 필요하다는 분석이다.

제26회 세계지식포럼 '일본 경제 30년, 장기 침체의 교훈' 세션에서 연사로 나선 시라카와 마사아키 전 일본은행 총재(2008~2013년 재임)는 한국이 과거 일본처럼 인구통계학적으로 심각한 변화에 직면했다고 강조했다. 한국의 생산가능인구는 2012년, 총인구는 2020년에 정점을 찍은 바 있다.

시라카와 전 총재는 "일본의 잃어버린 30년의 문제 원인은 디플레이션이 아니라 급속한 고령화와 인구 감소, 노동 생산성 증가의 둔화, 버블 경제의 탄생"이라며 "원인 진단을 잘못해 일본은 개혁에 뒤처졌다.

일본의 생산가능인구는 1995년 이후 약 50% 줄었다"라고 밝혔다.

물가상승률이 0%에서 2%로 오르더라도, 저성장의 근본 원인이 해소되지 않으면 경제에 활력이 돌지 않는다는 지적이다. 금리 인하 등 대규모 금융 완화는 물가 상승, 성장률 개선의 효과 없이 일본 경제에 부작용만 키워왔다는 것이 그의 생각이다.

인구 감소 사회에서 생산성 성장은 어렵다. 생산성이 둔화하면 결과적으로 해당 국가의 신기술에 대한 수용성도 떨어지게 된다. 마치 시니어(노인)가 될수록 첨단 정보기술(IT) 수용에 보수적인 것과 같은 이치다. 이는 현재 진행 중인 AI 혁명 시대에도 경쟁력 저하로 이어질 수 있다.

특히 노인 유권자들의 증가는 정치적 압력으로 이어질 수 있다. 시라카와 전 총재는 이를 '백발 민주주의'라고 정의했다. 정부 지출이 사회복지 프로그램에 집중돼 생산성을 견인할 공공 투자를 감소시킨다는 것이다.

시라카와 전 총재는 "백발 민주주의는 인구 감소가 생산성, 성장 둔화로 이어질 수 있는 가장 확실한 메커니즘"이라며 "한국도 이러한 압박에 직면해 있다"라고 진단했다.

수도인 서울과 도쿄에 자원이 집중돼 지역 간 자원 재분배가 지연되는 것도 문제다. 소외된 지방 지역은 도로·병원·학교 등 공공 인프라스트럭처 유지비용이 점점 증가해 공동화된다.

시라카와 전 총재는 "출산율 감소를 막기 위한 내 조언은 '빠르면 빠를수록 좋다'일 것"이라며 "세대 간 무책임이 자리 잡으면 미래 세대를 상상하고 공감하는 것이 더 어려워진다"라고 밝혔다.

그는 인구 감소를 막기 위한 과제 중 하나로 남성의 가사·육아 참여율 확대를 꼽았다. 여성에 집중된 자녀 양육 부담은 경력 단절로 이어져 심각한 생산성 감소의 원인이 된다는 것이다. 실제 통계를 분석한 결과, 남성의 가사·육아 참여율이 개선될수록 출산율도 늘어난다는 것이 그의 주장이다.

시라카와 전 총재는 '한국의 부동산 불패 신화가 저출생의 원인일 수 있느냐'는 청중 질문에는 "40년 전 일본 버블 경제 때와 동일한 현상"이라며 "출산율과 집값 사이에 상관관계는 있지만, 출산율 감소는 정규직과 비정규직 격차, 육아 부담 등 더욱 복잡한 문제"라고 답했다.

시라카와 전 총재는 문제의 원인을 정확히 진단할 수 있는 정부·학계·기업·언론이 힘을 모아 미래 세대를 위한 사회적 개혁을 해야 한다고 주문했다. 인구 감소와 고령화가 지속되면 미래 세대를 상상하고, 공감하는 것이 더 어려워진다. 정부의 재정 지속 가능성도 떨어진다.

특히 그는 한국이 강점을 가지는 케이팝, 반도체 등 분야의 힘을 앞세워 위기를 타개해 나갈 수 있을 것이라고 기대했다. 삼성 등 한국의 대표적 기업들이 초기 기업가 정신을 발휘해 혁신을 주도했던 경험도 도움이 된다는 조언이다.

끝으로 시라카와 전 총재는 "한국의 1인당 소득이 일본을 추월했다는 얘기를 자주 듣는다. 이는 일본 내에서도 자주 언급된다"며 "한일 모두 저출생 고령화, 재난에 대한 대응력 확보 등 동일한 문제점을 가지고 있다. 두 나라 간 대화가 더욱 강화되기를 기대한다"라고 밝혔다.

스텔라 서 미래에셋자산운용 해외부동산투자본부장, 푸릅떠르쯔 부흐츨롱 몽골 국회 부의장, 세아르 리티 월드브리지그룹 설립자 겸 회장, 이성기 대한무역투자진흥공사 고객가치실장(왼쪽 첫 번째부터)이 제26회 세계지식포럼 '아시아의 미래를 여는 투자처' 세션에서 대담하고 있다.

- **세아르 리티** 월드브리지그룹 회장이다. 물류·부동산 개발·기술·식음료·미디어·서비스업·전자 상거래·은행·보안을 포함한 다양한 부문에 걸쳐 30개 이상의 회사를 운영하고 있다. 2020년 캄보디아 국왕으로부터 일반인을 위한 최고 작위인 '네악 옥냐' 칭호를 받았다.

- **푸릅떠르쯔 부흐츨롱** 오랜 공직 경험을 바탕으로 입법 활동을 시작해 2024년부터 몽골 국회 부의장을 맡고 있다. 몽골 관세청에서 경력을 시작했고, 호브드 아이막 지역 몽골 민주당 위원장을 지냈다. 몽골 이민청장, 시민권·이민청장 등을 거쳤다.

- **이성기** 기업 컨설팅회사에서 경력을 시작해 대한무역투자진흥공사(코트라)에는 2008년 합류해 2022년부터 말레이시아 쿠알라룸푸르무역관 관장을 3년가량 지냈다. 현재 고객가치실장이다.

- **스텔라 서** 미래에셋자산운용 해외부동산투자본부장으로 주요국 부동산 시장에서 전략 수립과 투자 실행을 담당하고 있다. 아시아·유럽·미국 전역에 걸친 해외 부동산 투자에서 다양한 자산군과 지역을 아우르는 풍부한 경험과 실적을 보유하고 있다.

아시아의 미래를 여는 투자처

세아르 리티 | 월드브리지그룹 회장
푸릅떠르쯔 부흐촐롱 | 몽골 국회 부의장
이성기 | 대한무역투자진흥공사 고객가치실장
스텔라 서 | 미래에셋자산운용 해외부동산투자본부장

아시아 신흥국이 글로벌 성장의 새로운 엔진으로 부상했다. 이들이 갖춘 천연자원, 젊은 인구, 전략적 위치 등을 활용한 투자 기회를 모색하려는 전 세계 투자자들의 발걸음이 빨라지고 있다.

제26회 세계지식포럼 '아시아의 미래를 여는 투자처' 세션에서는 몽골, 캄보디아, 말레이시아의 고위 인사와 기업인들이 참석해 각국의 경제 비전과 외국인 투자 유치 전략을 공유했다.

연사들은 '신경제(디지털, 기술)'와 '구경제(농업, 제조)'가 공존하는 아시아 신흥국들의 중요성을 강조했다. 이들은 특히 민주주의 기반 자원국 몽골, 인적 자원이 풍부한 캄보디아, 산업 고도화를 추진하는 말레이시아 등에 대한 글로벌 투자 기회를 집중적으로 탐구하는 시간을 보냈다.

푸릅떠르쯔 부흐촐롱 몽골 국회 부의장은 몽골 자원의 전략적 활용

가능성을 강조했다. 몽골은 희토류와 우라늄, 구리 등 전략 광물의 보고로 꼽힌다. 현재 몽골에서는 세계적 광산 기업 리오틴토가 운영하는 오유톨고이 구리 광산, 프랑스 오라노의 우라늄 프로젝트, 한국 기업들의 리튬과 텅스텐 채굴 등 대규모 프로젝트가 진행 중이다.

그는 "원자력 에너지법 제정을 통해 외국인의 투자를 유치하는 환경이 개선되고 있으며, 한국 기업들의 리튬·텅스텐 투자 사례도 증가하고 있다"라고 말했다. 이어 "몽골은 EU·미국·일본·한국 등과의 자유무역협정(FTA)을 통해 관세 혜택을 제공하며 글로벌 제조업체들이 몽골에서 제품을 생산해 러시아, 카자흐스탄 등으로 수출할 경우 무관세 혜택을 누릴 수 있다"라고 밝혔다.

그는 몽골이 헌법을 개정해 국회 규모를 확대하고 선거 제도를 개편해 정치 안정성을 확보한 점 또한 글로벌 투자가 활발히 이뤄질 초석이 될 것이라고 내다봤다.

세아르 리티 캄보디아 월드브리지그룹 회장은 "캄보디아는 베트남과 태국 사이에 위치한 전략적 입지와 아세안 내에서 인구 구조가 가장 젊은 국가로, 저임금의 숙련 인력이 풍부하다"라고 소개했다.

그는 "캄보디아는 식품 가공과 농산업, 귀금속 가공 등 저부가가치 산업에서 강점이 있으며, 정부도 산업단지 조성과 세금 감면, 100% 외국인 소유 허용 등 파격적인 인센티브를 제공하고 있다"라고 말했다.

특히 그는 최근 캄보디아가 '차이나 플러스 원' 전략의 대안지로 부상하고 있다는 점에 주목했다. 실제로 최근 일본과 한국의 많은 기업은 '베트남 플러스 원', '태국 플러스 원' 전략을 내세우며 캄보디아로 진출하고 있다.

그는 캄보디아 정부의 친기업적 정책과 특별경제구역(SEZ), 9년간의 세금 감면 혜택(QIP) 등 인센티브 체계를 소개하며 "캄보디아는 진입 장벽이 낮고, 민관 파트너십이 활발하다"라고 평가했다.

말레이시아에서 활동한 이성기 코트라 고객가치실장은 "말레이시아가 전통적 제조업 중심에서 반도체, 디지털 산업으로의 전환을 추진하고 있다"며 "말레이시아는 반도체 후공정(OSAT) 분야에서 세계 시장 점유율 13%를 차지하는 글로벌 허브"라고 설명했다.

최근 말레이시아 정부는 기존의 저부가가치 제조업국을 탈피해 첨단 패키징, 집적회로(IC) 설계, 연구개발(R&D) 중심의 고부가 산업국으로의 전환을 추진 중이며, 100억 달러 이상을 투입한 데이터센터와 클라우드 인프라를 확장하는 것도 진행 중이다.

이성기 실장은 "조호르바루는 싱가포르와의 협력을 통해 말레이시아판 '선전(深圳)'이 될 가능성이 있다"라며 "말레이시아 정부는 경제자유구역, 경전철 시스템(LRT) 연결, QR코드 출입국 등 인프라를 혁신하는 데 주력하고 있다"라고 전했다.

그는 "말레이시아는 영어 사용률이 높고, 안정적인 전력과 인프라를 갖춰 한국 기업들이 진출하기에 적합하다"면서도 "비자 발급, 정책 유연성 등은 개선이 필요하다"라고 평가했다.

이어 "몽골은 자원 개발과 수출 생산 기지로, 캄보디아는 제조·가공 산업의 베이스캠프로, 말레이시아는 고도화된 전자·반도체 산업의 파트너로서 경쟁력을 갖추고 있다"라고 덧붙였다.

박정훈 우리금융연구소 CEO, 떱수다 타와라마라 전 태국증권거래위원회 부사무총장, 마이클 진 빈그룹 사외이사, 이철원 밸런스히어로 창립자 겸 대표이사(왼쪽 첫 번째부터)가 제26회 세계지식포럼 '아시아에서 찾는 핀테크 기회' 세션에서 대담하고 있다.

- 떱수다 타와라마라   태국증권거래위원회(SEC) 부사무총장을 역임했으며 금융 정책과 가상화폐 등에 능통하다. 태국 전자거래개발청 감독위원회 위원으로서 태국 핀테크협회장을 역임하기도 했다. 증권업 규제 완화, 거래소 경쟁 촉진, 암호화폐 규제안 수립, 태국 선물거래소 설립 등의 성과를 냈다.

- 마이클 진   아시아의 주요 금융 시장에서 30년 이상 리더십 경험을 쌓은 노련한 재무·투자 임원이다. 사외이사로 재직 중인 빈그룹은 베트남 최대 민간 대기업으로 꼽힌다.

- 이철원   모두를 위한 금융을 목표로 한 AI 핀테크 플랫폼 기업 밸런스히어로의 창립자이자 대표다. 2006년 동남아시아 모바일 비즈니스인 액서스모바일(Access Mobile)로 처음 창업했다.

- 박정훈   우리금융연구소 CEO이다. 금융 정책과 규제 분야에서 30년 이상의 경력을 보유하고 있다. 1992년부터 기획재정부, 금융위원회에서 근무하며 정책 수립과 금융 시장 감독 업무를 맡았다.

아시아에서 찾는 핀테크 기회

띱수다 타와라마라 | 전 태국증권거래위원회 부사무총장
마이클 진 | 빈그룹 사외이사
이철원 | 밸런스히어로 대표
박정훈 | 우리금융연구소 CEO

한국 핀테크 기업 밸런스히어로는 인도에서 중저신용자를 대상으로 한 금융 플랫폼 사업으로 눈부신 성장세를 기록하고 있다. 2022년 693억 원이었던 매출액은 2024년 1,442억 원으로 2배 이상 증가했다. 2024년 영업이익은 355억 원에 달한다.

밸런스히어로 창립자인 이철원 대표는 제26회 세계지식포럼 '아시아에서 찾는 핀테크 기회' 세션을 통해 인도에서 경험한 핀테크 사업 성공담을 공유했다. 2014년 밸런스히어로를 창업한 이철원 대표가 첫 시장으로 인도를 선택한 이유는 시장의 규모, 성장 속도, 시장의 성숙도 등 세 가지다.

이철원 대표는 개발도상국과 선진국의 핀테크는 다르다고 강조한다. 선진국의 핀테크는 기존 경험을 개선하는 것이라면, 개발도상국의 핀테크는 이전에 전혀 없었던 것을 0에서 1로 만드는 것이다. 대표적인 예가 한국에서는 이미 신용카드 보급률이 90% 이상인 반면 인도는 전체 14억 명 중 신용카드 사용자가 1억 명에 불과하다.

이철원 대표는 여기에서 기회를 찾았다. 인구 대다수가 은행에서 신용을 제공받지 못하는 인도에서 스마트폰을 기반으로 금융 접근성을 누리게 한 것이다. 밸런스히어로는 AI를 바탕으로 신용 평가 시스템을 구축하고 이들에게 대출 등 신용 서비스를 제공했다.

인도에서 밸런스히어로의 앱은 다운로드 1억 회를 넘었고, 월간 활성 이용자 수만 700만 명에 달한다. 대부분의 고객은 기존 금융기관에서 신용을 얻을 수 없는 사람들이지만 밸런스히어로의 서비스를 통해 대출을 받을 수 있게 됐다.

마이클 진 빈그룹·라인맨윙나이·페퍼저축은행 사외이사는 아시아 지역에서 핀테크 사업에 진출할 때 고려할 사항들에 대해 의견을 나눴다. 실제 베트남·인도네시아 등 아시아 국가들은 젊은 인구 구조, 모바일 보급률 등 여러 면에서 비은행화 인구를 겨냥한 핀테크 사업을 펼치기에 유리한 조건을 갖췄다.

다만 이들 시장에 진출할 때 가장 큰 걸림돌로 작용하는 것은 자본 접근성이라고 마이클 진 사외이사는 지적했다. 인도네시아는 그나마 스타트업과 벤처캐피털(VC) 시장이 활발하지만, 베트남은 아직 초기 단계라 유니콘 기업도 거의 없고 자본 접근성이 극도로 제한된다.

또 다른 문제는 엑시트다. 한국처럼 핀테크가 기업공개(IPO)로 이어지는 경우가 많지 않기 때문이다. 마이클 진 사외이사는 이에 대한 해결책으로 현지 자본이 아닌 한국 자본을 통해 규모를 키우는 전략이 필요하다고 조언했다.

이와 함께 마이클 진 사외이사는 현지 파트너와 반드시 손을 잡아야 한다고 강조했다. 과거 카카오가 베트남 메신저 시장에 진출을 추진했지만, 현지 기업인 잘로(Zalo)가 '국민 메신저'로 자리 잡고, 카카오는 쓴맛을 볼 수밖에 없었다.

마이클 진 사외이사는 "카카오가 막대한 광고비를 쏟아붓고도 제도적·구조적 장벽을 뚫지 못했다"라고 설명했다.

여기서 얻을 수 있는 교훈은 '한국에서 1위라고 해도 아시아 시장에서 성공이 보장되지 않는다'라는 점이다. 반드시 현지 기업과 협력해 그들의 유통망과 플랫폼을 활용해야 하며, 그 대가로 많은 것을 기꺼이 받아들여야 한다고 마이클 진 사외이사는 주장했다.

AI가 핀테크의 미래에 어떠한 변화를 가져다줄 수 있을까. 이철원 대표는 대출 서비스에서 신용 심사의 정확도와 포용성을 동시에 끌어올릴 수 있다고 전망했다. 이철원 대표는 이미 대형언어모델(LLM) 등 AI 기술을 이용해 새로운 신용 평가 모델을 운용 중이다.

마이클 진 사외이사는 각 고객 세그먼트에서 AI가 다르게 기능할 것으로 봤다. 대중적 시장에서는 저비용 투자 자문·간편 상품이 확장할 기회로 작용할 전망이다.

다만 상위 자산가나 최고급 자산 관리 측면에서는 여전히 브랜드와 네트워킹 등이 핵심으로 작용하기 때문에 기존 서비스의 대체가 아니나 보완하는 방향에서 AI를 적용할 수 있다.

이윤철 한국항공대학교 경영학부 교수, 조동성 서울과학종합대학원대학교 교수, 니 펑페이 중국사회과학원 도시경쟁력연구센터 소장, 양희동 한국경영학회 회장, 박기찬 산업정책연구소 소장(왼쪽 첫 번째부터)이 제26회 세계지식포럼 '전국 도시 경쟁력 순위: 국토 균형 발전 방안' 세션에서 대담하고 있다.

- **니 펑페이** 중국사회과학원 도시경쟁력연구센터 소장으로 도시 경쟁력과 도시화 전략 분야의 전문가다. '중국 도시 경쟁력 보고서' 시리즈를 다년간 주도해온 학자로, 도시 지속 가능성과 경제 발전의 상관관계를 연구해왔다.

- **조동성** 서울대학교 경영대학장, 인천대학교 총장을 역임했으며, 대한민국 정부의 자문위원으로도 활동한 원로 학자다. 현재 서울과학종합대학원대학교 교수다.

- **양희동** 한국경영학회 회장으로 현재 이화여자대학교 교수로 재직 중이다. 대우증권과 삼성SDS 등 산업계에서도 경력을 쌓은 바 있다.

- **박기찬** 산업정책연구소(IPS) 소장으로 물류 전략과 경영 혁신 분야의 전문가다. 대한항공 부사장, 인하대학교 경영대학장과 부총장을 역임했다.

- **이윤철** 한국항공대학교 교수로 산업정책연구소 부이사장을 겸하고 있다. 서울대학교 경영대학에서 경영전략을 전공했다.

전국 도시 경쟁력 순위: 국토 균형 발전 방안

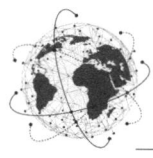

니 펑페이 | 중국사회과학원 도시경쟁력연구센터 소장
조동성 | 서울과학종합대학원대학교 교수
양희동 | 한국경영학회 회장
박기찬 | 산업정책연구소 소장
이윤철 | 한국항공대학교 교수

"살고 일하기 좋다는 인식에 서울로 인구가 쏠리고 있다. 하지만 한국의 85개 도시를 다양한 기준으로 평가해보니 다수의 상위권은 서울이 아닌 지방 도시였다."

제26회 세계지식포럼 '전국 도시 경쟁력 순위: 국토 균형 발전 방안' 세션에서는 한국경영학회와 IPS가 공동 연구한 '도시 경쟁력 평가'를 통해 이와 같은 결과를 발표했다. 국내외 부동산 전문가들은 이를 토대로 도시 전략 재정립의 필요성과 저출산·고령화·지역 소멸 등 국가적 과제를 해결할 방안에 대해 논의했다.

이윤철 한국항공대학교 교수는 "기존 도시 경쟁력 평가는 '산업' 중심으로 이뤄져 당연히 서울의 순위가 압도적으로 높을 수밖에 없었다"며 "이번 평가는 도시를 삶의 터전, 방문 목적지, 경제 활동의 무대라는 세 가지 관점에서 재해석했고, 놀라운 결과를 도출해냈다"라고 밝혔다.

연구진은 도시 경쟁력을 국가통계포털(KOSIS)의 공공 데이터를 기반으로 시민이 살기 좋은 도시(정주 경쟁력), 관광객이 찾고 싶은 도시(방문 경쟁력), 기업이 투자하고 싶은 도시(사업 경쟁력) 등 3대 축으로 구분했다. 이 경쟁력을 분석하는 모형은 균형·성과·환경·자원 등 네 가지로 설정했다.

특히 출산율과 직결되며 '얼마나 살기 좋은가'를 나타내는 '정주 경쟁력'에 집중한 결과 양주시, 세종특별자치시, 화성시가 각각 1, 2, 3위를 차지했으며, 서울은 10위 밖으로 밀려났다.

이번 연구를 주도한 조동성 서울과학종합대학원대학교 교수는 "한국의 합계출산율은 0.75인데, 그중 출산율이 가장 낮은 곳은 인구가 가장 많이 밀집한 서울(0.58)이고 그다음 출산율이 낮은 곳도 두 번째로 규모가 큰 부산광역시(0.68)"라고 강조했다. 방문 경쟁력과 사업 경쟁력에서는 서울이 나란히 1위였다.

조동성 교수는 "종합 순위는 서울이 1위지만 중소 도시들이 다수 10위권에 진입한 것에 주목할 필요가 있다"며 "서울은 비즈니스에 강하지만, 삶의 질에서는 약하듯 도시마다 경쟁력의 '결'이 다르다는 점을 유의해서 지역별 특화 전략을 수립해야 한다"라고 말했다.

이날 연사들은 도시별 특성에 기반한 다양한 맞춤형 전략 수립 방안도 제시했다.

니 펑페이 중국 도시경쟁력연구센터 소장은 글로벌 도시 경쟁력 보고서를 소개하며 "서울은 글로벌 지속 가능 경쟁력 13위로 베이징이나 상하이보다 높다"고 평가했다. 이어 "중국은 균형 발전, 사람 중심의 도시 계획, 지속 가능한 도시 건설 전략을 추진 중인데 한국에서도 분명 통할 전략"이라고 조언했다.

양희동 한국경영학회 회장은 "도시도 사람처럼 개성을 분석하고 강점을 극대화하는 전략이 필요하다"며 "도시별 성격, 정체성을 살려 도시별 MBTI를 분류해 마케팅해야 한다"라고 제안했다.

또한 "지방자치단체 단체장 평가도 필요하다"며 도시 경쟁력 데이터를 통해 시민이 시장의 실적을 객관적으로 평가할 수 있는 기반을 마련해야 한다고 주장했다.

박기찬 IPS 소장은 도시에 젊은 층을 끌어들일 수 있는 장기 전략이 절실하다고 강조했다.

그러면서 그는 "넷플릭스 시리즈 〈케이팝 데몬 헌터스〉 콘텐츠로 서울의 방문 경쟁력이 한 달 만에 15% 성장했듯 브랜드 경쟁력은 관광, 청년 인구 유입, 기업 유치에 직접적 영향을 미친다"며 지방자치단체별 브랜드를 육성하자는 의견에 힘을 보탰다. 이날 이뤄진 논의를 바탕으로, IPS는 도시별 맞춤형 전략 컨설팅을 이어 나갈 계획이다.

조동성 교수는 "도시 경쟁력은 단번에 완성되지 않는다"며 "매력적인 방문지로서 출발해 사람들이 살고 싶어지고, 결국 사업하기 좋은 도시로 진화해야 한다"라고 말했다.

NEW ODYSSEY:
Navigating the Great Transition

WKF 2025

4
가상화폐와 IT 투자

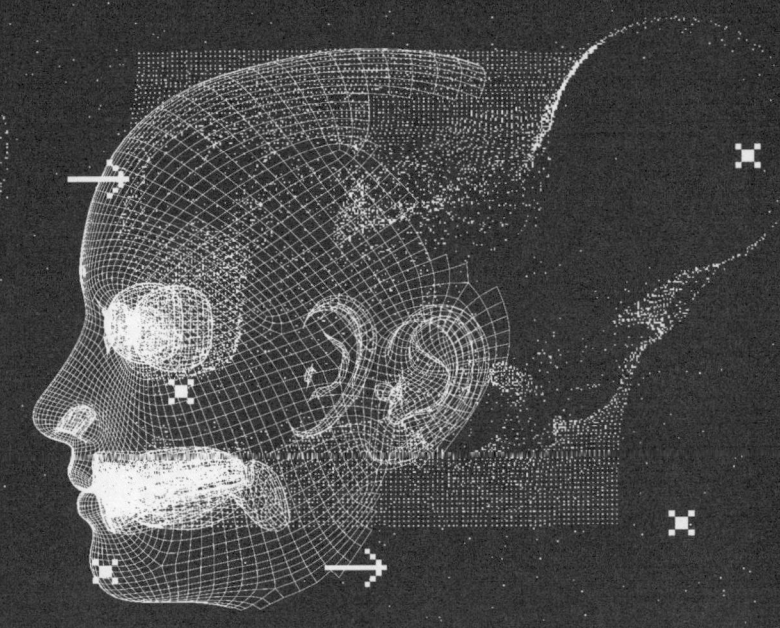

리처드 텡 바이낸스 CEO(오른쪽), 박선영 동국대학교 교수가 제26회 세계지식포럼 '미래 자산, 가상화폐의 힘' 세션에서 대담하고 있다.

- **리처드 텡** 금융 서비스와 규제 분야에서 30년 이상의 경력을 보유한 숙련된 경영인이다. 2023년 11월 가상화폐 거래소 바이낸스의 CEO로 임명된 이후 회사의 성장을 준법적이고 지속 가능한 방향으로 이끌고 있다. 바이낸스에 합류하기 전에는 아부다비글로벌마켓(ADGM) 금융서비스 규제청 CEO로 재직하며 혁신적인 규제 기관장으로서의 역량을 입증했다.

- **박선영** 동국대학교 교수로 은행과 금융 규제, 금융 중개, 국제 금융 시장을 연구하고 있다. 한국은행 통화금융미래포럼 위원을 비롯해 금융위원회 금융발전심의위원, 디지털자산 민관합동 태스크포스 위원 등으로 활동하며 국내 금융 정책 자문에 활발히 참여하고 있다.

미래 자산, 가상화폐의 힘

리처드 텡 | 바이낸스 CEO
박선영 | 동국대학교 교수

"한국은 매우 역동적이고, 빠르게 변하며, 혁신적인 사회입니다. 향후 규제 명확성이 높아진다면 암호화폐 시장의 잠재력도 더욱 커질 것입니다."

세계 최대 가상자산 거래소인 바이낸스의 리처드 텡 CEO는 제26회 세계지식포럼에서 한국의 암호화폐 시장 성장 가능성을 높이 평가했다. '미래 자산, 가상화폐의 힘'을 주제로 열린 오픈 세션의 연사로 참석한 그는 "암호화폐가 주류가 되려면 명확한 규칙과 규정이 필요하다"며 "한국 정부의 가상자산에 관한 친화적인 정책 변화는 고무적이다. 현재 암호화폐 산업을 규제하기 위한 '디지털자산 기본법' 제정을 검토하고 있는 것으로 알고 있는데, 올바른 방향으로 나아가고 있다고 생각한다"라고 밝혔다.

다만 리처드 텡 CEO는 암호화폐 규제를 위험을 관리하는 것만 아니라 성장과 혁신을 지원하는 방향으로 마련해야 한다고 강조했다. 그는 "한국은 매우 기술 친화적이어서 모든 것이 매우 빠르게 진행된다. 그렇기 때문에 규제가 시장에서 일어나고 있는 새로운 혁신을 따라잡는 것 역시 극도로 어려울 수밖에 없다"며 "그렇다고 자칫 위험 관리를 극단적인 형태로만 본다면 성장을 기대하기는 힘들 것"이라고 조언했다.

정부가 주도하는 성장의 모범 사례로는 UAE를 꼽았다. 그는 "2021년 UAE 정부는 두바이를 중심으로 암호화폐 산업 개발을 시작했다. 당시 두바이에는 블록체인 회사가 거의 없었다"며 "우리는 UAE 정부와 협력해 프레임워크를 구축하고, 위험을 관리하는 동시에 업계 성장을 지원하는 '스마트 규제'를 성공적으로 도입했다. 이후 약 3년간 두바이에 블록체인 회사가 수천 개 정도 새롭게 생겨났고, 이제 세계는 UAE를 암호화폐의 허브로 삼고 있다"라고 소개했다.

리처드 텡 CEO는 향후 스테이블코인이 암호화폐 시장의 핵심적인 성장 동력이 될 것으로 내다봤다.

스테이블코인은 달러 등 법정화폐나 금 같은 자산에 가치를 연동시켜 가격이 안정되도록 설계된 암호화폐를 의미한다. 법정화폐와 암호화폐의 단점을 모두 보완한 스테이블코인이 글로벌 송금·결제의 핵심 수단으로 자리 잡게 될 것이라는 진단이다.

그는 "기존 금융 시스템에서는 오늘 해외로 송금하면 돈은 이틀이나 사흘 뒤 수취인에게 도착한다. 세계은행 통계에 따르면 만약 500달러 미만의 소액을 송금한다면 수수료가 최대 15%에 달할 수 있다"며 "반면 암호화폐는 즉각적이다. 전 세계 어디서든 24시간 저비용으로 즉시 돈을 주고받을 수 있다"라고 설명했다.

이는 기업이나 소상공인들에게도 엄청난 경제적 이익을 가져올 것이라는 것이 리처드 텡 CEO의 주장이다. 여러 중개 기관을 거치지 않고 블록체인 플랫폼을 통해 고객이 결제하거나 거래한 시점에 즉시 돈을 지불받을 수 있기 때문이다. 직원의 근무 시간이나 금융기관의 제약도 받지 않는다.

리처드 텡 CEO는 "가장 큰 경제국들이 암호화폐를 채택하고 있고, 전 세계 주요 금융기관들은 모두 암호화폐 관련 계획과 전략을 갖고 있다. 아마존이나 월마트 등 글로벌 전자상거래 기업들도 자체적으로 스테이블코인 발행을 준비하고 있다"며 "2017년에는 글로벌 암호화폐 채택률이 1% 미만이었지만 2025년에는 약 7.5%까지 늘었고, 앞으로 20%까지는 더욱 빠르게 진행될 것"이라고 전망했다.

2017년 설립한 바이낸스의 글로벌 누적 가입자 수는 2025년 8월 말 기준 2억 8,000만 명을 넘어섰다. 그는 "이미 판도라의 상자가 열렸다. 암호화폐가 AI처럼 사람들의 일상을 지배하게 될 날이 머지않았다"라고 덧붙였다.

최근 소폭의 가격 조정을 받은 비트코인에 대한 전망을 묻는 질문에는 "미국 정부가 비트코인 현물 ETF를 승인한 2024년 초, 비트코인 가격이 3~4만 달러 수준일 때 8만 달러가 넘을 것이라고 얘기했었다. 올해는 작년보다 더 좋은 해가 될 것"이라며 "이번 달 미국의 금리 인하가 있을 것으로 예상하는데, 낮은 금리 환경은 암호화폐 같은 가상자산군에 항상 긍정적인 영향을 끼친다. 구체적인 가격을 예측하기는 어렵지만 비트코인의 상승 모멘텀은 여전히 강력하다"라고 답했다. 2025년 9월 초 비트코인 가격은 11만 달러대 수준이었다.

한편 이날 세션에는 인천하늘고등학교 학생 100여 명이 참석해 박선영 동국대학교 경제학과 교수가 진행하는 러처드 텡 CEO와의 좌담을 경청했다.

리처드 텡 CEO는 강단에서 내려오기 전 "우리는 여전히 암호화폐 개발의 초기 단계 있다고 생각합니다. 여러분의 미래는 아주 밝습니다. 우리 모두를 위해 블록체인과 암호화폐, AI에 대해 최대한 많이 배우세요. 흥미진진한 암호화폐의 미래를 맞이하게 될 것입니다"라고 학생들을 격려해 박수갈채를 받기도 했다.

오종욱 웨이브릿지 창립자 겸 CEO, 마리우스 스쿠오디스 리투아니아 중앙은행 이사회 임원, 케닉스 찬 빅토리증권 부사장, 이영로 비트고 아시아 총괄전무, 이성산 솔라나슈퍼팀코리아 대표(왼쪽 첫 번째부터)가 제26회 세계지식포럼 '크립토 혁명: 제도권 편입과 시장의 재구성' 세션에서 대담하고 있다.

- **마리우스 스쿠오디스** 리투아니아 공직에서 오랜 기간 활동했다. 2012년부터 2018년까지 리투아니아 중앙은행에서 근무했으며, 2020년부터 2024년까지는 교통통신부 장관을 지냈다. 현재 리투아니아 중앙은행 이사회 임원이다.

- **케닉스 찬** 빅토리증권 부사장으로 그룹의 준법 감독, 결제와 위험 관리 등을 담당하고 있다. 최근 빅토리증권이 홍콩 증권선물위원회(SFC)로부터 가상자산 거래·자문 관련 전체 서비스를 제공하는 최초 금융사로 승인받는 데 기여했다.

- **이영로** 디지털 자산 인프라 기업 비트고의 싱가포르 대표를 겸하고 있다. 지역 전략과 운영, 확장을 총괄 중이다.

- **이성산** 솔라나슈퍼팀코리아 대표로 블록체인 게임, NFT 전문가다. 카카오엔터테인먼트에서 NFT 사업 개발 디렉터를 역임한 바 있다.

- **오종욱** 미래에셋자산운용에서 펀드매니저로 경력을 시작해 10년 이상 전통 금융 분야에서 전문성을 쌓았다. 현재 웨이브릿지 대표이며 한국의 디지털 금융 혁신에 기여하고 있다.

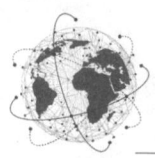

크립토 혁명:
제도권 편입과 시장의 재구성

마리우스 스쿠오디스 | 리투아니아 중앙은행 이사
케닉스 찬 | 빅토리증권 부사장
이영로 | 비트고 아시아 총괄
이성산 | 솔라나슈퍼팀코리아 대표
오종욱 | 웨이브릿지 대표

가상자산이 '투기'에서 '제도권'으로 빠르게 이동하고 있다. 이 전환을 앞당길 열쇠로는 명확한 규제 틀과 신뢰할 수 있는 인프라, 토큰화를 매개로 한 실물 금융과의 접점 확대가 꼽히고 있다. 한국이 과감한 금융 규제 정비와 기관 접근성 개선에 성공한다면 아시아 디지털 금융의 전진기지로 부상할 수 있다는 제언이 나왔다.

제26회 세계지식포럼 '크립토 혁명: 제도권 편입과 시장의 재구성' 세션에서는 한국·유럽·홍콩·싱가포르·미국의 금융 현장 최전선에 있는 전문가들이 모여 가상자산 제도화의 현재와 미래 단계를 점검했다.

오종욱 웨이브릿지 대표는 "한국은 세계에서 가장 활발한 소매 중심의 가상자산 시장을 보유했지만, 규제 불확실성과 인프라의 신뢰 부족이 혁신 속도를 제약해왔다"며 "전통 금융과 디지털 금융을 잇는 '브리지' 구축이 중요하다"라고 운을 뗐다. 현물 비트코인 ETF와 같은 제도권 상품, 글로벌 규제 프레임워크의 정합성이 한국 시장의 추격 변수가 될 것이라는 설명이다.

유럽의 관점은 리투아니아 중앙은행 이사이자 전 교통통신부 장관인 마리우스 스쿠오디스가 제시했다. 스쿠오디스 이사는 리투아니아가 2020년 수집용 디지털 토큰을 발행하며 블록체인 실험을 주도했던 사례를 언급하며 "목적은 규제 당국이 직접 배우고 사회적 이해를 넓히는 것"이었다고 설명했다.

이후 EU는 암호자산 시장 규제(MiCA)를 채택해 자산참조토큰, 전자화폐토큰(스테이블코인), 그 밖의 암호자산, 암호자산 서비스라는 네 축을 아우르는 통합 규제 체계를 세웠다.

그는 "유럽이 때때로 느릴 때가 많기는 하지만, 일단 합의와 입법이 이뤄지면 법적 확실성이 강력하게 작동한다"라고 강조했다.

리투아니아가 이미 유럽 시장을 위한 진출의 관문으로 글로벌 사업자를 유치했고 유럽 전역에서 라이선스 발급이 확대되는 흐름을 만들었다는 점도 짚었다. 동시에 유럽중앙은행이 추진 중인 '디지털 유로'는 현금의 디지털 보완재로 설계돼 온라인·오프라인 결제가 가능하도록 준비되고 있다고 덧붙였다.

홍콩의 케닉스 찬 빅토리증권 부사장은 "홍콩은 투자자 보호와 시장 건전성을 전제로 가상자산을 제도권으로 끌어들이는 전략을 취해 왔다"라고 설명했다.

2018년 이후 홍콩 증권선물위원회(SFC)는 가상자산거래플랫폼

(VATP) 정책을 통해 거래소 라이선스 체계를 정비했고, 2024년 6월부터 정식 제도가 발효되면서 무허가 사업자의 운영 중단을 요구했다.

이어 그는 "2024년 8월 발효된 홍콩 스테이블코인 조례가 통화당국(HKMA) 단일 창구를 통해 라이선스를 부여하고, 100% 고신뢰 유동자산 준비금과 운영·거버넌스 기준, 정기 감사 등 엄격한 요건을 제시한다"라고 설명했다.

싱가포르와 한국 간 차이도 언급됐다.

이영로 비트고 아시아 총괄은 "싱가포르는 원칙 중심이어서 심사는 단순하지만 사후 규율이 강해 총비용이 낮은 반면, 한국은 사전 요건이 방대해 금융 기업의 준수 비용이 상당히 많이 든다"라고 말했다. 사전 규제에 치중한 한국 제도가 새로운 금융 인프라로의 전환 흐름에서 뒤처질 수 있다는 지적이다.

핵심은 각국의 금융 철학이 달라도 기업은 명확성과 예측 가능성이 담보되는 곳에 투자한다는 사실이다. 결론적으로 이번 세션이 던진 메시지는 '제도화는 속도전이자 신뢰전'이라는 점이다.

규제가 시장을 막는 장벽이 아니라 '혁신을 가능케 하는 인프라'로 작동할 때 자본과 기업가 정신이 집중된다.

오종욱 웨이브릿지 대표는 "한국은 제도적 확실성, 안정적 결제 수단, 은행과 같은 전통 금융사의 합법적 참여 인프라라는 세 축을 동시에 갖춰야 한다"며 "이 조건이 충족되면 비트코인 현물 ETF, 실물자산 토큰화(RWA) 같은 혁신 상품이 뒤따르면서 한국이 아시아 디지털 금융의 선도국으로 올라설 수 있다"라고 말했다.

마이클 전 솔라스타벤처스 매니징 파트너, 아닌디아 고즈 뉴욕대학교 스턴경영대학원 교수, 장 웨이닝 장강경영대학원 교수(왼쪽 첫 번째부터)가 제26회 세계지식포럼 '중국 디지털 실크로드 vs 미국 실리콘밸리' 세션에서 대담하고 있다.

- **장 웨이닝** 장강경영대학원(CKGSB) 교수로 재무 분석, 기업 공시, 투자자 관계 관리, 기업 지배 구조를 연구하고 있다. 중국 국무원 발전연구센터, 미국 에너지펀드와의 연구 프로젝트에도 참여 중이다.

- **아닌디아 고즈** 뉴욕대학교 스턴경영대학원 교수로 정량적 마케팅, 기술 경제학 분야의 전문가다. 인터넷과 모바일 기술이 산업과 시장에 미치는 영향을 계량적으로 분석한다. 애플, 알리바바, 구글, 마이크로소프트 등 다양한 글로벌 기업의 전문가 증인으로도 활동했다.

- **마이클 전** 2019년 아주IB투자에 합류해 미국 자회사인 솔라스타벤처스 실리콘밸리 지점장을 맡고 있다. 삼성벤처투자에서 경력을 쌓았다.

중국 디지털 실크로드 vs 미국 실리콘밸리

장 웨이닝 | 장강경영대학원 교수
아닌디아 고즈 | 뉴욕대학교 교수
마이클 전 | 솔라스타벤처스 이사

AI가 미국과 중국의 글로벌 패권 경쟁의 주요 전장으로 부상하고 있다. 미국은 AI 관련 기초 연구와 최첨단 모델, AI 칩 설계 등 주요 분야를 주도하는 반면 중국은 압도적인 속도를 앞세워 몇 년 전만 해도 경쟁이 불가능해 보였던 AI 모델과 칩 설계 분야에서 미국을 추격하고 있다.

제26회 세계지식포럼 '중국 디지털 실크로드 vs 미국 실리콘밸리' 세션에서는 아닌디아 고즈 뉴욕대학교 스턴경영대학원 교수와 장 웨이닝 장강경영대학원 회계학 교수가 미·중 AI 패권 경쟁을 주제로 대담을 했다. 이들은 "중국은 속도와 규모를 중시하는 반면 미국은 기초 연구와 기업가적 창의성을 중요하게 여긴다"며 "한국은 미국과 중국 어느 한쪽의 AI 진영에 얽매이지 않고, 양쪽 장점을 모두 활용할 수 있도록 AI 플랫폼과 거버넌스(관리 체계)를 구축하는 데 집중해야 한다"라고 조언했다.

두 전문가는 중국과 미국의 데이터를 관리하는 차이를 설명했다. 장 교수는 "중국은 고속 성장을 이어가는 과정에서 기업들이 문서화된 프로세스보다는 구성원들의 임기응변을 중시했다. 이는 AI 학습에 필요한 정리된 데이터를 확보하는 데 장애 요인이 됐다"며 "미국의 경우 데이터 문서화가 이미 잘 돼 있어 초기 단계에서는 훨씬 빠르게 AI를 구현할 수 있다"라고 설명했다.

고즈 교수는 "AI를 사용하기 전 그 안에 사용할 데이터베이스를 정리하고 워크플로(업무 절차)를 명확히 코드화하는 조치를 선행해야 한다"라고 강조했다. 체계를 미리 잘 갖추고, 미국과 중국 어느 AI 시스템이라도 유연하게 활용할 수 있도록 해야 한다는 조언이다.

기업들이 AI 시대에 경쟁력을 갖추기 위한 방안으로는 AI 기반 조직 전환, AI 제품·서비스 판매, 플랫폼·생태계 구축의 3단계를 주문했다.

먼저 내부 조직에서 AI를 활용하고, 더 나아가 AI를 활용한 제품이나 서비스를 판매한다. 궁극적으로 AI 분야의 선두 기업이 돼 모듈화된 AI 플랫폼까지 만들어내는 단계에 이를 수 있다.

아울러 한국 기업들에는 미국과 중국 어느 모델을 선택하려 하지 말고, LLM 등 자체적인 AI 기반 모델을 구축하는 데 집중해야 한다고 조언했다. 고즈 교수는 "한국 기업들은 이미 반도체와 응용 애플리케이션 분야에서 강점을 보이고 있다"며 "기반 모델과 클라우드 분야에서 기회가 더 많을 수 있다"라고 말했다.

AI 기술 스택(단계별 구조)은 애플리케이션 레이어(챗봇과 번역기 등 AI를 실제로 사용하는 서비스), LLM, AI 학습을 돌리는 클라우드 컴퓨팅,

반도체 칩 등 네 가지로 구성된다. 그중 한국이 앱과 반도체 칩이라는 양 끝단에 강점이 있으나 중간층인 기반 모델과 클라우드는 취약하니 오히려 이 부분이 새로운 성장 기회가 될 수 있다는 메시지다.

미국과 중국의 상반된 AI 정책 기조를 진단하는 대목도 있었다. 중국은 국가가 주도적으로 바이두나 알리바바, 텐센트 등을 지원하며 AI 정책을 이끌고 있다. 장 교수는 "중국 정부는 AI를 하나의 인프라로 보고, 이를 구축하기 위해 다양한 기업이 서로 다른 역량을 모아 시너지를 내도록 하고 있다"라고 말했다. 반면 미국은 사전 관리나 규제를 지양하는 편이다. 고즈 교수는 "혁신이 우선이고, 규제는 그다음"이라며 "과도한 사전 규제는 혁신을 가로막을 수 있다"라고 말했다.

고즈 교수는 글로벌 AI 산업을 둘러싼 대표적 착각을 바로잡기도 했다. 중국의 AI 기술력이 미국 못지않다는 점과 글로벌 AI 경쟁 구도가 미국과 중국이라는 양강 구도에만 머물러 있는 것이 아니라는 점이다.

고즈 교수는 "미국과 중국의 양쪽 기업 모두와 일해봤다"며 "우리는 중국이 이른바 '복사 & 붙여넣기', 기술 모방을 한다고 생각하지만, 전혀 사실이 아니다"라며 "중국에서는 독창적 혁신이 일어나고 있고, 직접 목격했다. 여전히 모든 AI 혁신이 서구에서만 일어나고 있다는 오해가 우려된다"고 말했다. 또 그는 "현재 전 세계에서 AI에 가장 공격적으로 투자하는 곳은 사실 미국이나 중국이 아니라 사우디아라비아와 UAE"라며 중동 자본이 새로운 축으로 부상하고 있다고 말했다.

이날 세션에는 미리 준비된 좌석 수를 넘어서는 관중이 몰리면서 수많은 관중이 컨퍼런스룸 벽을 따라 늘어서서 대담을 들었다.

키스 리 팬벤처스 이사, 제프 허브스트 GFT벤처스 대표, 음재훈 GFT벤처스 대표(왼쪽 첫 번째부터)가 제26회 세계지식포럼 '실리콘밸리 AI 투자 세계' 세션에서 대담하고 있다.

- **제프 허브스트** GFT벤처스 대표로 미국과 이스라엘을 중심으로 초기 단계 AI 스타트업에 투자하는 벤처캐피털 펀드를 운영하고 있다. 이전에는 엔비디아에서 사업 개발 부사장으로 근무했다. 엔비디아 벤처와 인수 프로그램을 만들어 40건 이상의 글로벌 투자와 20건 이상의 인수를 총괄했다.

- **음재훈** GFT벤처스의 공동 설립자다. 앞서 8억 5,000만 달러 이상의 자산을 운용하는 초기 단계 벤처캐피털인 트랜스링크 캐피털을 창립했다.

- **키스 리** 글로벌 확장과 기업 혁신을 전문으로 하는 스타트업 성장 전문가다. 팬벤처스 디렉터로서 국경 간 비즈니스 개발을 이끌며 스타트업의 국제적 스케일업을 지원하고 있다.

실리콘밸리 AI 투자 세계

제프 허브스트 | GFT벤처스 대표
음재훈 | GFT벤처스 대표
키스 리 | 팬벤처스 이사

팬데믹 시기였던 2021년 AI의 결정적 전환점을 포착해 초기 펀드를 결성한 스타트업이 있다. GFT벤처스 이야기다.

GFT벤처스는 전 엔비디아 스타트업 투자총괄 제프 허브스트와 전 삼성벤처스 미국 총괄 음재훈이 공동 설립한 벤처캐피털로, 실리콘밸리에서 한국 자본과 인맥을 활용해 글로벌 첨단 기술 스타트업에 투자하는 전략으로 주목받고 있다. AI 패권 경쟁이 심화하고 있는 가운데 AI 스타트업 선구자로 꼽히는 이들의 다음 행보에 전 세계 투자자들의 이목이 집중된다.

GFT벤처스 공동 창립 매니징 파트너인 제프 허브스트 대표와 음재훈 대표는 제26회 세계지식포럼 '실리콘밸리 AI 투자 세계' 세션에서 AI 스타트업 산업에 일어날 변화를 주제로 대담을 벌였다.

허브스트 대표는 엔비디아에서 20년 가까이 재직하며 스타트업 투자와 전략적 인수합병(M&A) 업무를 주도해왔던 인물이다. 음재훈 대표는 삼성벤처스에서 미국 총괄을 맡으며 글로벌 투자와 스타트업 생태계에서 굵직한 경력을 쌓아왔다. 그는 삼성벤처스에서 일하는 동안 미국과 아시아를 아우르는 AI와 데이터 과학 분야의 주요 스타트업을 발굴하고 투자한 경력을 보유하고 있다.

최근 허브스트 대표와 음재훈 대표는 AI 응용 분야, 특히 '생성형 AI(Generative AI)'에 집중하고 있다. 최근 두 대표는 생성형 AI 플랫폼인 '힉스필드 AI'에 5,000만 달러(약 660억 원) 규모 시리즈 A 투자를 주도하며 업계의 관심을 끌었다.

힉스필드 AI는 이미지 1장으로 누구나 영화 같은 비디오를 만들 수 있는 생성형 AI 플랫폼이다. 이 플랫폼은 전문적인 비디오 제작이 어려운 소규모 기업이나 개인들에게 큰 관심을 끌며, 초창기 100만 명대였던 사용자 수가 최근 3개월 만에 7,000만 명까지 늘어나는 등 높은 성장세를 보이고 있다.

허브스트 대표는 "산업계 패러다임을 바꾼 '챗GPT'가 텍스트 기반 AI의 정점을 보여줬다면 이제는 '영상 기반 AI'가 산업계 판도를 주도할 것"이라고 관측했다. 이어 "AI 생성 비디오 분야는 여전히 매우 개방된 시장"이라며 "우리는 이 기술이 비디오 제작의 미래가 될 것이라고 확신하고 있다"라고 말했다.

이들의 다음 행보에 전 세계 AI 스타트업들의 이목이 쏠리는 가운데 GFT벤처스는 텍스트·음성·비디오를 넘는 다음 투자 영역으로 로보틱스와 멀티모달 AI를 지목했다. 이들은 단일 데이터 유형이 아닌 텍스트·이미지·음성 등 비정형 데이터를 통합적으로 다루는 AI 플랫폼이 AI 생태계를 이끌 차기 기술이 될 것이라는 전망을 내놨다.

허브스트 대표는 "AI를 실생활로 확장하려면 로보틱스와 센서 기술, 복합 데이터를 처리하는 역량이 필수"라며 "AI 인프라와 기초 모델이 어느 정도 갖춰진 지금, 진정한 가치는 이를 활용해 실질적인 문제를 해결하는 응용 영역에서 나올 것"이라고 주장했다.

이와 관련해 이들은 주목할 만한 스타트업으로 인공지능 기반 비주얼 콘텐츠 생성 기업 브리아 AI와 자율주행 트럭 개발사 마스오토를 꼽았다. 두 회사 모두 GFT벤처스가 투자한 포트폴리오 기업으로 생성형 AI, 컴퓨터 비전, 자율주행, 로보틱스, 비정형 데이터 등에 강점을 보유했다는 공통점이 있다.

AI 투자 시장의 과열 속에서도 GFT벤처스는 '딜 체이서(핫한 스타트업에 후발주자로 투자하려는 벤처캐피털)'가 되지 않겠다는 입장을 거듭 밝혔다. 초기 자금 동원력은 물론 더 나아가 기술적 방향성과 시장 진입 전략을 함께 설계해 나가는 파트너가 되겠다는 복안이다.

음재훈 대표는 "GFT벤처스는 초기부터 신뢰에 기반한 관계를 구축하고, 실질적 지원을 통해 스타트업과 동반 성장하는 전략을 지향한다"며 "'모금 능력'만이 아니라 '실행 능력'까지 갖춰 AI 스타트업 동반자이자 생태계 리더가 될 것"이라고 강조했다.

PART 3
AI 전환

1
AI 패권을 잡아라

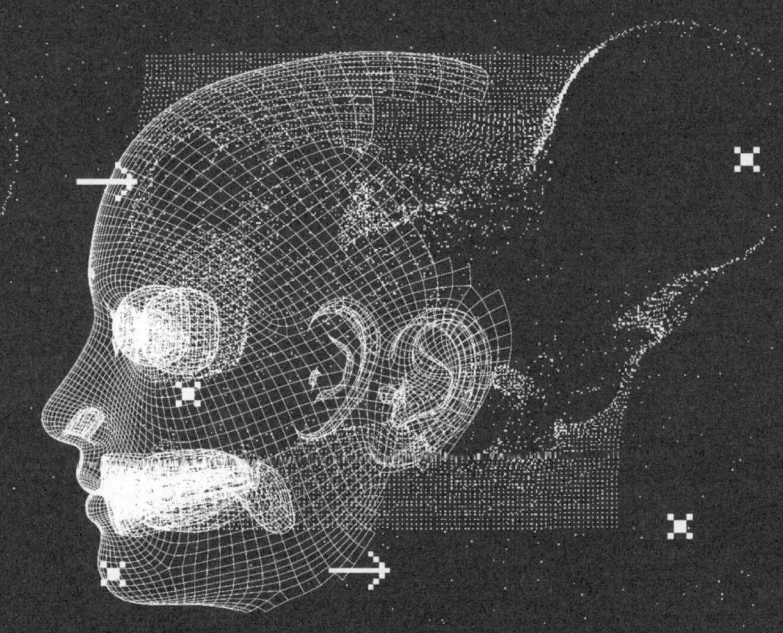

박경렬 KAIST 교수와 장야친 칭화대학교 인공지능산업연구원 원장, 이언 호록스 옥스퍼드대학교 교수, 잭 캐스 전 오픈AI 글로벌 AI 자문(왼쪽부터)이 제26회 세계지식포럼 'AI 패권 경쟁: 국가 전략, 혁신의 출발점' 세션에서 대담하고 있다.

- **장야친**   칭화대학교 인공지능산업연구원 원장이다. 2014년부터 2019년까지 중국판 구글로 불리는 바이두에서 총재를 역임했다. 바이두에 입사하기 전에는 16년간 마이크로소프트에 근무하며 마이크로소프트 중국 회장, 마이크로소프트 아시아 R&D 기업 부사장 겸 회장 등 주요 직책을 지냈다.

- **이언 호록스**   옥스퍼드대학교 교수이자 삼성전자가 인수한 옥스퍼드시맨틱테크놀로지스의 공동 설립자다. 영국에서 가장 많이 인용되는 컴퓨터 과학자 중 한 명으로 추론 시스템 전문가다.

- **잭 캐스**   오픈AI의 상업화 전략을 총괄한 경험이 있다. 현재는 기업과 기관을 대상으로 장기적인 AI 전략에 대해 자문하고 있다.

- **박경렬**   KAIST 교수로 과학기술과 지속 가능 발전, 글로벌 기술 거버넌스를 연구하고 있다. 국가 기술 전략, R&D 정책, 디지털 불평등에 관한 연구를 주요 학술지에 기고했다.

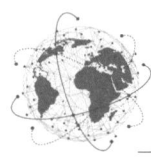

AI 패권 전쟁:
국가 전략, 혁신의 출발점

장야친 | 칭화대학교 인공지능산업연구원 원장
이언 호룩스 | 옥스퍼드대학교 교수
잭 캐스 | 전 오픈AI 상업화전략 총괄
박경렬 | KAIST 교수

'AI 패권 전쟁에서 누가 승자가 될 것인가.'

'기업 등 민간 주도 전략을 구사하는 미국, 정부 주도 성장을 택한 중국. 둘 중 어느 국가가 AI 패권을 쥐게 될까.'

미국과 중국이 AI 기술 패권을 두고 치열할 경합을 벌이는 가운데 제26회 세계지식포럼 'AI 패권 경쟁: 국가 전략, 혁신의 출발점' 세션에서 이 같은 질문에 대한 해답이 제시됐다.

세계적인 AI 전문가들은 AI 기술 개발 경쟁에서 특정 국가·기업이 승자가 될 수 없다고 한목소리를 냈다. AI 기술 변화 속도가 너무 가파른 까닭에 미국·중국 등 어느 한 국가가 AI와 관련된 모든 기술을 개발하는 것이 현실적으로 불가능하기 때문이다. 여기에 유럽과 한국 등 아시아도 AI 기술 개발에 속도를 내면서 일부 기술에서는 특정 국가가 앞서 나가는 등 지각 변동이 계속 일어날 것이라는 의미다.

장야친 칭화대학교 인공지능산업연구원 원장은 "다수가 미국과 중국의 AI 기술 경쟁에 주목하고 있지만, AI 기술 경쟁 구도는 단순하지 않고 복잡하다"며 "미국만 놓고 봤을 때, 미국 AI 기업은 자국 내 AI 기업뿐 아니라 세계 여러 국가의 AI 기업들과 경쟁 중"이라고 설명했다.

그러면서 그는 "중국도 상황은 비슷해 한때 중국에서만 200개 기업이 LLM 개발에 뛰어들 만큼 중국 AI 기업들끼리 경쟁이 치열하다"고 덧붙였다. 미국과 중국이라는 양강 경쟁 구도로 접근하는 것은 지극히 단편적인 시각이라는 얘기다.

장야친 원장은 한국을 사례로 들면서 "한국은 일부 LMM 분야에서 뛰어난 기술을 보유한 데다 SK하이닉스, 삼성전자가 세계 HBM 시장에서 점유율 80% 이상을 차지할 만큼 선두를 달리고 있다"고 강조했다. HBM은 AI가 빠르게 정보 처리를 빠르게 할 수 있도록 도와주는 핵심 부품 중 하나다.

이언 호록스 옥스퍼드대학교 교수도 "AI 기술을 개발하는 속도가 갈수록 빨라지면서 거대 기업들이 최첨단 AI 기술 혁신에 성공하는 것이 생각보다 어려울 수 있다. 오히려 기발한 아이디어는 작은 기업(스타트업)에서 나오고 있다"며 "앞으로도 새로운 AI 기술을 세상에 선보이는 새로운 기업들이 속속 등장할 것"이라고 내다봤다. 잭 캐스 전 오픈AI 상업화전략 총괄도 "기술이 굉장히 빠르게 진화 중이라서 AI 기술 패권이 형성되기 어렵다"고 강조했다.

AI 혁신의 주도권을 산업계와 학계 중 어디에서 가져가야 할지를 두고는 의견이 엇갈렸다.

장야친 원장은 "2020년대 AI 혁신 기술은 구글, 마이크로소프트, 오픈AI, 메타, 엔비디아 같은 기업, 즉 산업계에서 나왔다"며 "민간 기업이 AI 기술 개발을 주도해야 하는 이유"라고 말했다.

반면에 호록스 교수는 "대부분의 국가에서 AI 정부 정책은 실행 속도가 뒤처져 있고, 정부 관계자들의 사고방식도 유연하지 못한 단점이 있다"며 "AI 기술에 투자할 금액 규모도 정부가 산업계와 비교해 월등히 작으므로 장기적으로 대학에 투자하는 것이 낫다"라고 말했다.

AI 시대에 초·중고등학교 교육 방향에 대한 제언도 나왔다. 캐스 전 오픈AI 총괄은 "AI 기술이 발전하면서 사람은 다른 사람과 어울리며 살아야 하는 사회적인 존재라는 사실이 점점 잊히고 있다"며 "AI가 아이들의 창의적인 사고 능력을 저해해 기계처럼 생각하게 할 수 있다"라고 우려했다. 그는 "(아이마다 학습 능력이 다르므로) 아이들 개개인에게 맞는 학습 속도를 제공하는 일종의 도구로 활용해야 한다"라고 말했다.

마틴 콘 코히어 회장 겸 COO(가운데)가 홍대순 광운대학교 경영대학원 교수(왼쪽), 박성현 리벨리온 공동창업자 겸 CEO(오른쪽)와 제26회 세계지식포럼 '소버린 AI를 향한 여정' 세션에서 이야기를 나누고 있다.

- **마틴 콘** 사이버 보안과 관련된 기업용 AI를 공급하는 코히어를 이끌고 있다. 코히어에 합류하기 전에는 구글과 유튜브에서 경력을 쌓았다. 전략·재무·데이터 분석에 강점이 있는 경영자다.

- **박성현** AI 추론에 특화된 반도체를 개발하는 리벨리온의 공동창업자다. 인텔, 스페이스X, 모건스탠리 등에서 반도체 설계 업무를 맡았다.

- **홍대순** 세계 최초 글로벌 컨설팅회사인 아서디리틀 한국 대표를 역임한 경영 전문가다. 이화여자대학교 교수, 광운대학교 경영대학원장을 지냈다.

소버린 AI를 향한 여정

마틴 콘 | 코히어 회장
박성현 | 리벨리온 대표
홍대순 | 광운대학교 교수

"핵무기가 국가 경쟁력과 국가 안보의 핵심이라고 말하지만, 앞으로 AI도 국가 안보의 핵심이 될 것이다. AI 인프라(모델·데이터·GPU 등)를 선점한 AI 강대국이 이를 무기 삼아 기술력이 약한 국가를 위협할 가능성을 배제할 수 없기 때문이다. AI 주권을 지키느냐 지키지 못하느냐에 따라 국가의 운명이 달라질 수 있다."(박성현 리벨리온 대표)

'소버린 AI를 향한 여정' 세션에서 세계적인 AI 전문가들은 하루가 다르게 AI 기술이 급격히 발전하면서 소버린 AI(Sovereign AI) 개발이 매우 중요해졌다고 언급했다.

소버린 AI는 국가가 데이터, 컴퓨터와 관련된 인프라 시설, 기술 등 AI 기술 개발에 필요한 모든 요소를 자국에서 통제하고 활용하는 것을 의미한다. 쉽게 말해 해당 국가나 기관이 해외 기술에 의존하지 않고 독립적으로 AI를 개발·통제·운영하는 것을 말한다. 이는 단순한 기술 경쟁을 넘어 국가 안보, 경제적 자립, 문화 주권을 지키기 위한 중요한 전략으로 부상하고 있다.

마틴 콘 코히어 회장이자 최고운영책임자(COO)는 "미국과 중국의 AI 패권 갈등이 심화하면서 전 세계에 보이지 않는 전운이 감돈다"며 "AI 주권은 단순히 해당 국가의 국경에서만 주권을 갖는 것에 그치는 것이 아니라 자체 데이터 환경에서 주권을 갖는 것을 말한다"라고 설명했다.

독자적인 AI 기술을 개발하고 운영하는 것에 그치는 것이 아니라 국가 기밀 같은 민감한 정보(데이터)를 다른 국가의 서버나 클라우드 등에 저장하지 않고, 해당 국가에서 안전하게 보관·관리하는 것까지 아우른다는 의미다.

마틴 콘 회장은 "소버린 AI는 한 국가에서 누군가가 훈련한 모델만으로는 확보할 수 없다"며 "부문별 기술이 뛰어난 기업들과 협업해야 한다"라고 덧붙였다. 코히어는 캐나다에 본사를 둔 AI 스타트업으로, 기업용 LLM과 생성형 AI 기술 개발에 주력하고 있다. LG CNS와 추론형 LLM을 공동 개발하기도 했다.

박성현 리벨리온 대표는 "AI의 잠재력을 정확하게 예측할 수는 없지만 챗봇(사용자가 음성이나 문자로 대화할 수 있도록 설계된 컴퓨터 프로그램) 수준을 뛰어넘을 것이므로 한국은 물론 개발도상국도 AI 주권을 확보해야 한다"라고 강조했다. 리벨리온은 AI 반도체 개발회사로, 삼성전자로부터 투자받은 국내 대표 AI 유망 기업으로 꼽힌다.

AI 전문가들은 한국이 AI 주권을 확보할 수 있는 지름길은 해외 기술과의 협력이라고 한목소리를 냈다. 박성현 대표는 "한국이 모든 AI 기술을 개발할 수 없는 데다 최첨단 기술에 접근하려면 반드시 해외 자본, AI 기술이 뛰어난 해외 기업 등과 협력해야 한다"며 "특정 국가나 기업에만 의존하면 AI 기술이 해당 국가나 기업에 종속될 수 있으므로 전략적으로 여러 부문을 나눠 여러 기업 등과 협업해야 진정한 AI 주권을 확보하는 일이 가능하다"라고 밝혔다.

마틴 콘 회장은 "수시로 와이파이를 사용하는 것처럼 한국의 모든 도시와 대부분의 한국인이 AI 서비스를 사용하는 시대가 올 것"이라며 한국의 빠른 대응이 필요하다고 주장했다.

그는 "한국의 은행이 해외 은행, 이를테면 케냐에 있는 은행이 제공하는 서비스를 똑같이 제공하고, 같은 역할을 할 필요가 없는 것처럼 AI도 마찬가지"라며 "한국에 적합한 AI 기술을 해외 AI 기업들과 협업해 맞춤 개발해야 한다"라고 밝혔다.

김정상 듀크대학교 교수(가운데)가 파비오 도나티 IBS 양자나노과학연구단 부단장(왼쪽), 수보드 쿨카르니 리게티컴퓨팅 사장 겸 CEO(오른쪽)와 제26회 세계지식포럼 '양자컴퓨터 글로벌 리더들의 만남' 세션에서 대담하고 있다.

- **수보드 쿨카르니** 리게티컴퓨팅 CEO로 반도체 산업에서 30년 이상의 경력을 쌓은 베테랑 경영자다. 첨단 기술의 상용화와 확장에 성공한 이력이 있다. 2014년 첨단 산업용 정밀 센서를 개발하는 사이버옵틱스에 합류해 2022년 피인수 시점까지 회사를 이끌었다.

- **김정상** 듀크대학교 교수로 현재 양자컴퓨터 선도 기업 중 하나로 꼽히는 아이온큐를 2015년 공동 창업했다. 2024년까지 아이온큐의 최고기술책임자(CTO)로 재직했다.

- **파비오 도나티** 이화여자대학교 교수이자 기초과학연구원(IBS) 양자나노과학연구단에서 부단장을 맡고 있다. 표면 위 개별 원자의 자기적 특성에 관한 연구로 유수 학술지에 이름을 올린 바 있다.

양자컴퓨터 글로벌 리더들의 만남

수보드 쿨카르니 | 리게티컴퓨팅 CEO
김정상 | 듀크대학교 교수
파비오 도나티 | 이화여자대학교 교수

양자컴퓨터는 신약 개발과 기후 변화 예측, 금융·자본 시장 최적화, 신소재 개발, AI 등 다양한 분야에서 세상을 바꿀 핵심 기술로 주목받고 있다. 2024년 13억 달러 이상이 투입된 글로벌 양자 기술 개발은 2035년에는 시장이 1,000억 달러 이상 규모까지 확대될 것으로 예상하고 있다.

차세대 컴퓨팅을 대표하는 양자컴퓨터는 기존 컴퓨터로는 전혀 해결할 수 없거나 빨리 해결할 수 없는 복잡한 문제를 처리할 수 있는 컴퓨터로 주목받고 있다. 여기에는 양자역학의 원리를 기반한 컴퓨터 하드웨어와 알고리즘 등 첨단 기술이 사용된다.

기존 컴퓨터는 정보의 기본 단위로 0 또는 1로 존재할 수 있는 비트를 사용한다. 반면 양자컴퓨터에서 사용하는 정보의 기본 단위인 큐비트는 '중첩'이라는 물리적 상태까지 총 세 가지 상태로 존재할 수 있다.

그래서 큐비트는 기존 비트보다 더 많은 데이터를 저장할 수 있고, 이를 토대로 양자컴퓨터는 슈퍼컴퓨터조차 해결할 수 없는 복잡한 계산을 신속하게 수행할 수 있을 뿐만 아니라 강력한 보안성을 갖게 된다.

현재 큐비트를 처리하는 양자컴퓨팅의 상용화를 앞당길 핵심 기술로는 이온트랩 방식과 초전도 방식이 꼽힌다. 이온트랩 방식은 전자기장으로 원자(이온)를 가둬 큐비트로 사용하고, 레이저로 이를 정밀하게 제어하는 방식이다. 반면 초전도 방식은 절대 0도(영하 273.15도)에 가까운 극저온 환경의 전자회로상에서 마이크로파 펄스로 큐비트를 회전시켜 연산을 수행하는 방식이다.

이온트랩 방식은 높은 정밀도와 확장성이 있는 반면 속도가 느리고, 초전도 방식은 고속 연산이 가능하지만, 안정성이 떨어져 각각 장단이 분명하게 갈린다.

이온트랩 방식의 양자컴퓨터를 선도해온 미국 스타트업 아이온큐의 공동 설립자이자 전 CTO였던 김정상 미국 듀크대학교 컴퓨터공학과·물리학과 교수는 "이온트랩은 개별 원자, 즉 이온이라고 불리는 전하를 띈 원자를 사용한다. 이 원자들은 전하를 띠고 있기 때문에 상호 작용을 하고, 우리는 레이저 빔으로 이런 큐비트 간의 상호 작용을 제어한다"라고 설명했다.

제26회 세계지식포럼 '양자컴퓨터 글로벌 리더들의 만남' 세션에 연사로 참석한 그는 "이온트랩 방식의 장점은 모든 큐비트를 정확히 동일하게, 매우 안정적으로 구현할 수 있다는 것"이며 "이는 매우 정밀한 제어와 고품질 게이트 연산을 가능케 한다"고 강조했다.

김정상 교수는 초전도 방식 양자컴퓨터의 선두 주자 중 하나인 미국 리게티컴퓨팅의 수보드 쿨카르니 CEO와 양자컴퓨팅의 양대 큐비트 제어 방식인 이온트랩과 초전도를 주제로 열띤 토론을 벌였다.

쿨카르니 CEO는 "초전도 방식은 기본적으로 초전도 회로를 사용해 양자 상태를 만드는 것으로, 이는 기존 반도체 칩 기술과 매우 유사하다. 우리는 본질적으로 알루미늄과 산화알루미늄의 접합부를 만들고 마이크로파 펄스를 쏴 알루미늄 산화물에 양자 상태를 생성한다"며 "리게티컴퓨팅뿐만 아니라 IBM과 구글, 아마존, 마이크로소프트, 도시바 등 많은 거대 기업이 초전도 큐비트에 투자하고 있다. 가장 큰 이유는 기존의 반도체 칩 기술을 활용할 수 있다는 점과 빠른 게이트 연산 속도 때문"이라고 밝혔다.

다만 그는 "큐비트 간 정보를 전송하는 정확도(충실도)를 얻는 데는 어려움을 겪고 있으며 이것이 우리의 가장 큰 과제"라고 덧붙였다. 하지만 2024년 12월 구글이 '윌로우' 칩을 발표하면서 큰 변화가 있었다는 설명이다.

당시 구글은 99.7%의 큐비트 게이트 정확도로 오류를 수정할 수 있다고 밝혔다. 구글에 따르면, 105큐비트를 구현할 수 있는 윌로우 칩은 현존하는 가장 빠른 슈퍼컴퓨터로도 100해년이 걸리는 계산을 5분 이내에 수행할 수 있는 수준이다. 100해년은 10,000,000,000,000,000,000,000년이다.

쿨카르니 CEO는 "(구글의 발표로) 양자컴퓨팅이 곧 현실이 될 것이라는 인식이 생겼다"면서도 "우리 중 어느 누구도 실질적인 데이터센터

응용 분야에서 양자컴퓨팅이 기존 CPU나 GPU 기술보다 우수하다고 단정적으로 말할 준비는 돼 있지 않다. 양자컴퓨팅을 실용화하려면 최소 1,000개의 큐비트, 최소 99.9%의 큐비트 게이트 충실도, 최대 50나노초(1나노초는 10억 분의 1초)의 게이트 속도와 실시간 오류 정정 코드가 필요하다"고 말했다.

대담을 이끈 파비오 도나티 IBS 양자나노과학연구단 부단장은 양자컴퓨팅을 활용해 오늘날 해결하고 싶은 가장 매력적인 문제는 무엇인지 물었다. 이에 쿨카르니 CEO는 "기본적으로 양자컴퓨터가 고전 컴퓨터보다 더 나은 성과를 보이는 문제는 이를테면 '향후 5년 안에 금융 위기가 발생할 가능성은 얼마나 될까' 같은 어떤 일이 일어날 확률에 관한 질문을 할 때"라고 답했다.

한편 김정상 교수는 "양자컴퓨터는 초기 단계에 있다고 생각한다"며 "사람들이 매우 다양한 접근 방식을 취하고 있다는 것이 이를 방증하며 실제로 아직까지 가장 효과적인 접근 방식을 찾지 못했다"라고 말했다. 그러면서 그는 "우리는 물리적인 문제에 대해 걱정해야 하고, 하드웨어를 구축해야 하고, 소프트웨어를 개발해야 하는 동시에 신뢰성, 응용 분야에 대해서도 고려해야 한다. 분명 경쟁이 있겠지만 누군가가 이 경쟁 상황을 넘어서서 우리가 실제 당면한 과제들에 대한 종단 간 솔루션을 만들 연결 고리를 찾는다면 언젠가 상황이 통합될 것이라고 생각한다"며 "그때 양자컴퓨팅 산업이 실질적인 진전을 이룰 것으로 본다"라고 덧붙였다.

김연수 한글과컴퓨터 대표이사 겸 사장이 제26회 세계지식포럼 'AX 시대의 경쟁력 : 오픈소스가 이끄는 혁신과 미래' 세션에서 발표하고 있다.

- **김연수** 2012년 한글과컴퓨터에 이사로 합류한 이후 해외사업총괄, 그룹전략기획실장을 역임했다. 2022년부터 대표를 맡고 있다.

AX 시대의 경쟁력: 오픈소스가 이끄는 혁신

김연수 | 한글과컴퓨터 대표

"AI의 미래는 개방성과 자율성에 있다. 기업들은 이를 통해 더욱 민첩하고 유연한 디지털 조직으로 나아갈 수 있을 것이다."

김연수 한글과컴퓨터(한컴) 대표는 제26회 세계지식포럼 'AX 시대의 경쟁력: 오픈소스가 이끄는 혁신과 미래' 세션에서 최근 기업의 AI를 도입하는 흐름은 단순한 챗봇 수준을 넘어 '에이전틱 AI'로 진화하고 있다며 이같이 말했다.

에이전틱 AI는 단순한 텍스트 생성이나 질문 응답을 넘어서 스스로 목표를 설정하고 정보를 탐색·판단해 실행까지 수행하는 '능동형 AI'를 뜻한다.

김연수 대표는 에이전틱 AI를 가능하게 하는 핵심 동력으로 '오픈소스'를 지목했다. 그는 "클로즈드(개발 기업이나 기관이 독점적으로 관리하는) AI 모델은 범용성이 높지만, 특정 산업이나 기업의 고유한 수요를 반영하기 어렵고 보안·비용 문제가 따른다"면서 "반면 오픈소스 모델은 도메인 지식을 학습시켜 '내부화'할 수 있어, 진정한 의미의 디지털 전환이 가능해진다"라고 말했다.

그는 기업들이 주목해야 할 오픈소스 모델로 라마(LLaMA), 미스트랄(Mistral), 딥시크(DeepSeek) 등을 언급했다. 이 모델들의 공통된 특징이자 오픈소스 기반 AI의 핵심 장점으로는 '맞춤형 모델 설계', '보안과 데이터 통제', '비용 효율성', '유연한 업데이트' 등을 꼽았다.

그는 "초기에 막대한 리소스가 필요한 탓에 AI 모델을 구축하는 일이 특정 대기업의 전유물처럼 여겨졌지만, 라마, 미스트랄, 딥시크 등 고성능 오픈소스 모델의 등장으로 중소기업도 자체적인 AI 시스템을 구축할 수 있게 됐다"라고 말했다.

그러면서 "오픈소스 기반 AI는 기업의 고유 데이터와 업무 흐름을 모델에 직접 반영할 수 있고, 자체 인프라에서 모델을 구동하면 민감 데이터의 외부 노출을 방지할 수 있다"며 "비용적 측면의 경우, 응용프로그램인터페이스(API) 호출 비용이 발생하는 클로즈드 모델과 달리 오픈소스는 라이선스 비용이 낮고 그래픽처리장치(GPU) 자원 최적화도 가능하다"라고 설명했다.

김연수 대표는 이러한 오픈소스를 성공적으로 활용한 대표적인 기업으로 JP모건, AT&T, 딥시크 등을 소개했다. 이들 기업은 오픈소스를 기반으로 데이터 내재화와 에이전트 자동화 체계를 구축했으며, 이를 통해 큰 폭으로 비용을 절감하고 업무 처리 속도를 향상시켰다.

그는 AI 전환을 추진하는 기업에 네 가지 파트너십 구도를 제안했다.

AI 인프라 기업, 플랫폼 기업, SI 기업, 솔루션 프로바이더 등이다. 그는 에이전틱 AI는 단일 기업이 독자적으로 구축하기 어려운 만큼 다양한 기업 간 협력이 필수적이라고 강조했다. 예컨대 김연수 대표가 이끌고 있는 한글과컴퓨터는 솔루션 프로바이더로서 고객이 구축한 오픈소스 기반 AI 시스템을 실제 업무에 적용 가능한 워크플로와 문서 자동화로 연결해주는 역할을 수행하고 있다.

김연수 대표는 글로벌 제약사 아스트라제네카의 사례를 들며, 오픈소스 AI의 취약점을 보완하기 위한 보안 체계 강화와 데이터 표준화의 필요성도 짚었다. 그는 "아스트라제네카가 도입한 '데이터 레이크'처럼 정제된 데이터 인프라 없이 AI 자동화는 불가능하다"라고 강조했다.

아스트라제네카는 40만 건 이상의 임상 시험 문서를 빠르게 분석하고 구조화된 데이터로 변환시키기 위해 데이터 레이크를 도입했고, 그 결과 단 60분 만에 복잡한 데이터를 분석 가능한 형태로 전환할 수 있게 됐다. 아스트라제네카는 이를 통해 신약 개발에 활용할 수 있는 데이터 인프라 경쟁력을 제고했다.

김연수 대표는 "AI는 기술 트렌드를 넘어 비즈니스 전략의 핵심 요소가 됐다"며 "에이전틱 AI 시대, 기업은 이제 소유할 수 있는 AI, 내재화된 AI를 고민해야 할 때다. 그 중심에는 거스를 수 없는 오픈소스가 있다"라고 말했다.

2
AI 선결 과제

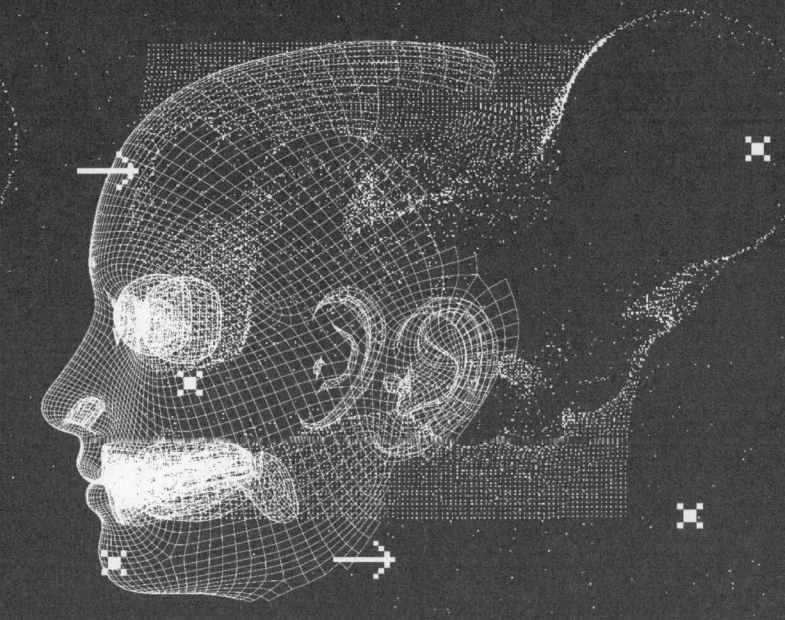

사이먼 그린 팰로앨토네트웍스 일본·아시아태평양 총괄이 제26회 세계지식포럼 'AI 시대 해킹 최전선을 가다' 세션에서 발표하고 있다.

- **사이먼 그린** 팰로앨토네트웍스 일본·아시아태평양(JAPAC) 총괄로 회사의 17개국 비즈니스를 이끌고 있다. 회사에 합류하기 이전에는 오스트레일리아 데이터센터 기업인 인터랙티브의 최고운영책임자(COO)를 맡았다.

AI 시대 해킹 최전선을 가다

사이먼 그린 | 팰로앨토네트웍스 일본·아시아태평양 총괄

"당신은 해킹 공격을 받았을 때, 60분 안에 방어 결정을 내릴 준비가 되어 있습니까?"

사이먼 그린 팰로앨토네트웍스 일본·아시아태평양 총괄은 제26회 세계지식포럼 'AI 시대 해킹 최전선을 가다' 세션에서 청중들을 향해 이 같은 도발적인 질문을 던졌다. 해커들이 단 25분 만에 개인 정보를 탈취하는 환경에서 재빠른 기업의 대응 역량이 중요하다는 의미다.

팰로앨토네트웍스는 사이버 보안 전문 업체 중 세계 최대 기업이다. 2005년 설립해 네트워크, 클라우드, 데이터 호출 등의 영역에서 보안 솔루션을 제공한다. 사이먼 그린은 일본·아시아태평양 총괄로 17개국의 비즈니스를 이끌고 있다. 보안 기술 솔루션 자동화와 고객 중심 정책을 주도해왔다.

사이먼 그린 총괄은 사이버 보안의 긴급성을 강조하며, 해커들이

25분 만에 개인 정보를 탈취할 수 있고, 기업은 침해를 복구하는 데 평균 9개월이 걸린다고 지적했다. 그는 "2024년 아시아태평양과 일본 지역에서 7,500만 달러에 달하는 해킹 피해도 있었다"라고 말했다.

그는 이어 "오늘날 평균적인 보안 침해는 의료·금융 서비스 등 분야와 관계없이 조직에 약 500만 달러의 비용을 초래한다. 이는 평균값에 불과하다"라고 말했다.

그는 랜섬웨어 공격을 받아 가스 공급이 중단된 콜로니얼 파이프라인을 예시로 들며 "회복하는 데 3억 달러가 들었고, 전 세계 해운로가 마비됐다"라고 지적했다.

이 같은 피해 규모에도 불구하고 기업들은 거버넌스와 의사 결정 구조 때문에 대응이 늦다고 지적했다. 사이먼 그린 총괄은 "조직에는 승인 절차, 거버넌스 등 매우 중요한 여러 가지가 있다"며 "IT팀 내의 중요한 패치 주기조차 너무 오래 걸린다. 사이버 보안 분야가 충분히 빠르게 움직이지 못한다"라고 말했다.

최근에는 AI 기술이 발달하면서 사이버 공격은 더욱 교묘해지고 있다. 북한의 IT 인력 수천 명이 서구 기업에 합법적으로 접근해 6억 달러를 벌어가다가 FBI에 적발되고, AI로 만들어진 가짜 노동자가 취업 시장에 나오고 있기 때문이다. 막대한 보수 비용에 사이버 보험 회사는 사업을 철수하고 있다.

사이먼 그린 총괄에 따르면 '적대적 AI'는 AI의 학습 데이터를 중독시키는 방식으로 작동한다. 트리거를 만날 때까지는 완벽하게 작동하는 것처럼 보인다. 하지만 트리거가 작동하면 조직 내부에 악성 코드를 배포하기 시작하고, 얼굴 인식 시스템을 조작하는 등 조직 내부의 AI 모델을 공격하기 시작한다.

사이먼 그린 총괄은 실시간 모니터링 시스템 구축, 의사 결정 속도 단축, '이미 침투당했다'라는 전제를 바탕으로 한 보안 전략, AI 기반 방어 기술의 적극적 활용을 제시했다. 이에 더해 사이버 보안 문제를 위해 업계 전반이 함께 학습하고 협력해야 한다고 강조했다.

사이먼 그린 총괄은 "오늘날은 준비되어 있어야 하는 시기"라며 "평화 시기는 방어 능력을 구축하기 가장 좋은 시기이며, 공격받을 때인 전시가 아니라 평화 시기에 이를 준비하는 것이 중요하다. 실시간 모드로 문제를 찾아서 해결하고 전략적 검토를 해야 하며, 계획을 세워야 한다"라고 말했다.

한편, 팰로앨토네트웍스는 AI 기반 시스템을 통해 사전에 위협을 탐지할 수 있게 하는 '프로텍트 AI' 회사를 인수했다. 사이먼 그린 총괄은 "글로벌 시장은 에이전트 AI로 나아가고 있다"며 "우리는 이 역량을 내부에서 구축할지 고민했지만, 훨씬 더 앞선 기업을 인수하기로 했다. 직원 수보다 더 많은 에이전트를 마련하겠다"라고 밝혔다.

팰로앨토네트웍스는 최근 이스라엘 보안 업체 사이버아크도 250억 달러에 인수하며 몸집을 불려 나가고 있다. 사이버아크는 계정 접근 관리(PAM)와 신원 확인 보안 분야에 강점을 지닌 기업이다. 최근에는 사내에서 쓰이는 AI 에이전트의 이상 행동을 감지하고 필요에 따라 AI 에이전트의 사내 네트워크 접근 권한을 제한하는 등 솔루션을 제공하는 '사이버아크 시큐어 AI 에이전트'를 출시했다.

배준범 메이어브라운 파트너 변호사와 로버트 디나이트 주니어 PSEG 원자력기술 담당 부사장, 브리지치 포시 아폴로글로벌매니지먼트 파트너, 박인식 한국수력원자력 수출사업본부장(왼쪽부터)이 제26회 세계지식포럼 'AI와 에너지 대전환: 미국 원전 시장의 기회' 세션에서 대담하고 있다.

- **브리지치 포시** 아폴로글로벌매니지먼트 파트너로서 아시아와 신흥 시장 부문을 총괄하고 있다. 아폴로글로벌매니지먼트는 미국 뉴욕에 본사를 둔 대체 자산 운용사로, 2024년 기준 약 7,000억 달러의 자산을 운용하고 있다.

- **로버트 디나이트 주니어** 퍼블릭서비스엔터프라이즈그룹(PSEG)의 원자력 엔지니어링 부문을 책임지고 있다. 미국에서 두 번째로 큰 상업용 원자력발전소인 호프 크리크와 세일럼 원자력발전소의 운영을 총괄 중이다.

- **박인식** 2023년부터 한국수력원자력 해외 원자력 사업을 총괄하고 있다. 1989년 한국전력에 입사한 이후 35년간 국내 원자력발전소를 운영하고, 해외 사업 기회를 발굴하는 등 폭넓은 경력을 쌓아왔다.

- **배준범** 메이어브라운 파트너 변호사로 사모펀드와 관련해 자문을 제공하고 있다. 미국 무역과 비즈니스 이슈, 원천 징수 문제에 대한 경험이 폭넓다.

AI와 에너지 대전환: 미국 원전 시장의 기회

브리지치 포시 | 아폴로글로벌매니지먼트 파트너
로버트 디나이트 주니어 | PSEG 부사장
박인식 | 한국수력원자력 수출사업본부장
배준범 | 메이어브라운 파트너 변호사

AI와 데이터센터의 폭발적 성장으로 미국 내 전력 수요가 급증하면서 원자력이 기후 변화 대응과 안정적 전력 공급의 핵심 해법으로 다시 주목받고 있다. 기존 원전의 수명 연장, SMR 상용화, 금융·공급망·정책 리스크 분담을 통한 투자 촉진이 주요 과제로 제시됐다.

에너지 대전환의 국면에서 원전은 단순한 발전 기술을 넘어 국가 안보·산업 경쟁력·기후 대응 전략이 맞물린 복합 의제로 자리 잡았다.

제26회 세계지식포럼 '에너지 대전환: 미국 원전 시장의 기회' 세션에서는 미국 유틸리티, 글로벌 투자사, 한국 기업이 함께 원전의 미래를 논의했다.

로버트 디나이트 주니어 PSEG 부사장은 AI와 데이터센터를 "거대한 교란자(Great disruptor)"로 규정하며 2035년까지 전력 수요가 40% 늘고 공급 부족이 2028년께 현실화될 수 있다고 전망했다.

그간 미국 전력 수급은 전기차 보급 확대 같은 수요 증대가 에너지 효율 개선으로 상쇄돼 비교적 안정적으로 유지됐다. 그러나 그는 "AI 인프라의 급팽창은 그 공식이 더는 통하지 않을 수 있음을 보여준다"라고 지적했다.

미국 전력 시장의 이중 구조에 대한 논의도 이어졌다. 규제 시장은 신규 발전 비용을 요금 원가에 반영할 수 있어서 사업자가 일정 수준의 안정성을 확보한다. 반면 PSEG가 속한 동북부 비규제 시장은 전력을 3년 선도로 판매하지만, 발전소를 건설하는 데는 5~10년이 걸린다. 이 '기한 괴리'로 인해 장기 투자에 따른 가격 불확실성과 금융 변동 위험을 사업자가 고스란히 떠안게 된다.

게다가 150~200억 달러 규모의 초대형 프로젝트를 감당할 금융 시장의 수용력은 아직 충분히 성숙하지 않았고 공사 지연이나 비용 초과가 겹치면 위험은 눈덩이처럼 커질 수 있다.

그는 이러한 난제를 풀기 위해 발전사·투자자·시공사·원자로 제작사와 장기 전력구매계약(PPA)을 제공할 정부·지방자치단체 등이 함께 책임을 나누는 파트너십 구조가 필요하다고 강조했다. 아울러 기존 원전의 안전하고 안정적인 운영이 무엇보다 중요하다고 재차 밝혔다.

박인식 한국수력원자력 수출사업본부장은 미국 원전 시장의 기회와 제약을 짚으며 한국이 기여할 수 있는 지점을 제시했다.

미국은 오랜 기간 신규 건설을 중단하면서 핵심 부품 공급망이 크게 약화했다. 일부 기자재의 생산 능력은 심각하게 제한돼 있다. 여기에 규제 절차는 안전성 확보를 위해 투명하지만, 더욱 복잡해져 부지 선정부터 상업 운전까지 10년 이상 걸릴 수 있다. 그는 이런 제약을 극복하려면 정부 보증을 포함한 민관합작(PPP), 장기 PPA, 승인 절차와 설계의 표준화가 필요하다고 강조했다.

박인식 본부장은 "한국은 지난 반세기 동안 기한·예산 내 원전을 완공해왔다"며 "이 경험이 미국 프로젝트의 불확실성을 줄이고 공급망을 보완할 핵심 자산"이라고 밝혔다.

또한 현지 전문 개발자의 조율 역량이 프로젝트 전반의 리스크 관리에 핵심이며, 한미가 핵심 부품을 공동 조달하고 재고를 공유하는 방식으로 운영 위험을 분담할 수 있다고 제안했다.

금융 부문에서는 브리지치 포시 아폴로글로벌매니지먼트 파트너가 목소리를 보탰다. 아폴로글로벌매니지먼트는 8,000억 달러 이상을 운용하는 세계적 투자사다.

포시 파트너는 "원전은 자본 집약적이고 (시공 등) 기간이 길다. 무엇보다 적합한 자본을 어떻게 매칭하느냐가 관건"이라고 말했다. 규제 자산 여부, 장기·물가 연동 PPA, 투자 등급 카운터파티의 존재가 조달 비용과 구조를 좌우한다는 설명이다.

아폴로글로벌매니지먼트가 운용하는 보험 자본은 장기 만기를 제공해 공사 지연이나 변동성에 대응할 수 있다고도 했다. 그는 "정부·유틸리티·투자자·수요자가 단계별로 리스크를 분담할 때, 가장 저렴하고 지속 가능한 자본이 원전에 투입될 수 있다"라고 강조했다.

세션 후반에는 한미 원전 협력을 위한 모델을 논의했다. 디나이트 부사장은 "정책은 무대를 깔아주되, 실제 착공이 가능하도록 선도 사업자의 리스크를 분담하는 구조가 필요하다"라고 말했다.

특히 대형 변압기·터빈·차단기 같은 장납기 기자재는 2030년 이후 물량을 지금 수주받을 정도로 긴박해 한국의 EPC 역량을 미국 현장에 이식해 공급망을 안정화할 협력이 필요하다고 강조했다.

박인식 본부장은 5~10년 뒤의 성공 시나리오를 제시했다. 대형 경수로 착공과 SMR 상업 운전 개시, 핵심 기자재의 미국 내 생산, 부지 공정의 가시화가 그것이다. 일부 원자력 열은 수소 생산이나 산업용 열로 활용하고, 여러 부지에서 동시다발적으로 원전 프로그램이 확대될 것이라고 그는 전망했다.

한국의 숙련 인력이 미국 현장에 파견되고, 한국 내에서는 차세대 인재 양성이 활발해지는 조화로운 한미 협력이 만들어져야 한다는 주장이다.

디나이트 부사장은 "기존 원전의 안전한 운영을 바탕으로 새로운 세대의 원전을 현실화하고, 새 공급망과 한미 파트너십을 강화해야 한다"라고 강조했다.

필리프 발레 탈레스 디지털신원·보안 수석부사장이 제26회 세계지식포럼 'AI 시대, 엔드 투 엔드 보안 관점에서 미래를 지키다' 세션에서 발표하고 있다.

- 필리프 발레 2016년부터 3년간 디지털 기업 젬알토를 이끌었다. 2019년부터 탈레스에서 사이버 보안과 디지털신원 부문 수석부사장으로 재직 중이다.

엔드 투 엔드 보안과 AI

필리프 발레 | 탈레스 디지털신원·보안 수석부사장

"사이버 보안 없이는 AI는 감당할 수 없는 도박이다."

필리프 발레 탈레스 디지털신원·보안 수석부사장은 제26회 세계지식포럼에서 'AI 시대, 엔드 투 엔드 보안 관점에서 미래를 지키다' 세션 연사자로 나서서 이처럼 경고했다. AI가 제시하는 장밋빛 미래에 대한 전망은 많지만, 정작 AI 자체의 보안에 대해서는 소홀하다는 것이다.

탈레스는 프랑스에 본사를 둔 유럽 최대 방산업체다. 항공우주나 교통, 사이버 보안 등 다양한 사업 영역을 보유하고 있다. 필리프 발레 수석부사장은 프랑스 그르노블 국립 공과대학(INPG)에서 공학을 전공하고 프랑스 에섹(ESSEC) 비즈니스스쿨을 졸업했다. 그는 프랑스 군수업체 마트라, 디지털 보안회사 젬알토 등을 거쳐 2019년 탈레스그룹에 합류했다.

그는 업계에 오랫동안 몸담으며 'AI 겨울(Winter)'을 목격했다고 설명했다. AI 겨울은 AI 기술에 대한 투자와 관심이 급감하고 연구가 정체되는 시기를 뜻한다. AI에 거는 기대가 현실적인 성과로 이어지지 못한 탓이다.

발레 수석부사장은 "이번 세기 초 AI 겨울을 겪었는데, 이는 당시에 AI의 능력이 충분치 않았기 때문"이라며 "2022년 11월 오픈AI가 챗GPT를 시장에 출시하면서 판도가 바뀌었다"라고 말했다. 그러면서 "AI는 이제 우리 곁에 머물 것이며, 머지않아 전기처럼 우리 삶의 필수적인 부분이 될 것임은 명확하다"라고 덧붙였다.

이에 AI에 대한 열띤 논의가 발발했다. 그러나 관련 논의가 주로 윤리, 허위 정보, 일자리의 미래에 초점을 맞추고 있다는 것이 발레 수석부사장의 지적이다.

그는 "그 이면에 우리가 다뤄야 할 중요한 문제가 있다"며 "바로 AI 자체의 보안"이라고 강조했다. AI 발달로 인해 사이버 해커들의 공격이 더 정교해지고 있다. 정교해진 공격을 다시 보안으로 막아서는 창과 방패의 싸움이 AI를 중심으로 이뤄질 것이라는 예측이다.

최근 한국에서는 개인들의 정보가 대거 유출되는 해킹 사건이 지속되고 있다. SK텔레콤, 롯데카드 등의 업체 전산망이 해커들의 공격에 뚫리고 있다. 전문가들은 이 역시 AI 발달과 무관하지 않을 것으로 관측하고 있다.

발레 수석부사장은 "오늘날 95% 기업들이 AI 관련 위협에 대응하기 위해 사이버 보안 프로그램을 업그레이드하고 있다는 통계가 있다"며 "또 사이버 보안 담당자들의 약 74%가 회사의 데이터가 AI 모델에 흡

수되고 있다는 사실을 인지하고 있다고 답했다"라고 말했다.

독일은 2025년 5월부터 여권 사진에 대한 규제를 강화했다. 여권 발급 기관에서 직접 촬영하거나 지정된 안전한 전송 경로를 통해 사진관에서 전송된 디지털 사진만 허용하기로 했다. 이는 '모핑(Morphing)'이라는 AI 공격을 막기 위해서다.

모핑은 원본 이미지에서 목표 이미지로, 점진적으로 자연스럽게 영상을 변화시키는 기법이다. 얼굴 사진 2개를 모핑화하면 2명에게 유효한 여권을 만들 수 있다.

앞서 2021년 슬로베니아 경찰은 캐나다에 난민 지위를 신청하려는 알바니아인들에게 판매된 모핑 슬로베니아 여권 40건을 적발했다. AI가 발달하면서 이런 모핑 공격이 더 정교해지고 있다.

발레 수석부사장은 "여권을 발급할 때 사진에 워터마크를 삽입하는 것이 가능하다"며 "사진이 조작된 것인지 아닌지 걸러낼 수 있는 기술로 이 같은 창과 방패의 싸움은 지속되고 있다"라고 말했다.

탈레스는 AI를 기반으로 한 생체 인식 기술에 주목하고 있다. 개인 고유 정보로 자기 증명을 하므로 모핑 공격을 막을 유력한 대안으로 떠오르고 있기 때문이다.

발레 수석부사장은 "AI는 우리의 일상생활을 향상시킬 것이 분명하므로 우리는 AI를 수용해야 한다"며 "이 지점에서 사이버 보안으로 적절히 보호되는 AI를 사용해야 한다는 것이 중요하다"라고 강조했다.

벤저민 라잉키 엑스에너지 글로벌 비즈니스 개발 수석부사장(왼쪽 두 번째)과 안유진 맥킨지앤드컴퍼니 부파트너, 최일경 한국수력원자력 건설사업본부장, 김종우 두산에너빌리티 상무, 스티븐 헬먼 테라파워 CFO(왼쪽부터)가 제26회 세계지식포럼 'SMR, AI 날개 달았다' 세션에서 대담하고 있다.

- **벤저민 라잉키** 엑스에너지에서 해외 비즈니스 개발 조직을 이끌고 있다. 상업용 원자로 사업 개발과 영업의 전 과정을 책임지고 있다.

- **스티븐 헬먼** 테라파워 부사장으로 최고재무책임자(CFO)를 맡고 있다. M&A, 공·사채와 주식 자금 조달, 기업 구조조정, 프로젝트와 인프라 금융 분야에서 전문성이 뛰어나다.

- **김종우** 두산에너빌리티 상무로 국내외 원전 수주 경험과 노하우를 갖추고 있다. 체코 두코바니 원전 수주에도 기여한 바 있다.

- **최일경** 1984년 한국수력원자력에 입사한 이후 약 40년간 원자력발전소의 건설과 해외 사업 전문가로서 역할을 수행했다.

- **안유진** 맥킨지 한국오피스에서 전력과 천연가스 분야를 맡고 있다. 에너지 분야에서 10년 이상의 경력을 지녔다.

SMR, AI 날개를 달았다

벤저민 라잉키 | 엑스에너지 부사장
스티븐 헬먼 | 테라파워 부사장
김종우 | 두산에너빌리티 상무
최일경 | 한국수력원자력 건설사업본부장
안유진 | 맥킨지앤드컴퍼니 부파트너

    SMR이 차세대 원전으로 주목받고 있는 가운데, SMR이 갈수록 수요가 늘어나는 AI를 위한 데이터센터 전력의 해답이 될 수 있을지에 관심이 쏠리고 있다.

    100~300메가와트 출력을 내는 SMR 발전량은 기존 대형 원전(약 1,400메가와트)보다 적지만 방사성 물질의 누출 위험이 낮을 뿐 아니라 비용이 적게 들고 건설 기간이 짧다. 공장에서 부품을 생산한 뒤 현장에서 조립하는 방식으로 지을 수 있고 규모가 작은 만큼 입지 조건도 상대적으로 자유롭다.

    또 유연한 출력 조정이 가능해 태양광·풍력 등 재생 에너지의 불안정성을 보완할 수 있을 것으로 기대를 모은다. 다만 SMR을 실용화하는 데까지는 많은 과제가 남아 있는 상황이다.

    고온 가스로 방식의 SMR 개발 기업인 미국 엑스에너지(X-energy)

의 벤저민 라잉키 부사장은 제26회 세계지식포럼 'SMR, AI 날개를 달았다' 세션에서 "SMR은 궁극적으로 기존 원자로에 비해 더 작고 경제적이며 관리하기 쉬운 크기로 새로운 시장을 열 것"이라며 "SMR은 2030년대의 전력 수요와 탈탄소화 목표를 실현하기 위한 솔루션이자 핵심 도구"라고 강조했다.

엑스에너지에 투자한 아마존은 2039년까지 SMR을 통해 5기가와트 전력 생산 목표를 제시했다.

빌 게이츠가 창립한 미국의 또 다른 SMR 개발 기업인 테라파워의 스티브 헬먼 CFO 겸 부사장은 "우리는 현재 첫 번째 SMR 발전소를 건설 중이며 2030년 초 연료를 공급할 예정"이라며 "계획이 순조롭게 진행된다면 2031년부터는 고객사인 퍼시피콥이 실제 전력 생산을 위한 운영을 하게 될 것"이라고 밝혔다.

퍼시피콥(PacifiCorp)은 워런 버핏이 소유한 에너지 기업이다. 테라파워는 나트륨 냉각 고속로 방식의 SMR을 개발 중으로, 현재 최대 주주는 SK그룹이다.

테라파워와 엑스에너지는 미국 정부가 후원하는 '첨단 원자로 시범 프로그램'에 함께 참여하고 있다. 두 기업이 각각 개발 중인 나트륨 냉각 고속원자로와 고온 가스로는 실용화에 가장 가까운 SMR 기술로 꼽힌다.

고온 가스로는 방사능에 오염되지 않는 헬륨을 냉각재로 사용하고 흑연을 감속재로 사용해 750~900도 이상의 고온열을 생산하는 원자로를 말한다. 고온 가스로는 다른 원자로보다 높은 온도로 작동돼 가동 시 발생하는 열에너지를 전력 생산뿐만 아니라 수소 생산, 산업용 열에너지 등 다양한 에너지 공급에 활용할 수 있다.

특히 고온 가스로는 1,600도 이상에서도 방사능이 방출되지 않는 삼중 피복 입자 핵연료를 사용해 극한 상황에서도 자연 냉각만으로 원자로의 안전성을 확보할 수 있다. 하지만 고온에서 작동하는 만큼 열 내구성이 높은 고가 재료가 필요하고, 연료와 구조재의 열화 가능성을 배제할 수 없다.

나트륨 냉각 고속 원자로는 냉각재로 끓는점이 약 900도로 높은 액체 나트륨을 사용하고 고속 중성자를 이용한 핵분열로 에너지를 생산하는 고속 원자로다. 기존 원전 대비 높은 열효율과 사용후핵연료 등 고독성 핵폐기물 감소, 대기압에서 작동 가능한 피동 안전 시스템 등 장점을 갖추고 있다. 다만 냉각재의 밀도가 높아 내진 설계는 까다로운 편이다.

이날 현장에서는 어떤 방식의 SMR이 AI 데이터센터에 더욱 적합한지에 대한 토론이 이어졌다. 헬먼 부사장은 "테라파워 SMR의 기본 용량은 345메가와트지만, 추가적인 에너지 저장 장치를 활용하면 500메가와트까지 용량을 늘릴 수 있다. 이런 유연성은 데이터센터를 운영하는 데 매우 도움이 된다고 생각한다"라고 밝혔다.

라잉키 부사장은 "엑스에너지 SMR은 한 번에 160메가와트 또는 320메가와트의 전력을 공급하고 이를 확장할 수 있다"며 "아마존과의 협력을 통해 기가와트 규모의 전력을 생산하더라도 실제로는 더 작은 단위의 전력이 더 가치가 있을 수 있다. AI 구동에 따른 전력 수요에 맞게 효율적으로 대응할 수 있기 때문"이라고 말했다.

함께 토론에 참여한 최일경 한국수력원자력 건설사업본부장은 "전 세계적으로 20여 개국에서 100여 종이 넘는 SMR이 개발되고 있다. 이 가운데 최종적으로 인허가를 받고 준공까지 도달, 상용화에 성공할 모델은 많아야 30개로 적을 것"이라며 "상용화를 하려면 기술이나 안전성뿐만 아니라 정책적인 지원과 재정, 규제가 뒷받침돼야 한다. 그런 측면에서 미국 기업들이 가장 앞서고 있는 것으로 보인다"고 말했다. 현재 한국은 SMR 기술개발사업단과 한국수력원자력, 원전 산업체들의 협력으로 2035년 SMR 발전소 준공을 목표로 하고 있다.

전 세계적으로 원전 관련 규제는 지난 수십 년간 운영해온 대형 원전을 기준으로 마련돼 있는 실정이다.

SMR은 용량, 용도, 기술적 접근 면에서 기존 대형 원전과는 확연히 다른 만큼 규제를 새롭게 손보지 않으면 SMR을 실제 운용하기는 어려울 수밖에 없다는 것이 전문가들의 지적이다.

김종우 두산에너빌리티 상무는 "우리나라 기업들이 원전 시장에서 세계적인 강점이 있는 이유는 40여 년간 축적해온 국내 원전 건설과 기자재를 제작한 경험 때문이다. 두산에너빌리티도 1980년대부터 우리나라는 물론 미국·중국·UAE 등에 원자로 34대, 증기 발생기 124대를 공급해왔다"며 "이런 역량을 바탕으로 우리는 SMR 시대 파운드리 모델을 지향하고 있다"라고 전했다.

이와 관련해 라잉키 부사장은 "SMR 개발에서 우리는 한국수력원자력, 두산에너빌리티 등 원자력 분야에서 경험이 풍부한 한국과 매우 중요한 파트너십을 맺고 있다"라고 언급했다. 헬먼 부사장도 "한국에서 장기적으로 생산적인 비즈니스 협력을 기대한다"며 "여기서 새로운 원자로를 건설하기를 희망한다"라고 밝혔다.

3
인간과 AI

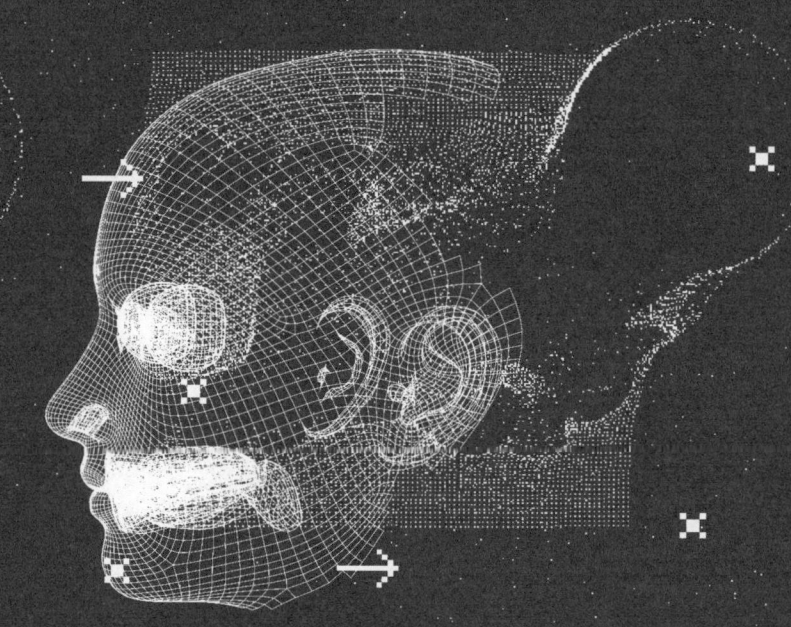

토비 월시 뉴사우스웨일스대학교 교수(가운데)와 김종윤 야놀자클라우드 대표, 브래드 해리스 HEC 파리 교수(왼쪽부터)가 제26회 세계지식포럼 '인공지능의 한계와 휴머니즘적 AI의 부상' 세션에서 대담하고 있다.

- **토비 월시** 뉴사우스웨일스대학교 교수다. 인공지능의 한계를 둬 인간의 삶을 개선하는 데 쓰이도록 해야 한다고 주장한다. 국제적으로 영향력 있는 인공지능 관련 인물이다.

- **브래드 해리스** HEC파리 교수로 리더십, 인사관리 시스템이 주요 연구 분야다. 세계적으로 인정받는 HR 경영자 리더다.

- **김종윤** 야놀자의 여행·레저 관련 서비스 플랫폼 사업과 야놀자클라우드가 주도하는 SaaS 솔루션 사업을 총괄하고 있다.

인공지능의 한계와 휴머니즘적 AI의 부상

토비 월시 | 뉴사우스웨일스대학교 교수
브래드 해리스 | HEC파리 교수
김종윤 | 야놀자클라우드 대표

'AI가 인간을 대체할 수 있을까'에 대한 질문은 공상과학 소설의 주제에만 그치지 않는다. 실제로 요즘 많은 분야에서 AI가 사람보다 빠르고 정확하게 문제를 해결하고 있다. 그럴수록 인간만의 고유한 영역, 기술이 쉽게 넘을 수 없는 인간성의 깊이 등에 대한 중요성이 커지고 있다.

토비 월시 뉴사우스웨일스대학교 교수와 브래드 해리스 HEC파리 교수는 제26회 세계지식포럼 '인공지능의 한계와 휴머니즘적 AI의 부상' 세션에서 우리 사회가 AI 기술과 어떻게 공존할 것인가에 대한 논의를 나눴다.

세션의 사회를 맡은 김종윤 야놀자클라우드 대표는 "인공지능은 현재 우리 사회와 산업에 혁신적인 변화를 일으키고 있는 동시에 우리가 직면해야 할 윤리적·경제적 딜레마를 동반하고 있다"며 "AI가 생성하는 가치가 특정 집단에 집중될 경우, 사회적 불평등은 더욱 심화할 위험이 있다"라고 문제 의식을 제기했다.

이에 월시 교수는 인공지능이 실제 인간의 지능을 대체하는 수준에 도달하기에는 아직 멀었다는 진단을 내놨다. 그는 "AI는 매우 효율적으로 데이터를 처리하고 빠르게 결정을 내릴 수 있지만 감정, 윤리적 판단, 비판적 사고 등 인간만의 고유한 능력을 완벽하게 대체할 수는 없다"라고 설명했다.

해리스 교수는 "인간만의 공감 능력과 사회적 지능은 그 어떤 AI도 흉내 낼 수 없다"면서 "이러한 부분에서 향후 점점 더 AI와 인간의 차별성이 부각될 것"이라고 말했다. 이어 "특히 AI가 반복적인 작업을 자동화하면서 인간 사회에서는 감성 지능, 창의성, 협업 능력 등이 더욱 중요해질 것"이라고 주장했다.

이 세션에서는 AI 시대에서 인간의 역할이 무엇이 될지에 대한 전망도 다뤄졌다.

김종윤 대표는 "AI 시대에서 필요한 인간의 특성으로 '공감', '윤리적 판단', '비판적 사고', '목적 지향적 리더십' 등이 있다"며 "이러한 특성들이 AI 시대에 개인과 조직을 차별화하는 핵심 능력이 될 것"이라고 분석했다. 월시 교수는 이에 동감하며 "AI가 아무리 똑똑해도 인간이 가지고 있는 감정적·사회적 능력을 대체하는 것은 불가능하다"며 "감성 지능이 뛰어난 인간이 AI가 도달할 수 없는 영역에서 중요한 역할을 할 것"이라고 말했다.

해리스 교수도 "미래의 중요한 기술은 단순히 기술적 능력이 아니라 인간 사이의 관계와 소통 능력"이라며 "특히 인간만이 갖춘 '감성 지능'

은 직장에서 중요한 능력으로 부각할 것"이라고 제언했다.

그는 "리더가 가진 진정성은 조직에 큰 영향을 미친다"며 "AI가 인공지능 시대에서 진정한 리더십을 발휘하기는 어렵기에, 리더십은 인간에게 매우 중요한 경쟁력이 될 것"이라는 점을 분명히 했다.

AI가 전 세계적인 불평등을 심화할 가능성에 대한 논의도 이뤄졌다.

월시 교수는 AI가 경제적 부를 창출하는 데 기여하고 있지만, 그 혜택이 일부 소수에게 집중되고 있다는 점을 지적했다. 예를 들어 오픈AI는 단 1년 만에 40억 달러의 매출을 기록하는 등 급성장했으나 성장의 혜택은 극소수 사람들에게 집중되고 있다는 것이다.

해리스 교수는 AI의 발전은 산업혁명 초기와 유사하다며, AI로 글로벌 불평등이 심화하지 않으려면 정책 입안자와 교육자들의 적극적인 대응이 필요하다고 조언했다.

해리스 교수는 "정치·기업·교육계가 협력해 '포용적 기술 발전'을 위한 가이드라인과 안전장치 마련에 나서야 한다"며 "지금 당장 행동하지 않으면 향후 더 큰 위험에 직면할 수 있다"라고 경고했다.

이어 "AI가 불평등을 줄이는 방향으로 발전하려면 포용적이고 공정한 접근이 필요하다"면서 "AI 교육을 통해 더 많은 사람이 이 기술을 이해하고 활용할 수 있도록 해야 한다"라고 덧붙였다.

이들은 AI 기술의 방향을 결정짓는 것은 기술 자체가 아니라 '우리가 어떤 미래를 설계하느냐'에 달려 있다고 입을 모았다. 해리스 교수는 "AI 시대에도 인간은 세상에 더 많은 가치를 기여할 수 있으며, 그것은 기술이 아닌 '인간성'에서 비롯된다"라고 말했다.

제이크 바스킨 미국 컴퓨터과학교사협회 사무총장(오른쪽)과 에릭 두 화웨이코리아 총괄부사장, 원종필 건국대학교 총장, 정우성 한국과학창의재단 이사장(오른쪽부터)이 제26회 세계지식포럼 'AI 시대 인재상과 미래 교육' 세션에서 대담하고 있다.

- **원종필**   건국대학교 총장으로 행정 경험이 풍부한 교육계 리더다. 구조공학 분야의 전문가로 삼성물산에서 실무를 맡은 뒤 1997년 교수로 건국대학교에 합류했다. 기획재정부, 국가과학기술위원회 등 정부 주요 부처에서도 활동하며 교육과 과학기술 정책의 다리 역할을 수행해왔다.

- **에릭 두**   ICT 산업 전반에 걸친 풍부한 경험과 글로벌 비즈니스 감각을 바탕으로 화웨이코리아의 대외협력과 홍보 전략을 총괄하고 있다.

- **제이크 바스킨**   2018년부터 미국 컴퓨터과학교사협회(CSTA) 운영을 맡아왔으며 CSTA를 전 세계 100개 이상의 지부와 2만 명 이상의 회원을 보유한 조직으로 성장시켰다.

- **정우성**   한국과학창의재단 이사장으로 한국의 과학기술 문화 확산과 창의 인재 육성을 이끌고 있다. 과학기술 정책과 계산사회학을 연구한 학자 출신으로 포항공과대학교 교수로 재직 중이다.

AI 시대 인재상과 미래 교육

원종필 | 건국대학교 총장
에릭 두 | 화웨이코리아 총괄부사장
제이크 바스킨 | 미국 컴퓨터과학교사협회 사무총장
정우성 | 한국과학창의재단 이사장

산학계 여러 분야 전문가가 AI가 수많은 일자리를 대신하는 시대가 얼마 남지 않았다고 경고한다. 앞으로 10년 후에는 수많은 사람이 일자리를 잃고 AI에 존재 가치를 빼앗긴 '잉여 인간'이 된다는 우려의 목소리도 높다.

세계적인 컨설팅업체 맥킨지는 2030년까지 전 세계 근로자 10명 중 3명(15~30%)이 자동화로 인해 일자리를 잃을 수 있다고 분석했다. 세계적인 회계·컨설팅그룹 PwC가 펴낸 〈2025 글로벌 AI 일자리 보고서〉에 따르면, AI 기술을 보유한 근로자의 2024년 평균 임금이 그렇지 않은 사람과 비교해 56% 높은 것으로 집계됐다. 이는 전년 대비 2배 수준으로, AI 기술을 지닌 사람들이 노동 시장에서 몸값이 더 높아졌다는 것을 의미한다.

AI 시대에 인간답게 살아가기 위해 인간이 대비해야 하는 것은 무엇이며, 어떻게 해야 AI 시대에서도 생존할 수 있을까.

'AI 시대 인재상과 미래 교육' 세션에서 에릭 두 화웨이코리아 총괄 부사장은 "새로운 시대에 방대한 지식을 재해석하고 재사용할 수 있는 사람이 승자가 될 것"이라며 "앞으로는 국가 간의 격차가 아니라 개인 간의 격차가 벌어지는 시대가 될 것"이라고 전망했다.

에릭 두 부사장은 "AI로 인해 벌어질 개인 간의 격차를 좁히려면 문해력, 윤리가 매우 중요하므로 공교육을 강화해야 한다"라고 강조했다. 그는 또 "대학은 학생들이 이론적 지식뿐만 아니라 기업 등 현업에서 활용할 수 있는 지식이 필요하다. 따라서 프로젝트를 기반으로 한 학습 능력을 키울 수 있도록 산학 협력을 확대해야 한다"라고 덧붙였다. 미래 인재를 양성하려면 교육과 산업 간의 지속적인 생태계가 필수적이라는 얘기다.

에릭 두 부사장은 "복잡한 문제를 빠르게 파악하고 적절한 조치를 취하는 능력이 특히 중요하다"며 "다양한 분야를 연결해 새로운 가치를 창출할 수 있는 통합 사고력, AI의 한계를 인정하고 AI를 윤리적으로 사용하는 능력도 필요하다"라고 말했다.

에릭 두 부사장은 이들 역량을 키울 방안도 제시했다. 그는 "단순히 지식을 습득하는 것을 지양하고, 문제 해결 방식을 찾고 해결하는 데 집중해야 한다"며 "학생들의 사고방식이 폭넓어지려면 여러 AI 기술도 통합해야 한다"라고 주장했다.

AI 시대에도 교육의 본질은 크게 바뀌지 않을 것이라는 전망도 나왔다. 원종필 건국대학교 총장은 "AI 시대에도 교육의 본질은 바뀌지 않을 것이며, 유연한 사고방식을 지닌 창조적인 인재, 인문학적 소양을 갖춘 인재, 인성과 사회적 책임을 다하는 인재가 각광받을 것"이라고 전망했다.

그는 다만 "전문성, 창의성, 데이터를 기반으로 한 판단력과 의사 결정은 점점 더 AI에 의존할 가능성이 크다"며 "앞으로 교육기관은 학생 개인별로 해당 학생이 누구인지, 특성이 어떤지, 가장 잘 맞는 학습 방법은 무엇인지 등 초개인화 정보를 축적해 학생 한 명 한 명에게 맞는 최적의 교육 서비스를 제공하는 방식으로 가야 한다"라고 주장했다.

제이크 바스킨 미국 컴퓨터과학교사협회 사무총장은 "인간이 AI를 만들었다. AI는 마법이 아니며, 학생들은 AI를 단순히 사용할 것이 아니라 AI가 어떻게 작동하는지 이해해야 한다"라고 말했다. AI를 언제 사용해야 하는지, 언제 사용하면 안 되는지 결정할 수 있는 능력을 길러야 한다는 것이 그의 주장이다.

제이크 사무총장은 또 "인간은 AI의 창작자로서 모든 학생은 자신이 잠재적인 AI 창작자라고 생각할 수 있는 주체성을 가져야 한다"며 "AI로 인해 가짜 정보와 뉴스가 마구 생산되고 파급되면서 무엇이 진짜인지 아닌지를 분별하는 능력을 길러야 하며, AI 활용이 사회에 미치는 영향, 파급력에 대한 논의도 지속돼야 한다"라고 강조했다.

이수인 에누마 대표, 엄은상 팀모노리스 CEO, 임철일 서울대학교 교수(오른쪽 첫 번째부터)가 제26회 세계지식포럼 '경계의 재정의: AI 시대의 교육과 인간의 가치' 세션에서 대담하고 있다.

- **이수인** 디지털 기술로 다양한 교육적 필요를 가진 아이들이 기초학력을 달성할 수 있도록 돕겠다는 목표를 갖고 2012년 미국 실리콘밸리에서 에누마를 설립했다.

- **엄은상** 팀모노리스 대표로, 학교 교실에서 인공지능에 대한 이해와 소프트웨어 교육을 접목하는 교육 혁신을 꾀하고 있다.

- **임철일** 서울대학교 교수다. 교육공학과 학습 과학 분야의 연구와 실천을 통해 창의적이고 미래 지향적인 교육 환경을 조성하는 데 앞장서고 있다.

경계의 재정의: AI 시대의 교육과 인간의 가치

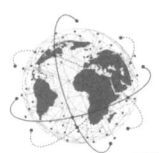

이수인 | 에누마 대표
엄은상 | 팀모노리스 대표
임철일 | 서울대학교 교수

"21세기의 문맹은 단순히 글을 읽지 못하는 사람이 아니라 배운 것을 활용해 자신의 것으로 만들 줄 모르는 사람을 뜻한다."

이수인 에누마 대표는 제26회 세계지식포럼 '경계의 재정의: AI 시대의 교육과 인간의 가치' 세션에서 20세기 미래학자 앨빈 토플러의 말을 인용하며 '교육의 기본 전제'를 현재 AI 시대에 맞춰 재정의했다.

이날 세션에서 이수인 대표는 엄은상 팀모노리스 대표와 변화의 시대를 맞아 미래 교육이 나아가야 할 방향을 주제로 대담을 펼쳤다.

이수인 대표는 "전 세계 아동의 70%가 초등학교 3학년까지 읽고 쓰기를 제대로 습득하지 못한다"며 "팬데믹 전에는 58%였던 이 수치는 팬데믹 이후 더 악화했으며 특히 교사와 인프라가 부족한 지역에서는 수년간 학교를 가도 문장 이해조차 어려운 경우가 다반사"라고 했다.

그는 "교육이 문해력을 전제로 해야 하는 시대는 지났다"며 "문자나

언어가 아닌 멀티모달(영상·애니메이션·음성 인터페이스·수화 등의 대체 수단) 기술을 통해 장애·언어·나이의 경계를 넘는 배움이 가능해지는 시대가 도래했다"라고 밝혔다.

그는 이러한 변화는 기존에 정의됐던 '배움의 시기' 개념을 무너뜨리고, 과거 학습 기회를 놓친 사람들도 언제든 다시 배울 수 있는 환경을 조성할 것이라고 내다봤다.

이수인 대표는 "AI 시대에는 교육의 정의가 단순히 '지식을 전달하는 것'에서 나아가 '판단을 증강하는 것'으로 확대돼야 한다"라고 조언했다. 챗GPT의 지능이 인간 평균을 뛰어넘는 상황에서, 인간은 지식을 외우는 데서 우위를 가지기 어렵기 때문이다.

그는 "AI 기술이 단지 교육 콘텐츠를 전달하는 데 그치는 것이 아니라 아이들의 학습 동기를 자극하고 교육의 격차를 줄이는 도구가 돼야 한다"라고 강조했다.

이수인 대표는 자신이 이끌고 있는 에듀테크 기업 에누마가 참여한 '러닝 엑스프라이즈 대회'를 예로 들며 기술을 어떻게 교육 격차를 좁히는 도구로 활용할 수 있는지 설명했다. 러닝 엑스프라이즈는 세계적인 비영리 벤처 재단인 엑스프라이즈가 주최하는 국제 경진대회로, 학교나 교사 없이도 아이들이 스스로 읽기, 쓰기, 셈을 배울 수 있도록 돕는 교육 기술을 개발하는 장이다.

에누마가 해당 대회에 참가했던 당시 주제는 '교사 없이 학습시키는 기술'이었다. 에누마는 태블릿 하나로 문맹 아동을 문해 가능한 수준까지 끌어올리는 성과를 거둬 최종 우승을 차지했다.

이수인 대표는 "지식은 더는 위에서 아래로 흐르지 않는다. 누구나 AI를 통해 3만 원이면 전 세계 지식에 접근할 수 있다"며 "AI의 등장은 교육의 전제를 흔들고 있다는 점을 명심해야 한다"라고 말했다.

에듀테크 스타트업 팀모노리스를 창립한 엄은상 대표는 AI 디지털 교과서 프로젝트와 AI 교육 플랫폼 '코들(Kodle)'을 개발한 경험을 공유하며, AI 시대의 교육 현장 변화와 대응 전략을 발표했다.

엄은상 대표는 "이제는 '디지털 세대'를 넘어 'AI 네이티브(원주민) 세대'가 등장했다"며 "교사는 AI를 위협이 아닌 보조 도구로 받아들여야 하고, 학생은 AI를 통해 창의력과 상상력을 확장해야 한다"라고 말했다. 이는 과거 '디지털 네이티브'라는 개념이 등장했듯, 이제는 AI와 함께 자라는 세대를 위한 교육 체계가 필요하다는 주장으로 풀이된다.

그는 "생성형 AI의 도입이 교사의 업무 부담을 줄이고, 학생들이 더 빠르게 학습 성과에 도달하도록 도울 수 있다"며 "실제로 AI 튜터, 자동 콘텐츠 생성, 실시간 학습 트래킹 시스템 등은 교사와 학생 모두의 만족도를 높이고 있다"라고 전했다.

엄은상 대표는 AI 교육에 대한 수요는 빠르게 커지고 있지만 국내는 전문 강사 부족, 디지털 인프라 격차, 개인 정보 보호 등의 제약이 여전히 크다고 지적했다.

그는 미국의 AI 튜터, 자동 채점, 모니터링 대시보드 등 선구적 사례를 본보기 삼아 국내도 변화를 서둘러야 한다고 강조했다.

그는 "AI 교육을 성급히 도입하면 오히려 교육 격차를 심화시킬 수 있다"고 경고하며 "지역 간 통신 환경, 장비 접근성 등 인프라 문제에 대한 국가적 고민이 선행돼야 한다"라고 조언했다.

이수인 대표는 "AI는 교육의 도구가 아니라 교육 자체를 바꿀 계기이자 패러다임의 전환점"이라며 "교육의 정의는 바뀌고 있고 우리는 그 경계 위에 서 있다"라고 말했다.

리처드 장 스트랫마인즈 CEO와 알렉스 마슈라보프 힉스필드AI 창업자, 스티븐 피롱 픽포드AI 공동창립자, 데빈 만쿠소 캐릭터닷AI 프로덕트·디자인 총괄, 아리에 피셔 스트랫마인즈 파트너(왼쪽 첫 번째부터)가 제26회 세계지식포럼 '창의적 지능: AI는 어떻게 문화와 미디어를 재구성하고 있나' 세션에서 대담하고 있다.

- **알렉스 마슈라보프** 소셜미디어에서 누구나 손쉽게 영상을 만들 수 있도록 돕는 비디오 모델 기업 힉스필드AI를 만들었다.

- **스티븐 피롱** 픽포드AI 공동창업자로 관객이 능동적인 참여자가 되는 인터랙티브 AI 스토리텔링 플랫폼을 개척하고 있다.

- **데빈 만쿠소** 캐릭터닷AI 디자인 총괄로 사용자가 AI 가상 캐릭터와 상호 작용하는 방식을 개선하는 데 기여하고 있다.

- **아리에 피셔** 스트랫마인즈 파트너로 혁신적인 기업에서 경영 컨설턴트로 활동하고 있다.

- **리처드 장** 미국 샌프란시스코에 기반한 벤처캐피털 기업인 스트랫마인즈를 이끌고 있다.

창의적 지능:
AI가 재구성하는 문화와 미디어

알렉스 마슈라보프 | 힉스필드AI 창업자
스티븐 피롱 | 픽포드AI 공동창업자
데빈 만쿠소 | 캐릭터닷AI 디자인 총괄
아리에 피셔 | 스트랫마인즈 파트너
리처드 장 | 스트랫마인즈 CEO

AI는 문화와 미디어, 나아가 상업 모델까지 바꾸고 있다. 제26회 세계지식포럼 '창의적 지능: AI는 어떻게 문화와 미디어를 재구성하고 있나' 세션에서는 AI 스타트업 창업자들이 모여 문화와 상업의 미래를 놓고 열띤 토론을 벌였다.

세션 사회는 AI 전문 투자사 스트랫마인즈 CEO 리처드 장이 맡았으며, 패널로는 스트랫마인즈 파트너 아리에 피셔, 비디오 모델 기업 힉스필드AI 창업자 알렉스 마슈라보프, 픽포드AI 공동창업자 스티븐 피롱, 챗봇 개발사 캐릭터닷AI의 디자인 총괄 데빈 만쿠소가 참여했다.

만쿠소 총괄은 K-팝, K-콘텐츠, K-드라마가 세계적으로 주목받는 이유에 대해 "한국 특유의 색깔이 전 세계 관객에게 깊은 울림을 주고 있다"라고 설명했다. 하지만 AI 기술을 접목한 콘텐츠 제작이 확산하면서 새로운 우려도 제기되고 있다.

AI 도구를 활용한 콘텐츠 확장 과정에서 "특히 저비용 전략에 의존할 경우 콘텐츠가 지나치게 평범해지고 일반화될 위험이 크다"며 "한때 독창적이었던 한국적, 일본적, 오스트레일리아적 특색이 사라질 수 있다"고 경고했다. 그는 "지식재산권(IP) 소유자라면 단순히 비용 절감만이 아니라 차별성을 지키는 전략을 세워야 한다"라고 강조했다.

그는 또 향후 상업화 전략의 핵심으로 가상 캐릭터의 활용 가능성을 제시했다. 핵심은 '정체성'이다. 만쿠소 총괄은 "콘텐츠가 무료이고, 기술적 장벽도 거의 없다면 무엇을 상업화할 수 있겠는가"라며 "답은 정체성"이라고 말했다.

그는 "사용자들은 자신이 속한 세계에서 정체성을 유지하고 커뮤니티의 일부로 남기 위해, 또 다른 팬들에게 기억되기 위해 기꺼이 비용을 지불한다"라고 설명했다.

피셔 파트너 역시 "스토리텔링이 차세대 브랜드의 핵심"이라고 강조했다. 그는 "스토리텔링은 단순히 성장하는 것을 넘어 포용적으로 변하고 있다"며 "우리는 과거 시장으로만 바라봤던 대상을 이제는 관객으로 인식하게 됐다. 그들에게 즐거움을 주고, 자아와 존재감을 느끼게 해주는 것이 바로 브랜드의 역할"이라고 말했다.

리처드 장 CEO는 전 세계적인 인기를 끈 넷플릭스 애니메이션 영화 〈케이팝 데몬 헌터스〉의 '흥행'에도 불구하고 상업적 후속 조치가 부족하다는 점을 언급하며, AI 생성 미디어의 대량 확산과 경제적 희소성 문제로 논의를 확장했다.

그는 "새로운 비즈니스 모델이 만들어져야 한다"며 "지금의 흐름은 관객과 시장을 오가며 경계를 재정립하는 과정"이라고 말했다. 이어 "관객은 단순히 소비자가 아니라 음악과 경험, 콘텐츠를 제공받는 동시에 대가를 지불하는 존재"라며 "관객과 시장을 이분법적으로 나누던 기존 사고에서 벗어나야 한다"고 말했다.

이 자리에 참석한 패널들은 AI와 생성형 AI가 단순히 제품을 고도화하는 수준을 넘어 상업 비즈니스 모델 자체를 바꾸고 있다고 입을 모았다. AI 기술이 단순한 도구를 넘어 문화·미디어 산업의 가치사슬 전반을 재편하고 있다는 얘기다. 피셔 파트너는 "이는 엄청나게 강력한 변화이며 아직 미개척된 영역"이라고 평가했다.

AI 투자 구조의 한계도 지적됐다. 리처드 장 CEO는 "전체 AI 투자금의 70%가 단지 5개 회사의 거래에 집중돼 있다"며 "그렇다면 나머지 분야에는 어떤 기회가 있는가"라고 반문했다. 그는 "오늘 무대에서 발표한 기업들이 바로 그 질문에 대한 답"이라며 "이들은 AI를 통해 단순히 AI 산업에 머무르지 않고 전통 산업 전반을 재편하고 있으며, 그다음 단계의 산업은 그 너머로 확장될 것"이라고 덧붙였다.

탈 바르디 라임라호크 공동창립자 겸 CEO가 제26회 세계지식포럼 'AI와 다양성: 자폐스펙트럼의 강점에 주목하다' 세션에서 발표하고 있다.

- **탈 바르디** 라임라호크 CEO다. 자폐스펙트럼 장애를 가진 젊은 성인이 자신의 강점을 발휘할 수 있도록 직업 교육과 취업 지원을 제공하고 있다.

AI와 다양성: 자폐스펙트럼의 강점

탈 바르디 | 라임라호크 CEO

　AI가 일상화하면서 AI를 학습시키기 위한 데이터의 중요성도 점점 커지고 있다. AI가 모든 정보를 알아서 흡수할 것 같지만 사실은 그렇지 않다. AI를 제대로 학습시키려면 선별된 데이터가 필요하고, 이를 위해서는 사람이 어느 정도 개입해 어떤 것이 정답인지 표시해야 한다.

　예컨대 이미지 인식 AI라고 하면 화면에서 어떤 부분이 사람의 형상인지 표시하는 것을 말한다. 이렇게 각 데이터 항목에 의미 있는 태그를 붙이는 작업을 '데이터 태깅'이라고 하는데, 이는 AI의 학습 데이터 품질을 높이고 데이터 관리와 검색 효율을 높인다.

　이런 가운데 최근 자폐스펙트럼장애(ASD)를 가진 사람들이 이런 데이터 태깅 작업에 강점이 있다는 사실이 밝혀졌다. 이스라엘 방위군(IDF)이 자폐 청년들을 전문직으로 양성하기 위해 고안한 프로그램인 '라임라호크(Ro'im Rachok)'의 공동창립자인 탈 바르디 CEO는 제

26회 세계지식포럼 'AI와 다양성: 자폐스펙트럼의 강점에 주목하다' 세션에서 자폐 청년들이 테크 분야에 취업한 성공 사례를 소개했다. 라임라호크는 히브리어로 '미래를 보는 것'이라는 의미다.

바르디 CEO는 "데이터 태깅 작업은 체계적인 규칙을 토대로 명확한 작업을 반복적으로 해야 한다. 그런데 자폐스펙트럼장애를 가진 사람들은 이런 불확실성이 없는 환경에 편안함을 느낀다"라고 설명했다.

라임라호크는 2013년부터 IDF에 자원입대하거나 취업을 희망하는 자폐스펙트럼장애 청년들을 선발한 후 교육해 사회 진출을 도와왔다. 12년 동안, 이 프로그램을 통해 실제 채용한 인원은 500명에 이른다. 이들 중 상당수는 IDF의 여러 분야에 필요한 항공·위성 사진 이미지 분석 AI에 고품질의 학습 데이터를 제공하고 있다. 중점 분야 중 하나는 이라크에 있는 핵무기 정보를 식별하는 것이다.

실제로 고도로 훈련된 자폐스펙트럼장애 청년들은 이스라엘에 대한 공격을 막기 위해 AI가 이미지를 식별하는 데 중요한 역할을 하고 있다. 이들은 시각적으로 인지 능력이 일반 사람들에 비해 뛰어날 뿐만 아니라 고도의 집중력을 발휘할 수 있어 최고의 성과를 낼 수 있다는 설명이다. 직접 군에 채용되기도 하고 민간 기업에 취업하기도 한다.

교육은 주 5일 3개월간 진행하는데 절반은 군사 관련 교육을 받고, 나머지 절반은 직업을 얻는 데 필요한 모든 생활 기술 교육에 집중한다. 물론 모든 토대는 이들이 자기 자신을 있는 그대로 사랑할 수 있도록 하기 위한 정서적 교육 위에서 이뤄진다. 이를 위해 언어치료사와 심리치료사, 지휘관 등이 함께 투입되며 이후 일정 기간 동안의 군 복무를 하며 적응 기간을 거친 뒤 채용된다. 연간 교육 과정 3개를 운영하며 매년 군인 약 75명이 참여하고 있다.

이스라엘에서는 고등학교를 졸업한 18세 이상의 모든 국민에게 군 복무 의무가 있다. 본래 정신 질환은 군 복무 시 면제 사유에 해당했지만, 이스라엘은 2008년 자폐스펙트럼장애인들에게 일괄 면제 통지서를 발급하는 관행을 폐지하고 대신 사례별로 면제 여부를 결정하기 시작했다. 병원이나 학교에서 비서직이나 자원봉사 공무원으로 채용하기도 하지만, 라임라호크 프로그램은 이들을 정상적인 군 복무를 하도록 지원하면서 고도의 테크 분야 전문 직업인으로 양성한다는 데서 차이가 있다.

이날 사례로 소개된 네타 게펜은 어린 시절 자폐스펙트럼장애 진단 때문에 어려움을 겪었고, 어머니는 게펜이 4살 때 군에 입대할 수 없을 것이라는 말을 들었다.

하지만 뛰어난 시각 능력과 세심한 관찰력, 조국에 봉사하고 지역 사회에 기여하고자 하는 열망을 지닌 게펜은 군에 입대했고, 라임라호크 프로그램을 통해 이미지 분석 전문가로 활발한 활동을 하고 있다.

바르디 CEO는 "라임라호크에서 교육을 받는 자폐스펙트럼장애 청년들은 자기 자신을 있는 그대로 받아들이기 시작하고, 스스로 행복하게 살아가게 된다. 코스를 시작한 사람 중 90% 이상이 성공적으로 과정을 마치고 사회로 진출한다"며 "자폐스펙트럼장애인에 대한 사회적 낙인을 떨쳐낼 수 있도록 이런 움직임이 국제적으로 확산할 필요가 있다고 생각한다"라고 강조했다.

4
이미 시작된 변화

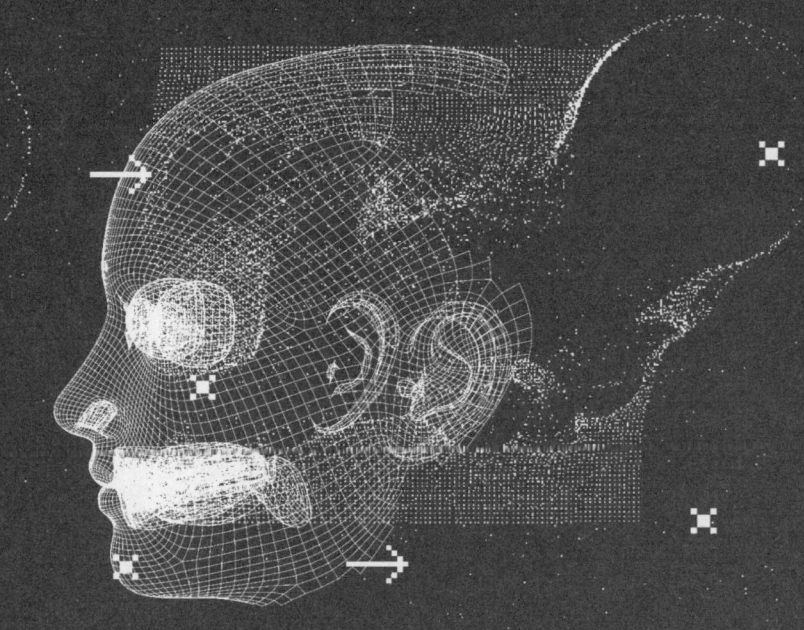

리처드 장 스트랫마인즈 CEO와 안톤 보르조프 스트랫마인즈 파트너, 윤송이 프린시플벤처파트너스 창립자, 마이클 전 솔라스타벤처스 매니징 파트너, 플뢰르 펠르랭 코렐리아캐피털 대표, 서머 김 스트랫마인즈 UX파트너(왼쪽 첫 번째부터)가 제26회 세계지식포럼 'AI의 오늘과 내일: 벤처투자자와 테크 창업가들이 전하는 이야기' 세션에서 대담하고 있다.

- **윤송이** 프린시플벤처파트너스 창립자로 SK텔레콤 상무를 거쳐 엔씨소프트 사장을 지냈다. 현재 벤처투자가로 활동 중이다.

- **안톤 보르조프** 메신저 플랫폼 왓츠앱(WhatsApp)의 초기 프로덕트 디자이너다. 지금은 스트랫마인즈 파트너로 활동하고 있다.

- **플뢰르 펠르랭** 2012년 중소기업·혁신·디지털경제 특임장관으로서 아시아계 최초로 프랑스 장관에 임명됐다. 2014년부터 2016년까지는 통상·관광·재외교민 담당 국무장관, 문화·커뮤니케이션부 장관을 역임했다. 현재는 코렐리아캐피털 대표를 맡고 있다.

- **서머 김** 스트랫마인즈에서 초기 단계 AI 스타트업을 위한 액셀러레이팅 프로그램을 이끌고 있다.

AI의 오늘과 내일

윤송이 | 프린시플벤처파트너스 창립자
안톤 보르조프 | 스트랫마인즈 파트너
마이클 전 | 솔라스타벤처스 이사
플뢰르 펠르랭 | 코렐리아캐피털 대표
리처드 장 | 스트랫마인즈 CEO
서머 김 | 스트랫마인즈 UX파트너

미국 실리콘밸리를 중심으로 세계 여러 벤처캐피털이 한동안 AI 관련 기업에 앞다퉈 투자해왔다. 미국을 중심으로 글로벌 증시에서 AI 관련 주에 막대한 자금이 유입돼 주가 역시 치솟았지만, 일부 AI 기업의 실적이 미흡하면서 AI 거품론(버블)에 대한 경고음이 커지고 있다.

일각에서는 AI에 자금이 쏠리는 현상을 두고 2000년대 발생한 '닷컴 버블'과 비교하며 우려한다. 실제로 2025년 7월 MIT 미디어랩 산하 NANDA 이니셔티브가 발표한 보고서 〈The GenAI Divide: State of AI in Business 2025〉에 따르면 AI에 막대한 자금을 넣은 투자 기업 중 대다수가 아직 눈에 띄는 수익을 창출하지 못하고 있다.

보고서는 AI 구동에 필수적인 고성능 GPU 제조사 등의 매출은 폭발적으로 증가했지만, 이를 활용해 최종 소비자에게 서비스를 제공하는 다수의 AI 스타트업은 여전히 적자에 허덕이고 있다고 지적했다.

'AI의 오늘과 내일' 세션에서 투자 전문가들은 이 같은 AI의 투자 거품론을 인정하면서도 AI는 이제 거스를 수 없는 흐름이자 인류는 이미 AI 시대를 맞이했다고 한목소리를 냈다.

마이클 전 솔라스타벤처스 이사는 "2024년 세계 벤처 투자 규모가 약 3,300억 달러로, 이 중 약 1,000억 달러가 AI에 투자됐다"며 "앞으로도 AI 분야에 투자는 계속돼야 하지만 버블 문제가 있는 것은 맞다"고 말했다.

윤송이 프린시플벤처파트너스 창립자는 "많은 사람이 AI 도입을 1990년대 인터넷 도입과 비교한다. 이제는 인터넷을 사용하지 않고 근무하는 것은 상상할 수 없을 정도로 인터넷은 모든 업무와 연결돼 있다"며 "AI는 인터넷처럼 사람의 업무 방식 등 여러 분야에 혁명적인 영향을 미칠 것"이라고 강조했다.

그는 "한국은 1990년대 정부 주도하에 인터넷 광역망을 빠르게 구축하는 등 인터넷 분야에 집중 투자했던 것처럼 지금이라도 에너지, 데이터센터 등 AI와 관련된 여러 부문에 집중 투자해야 한다"며 "AI 주권이 갈수록 중요해지는데 국방을 위해서라도 AI에 투자해야 한다"라고 덧붙였다.

국제 사회에서 AI 기술은 핵무기처럼 거대한 영향력을 행사하게 될 것이라는 전망도 나왔다.

윤송이 창립자는 "AI 기술은 계속 진화하면서 매우 다양한 분야에서 사용될 것"이라며 "앞으로 AI 핵심 기술을 보유하고 있는 국가는 핵무기를 보유한 국가처럼 막대한 힘을 갖게 될 것"이라고 전망했다. 그는

"예를 들어 만약 한국이 AI 자체 언어 모델을 갖고 있지 않으면 중국산 LLM을 사용해 전투기를 조종해야 한다"라고 설명했다.

플뢰르 펠르랭 코렐리아캐피털 대표는 "인터넷이 처음 등장했을 때도 AI를 두고 갑론을박하는 지금처럼 의견이 분분했을 것 같다"며 "최근의 생성형 AI 기술을 보면 AI의 기술 속도가 너무 빠른 데다 알고리즘을 조작해 민주주의에 개입할 가능성도 배제할 수 없으므로 위협 요인이 될 수도 있다"라고 우려했다.

그는 "AI로 인해 인류가 위험에 처해 있다고 말해도 과언이 아닐 정도로 AI 기술 변화의 속도가 빠르므로 AI 주권 확보를 위해서도 AI에 투자해야 한다"라고 말했다.

존 윙 유이 찬 노바티스 디지털·정보·AI 총책임자(오른쪽)와 허글 삼정KPMG 이사가 제26회 세계지식포럼 '신약 개발의 AI 대전환' 세션에서 대담하고 있다.

- **존 윙 유이 찬** 노바티스 디지털·정보·AI 총책임자로 데이터 기술을 활용한 신약 개발 솔루션 전문가다. 노바티스의 미국·스위스·아일랜드·인도 등 글로벌 지사의 정보를 토대로 AI와 머신 러닝을 활용한 신약 개발 전략을 주도하고 있다. 노바티스에 합류하기 전에는 스미스클라인 비챔제약, 밀레니엄제약, 신젠타 등 글로벌 제약사에서 근무한 경력도 있다. 미국 펜실베이니아대학교에서 유전학·분자생물학 박사학위를 받았으며, 같은 대학 와튼스쿨에서 최고경영자 경영전문대학원(EMBA) 과정도 거쳤다.

- **허글** 삼정KPMG 이사로 전략컨설팅, 국제 법무, 사모펀드, 스타트업 등 다양한 분야에서 경력을 쌓은 기업 경영 전문가다.

신약 개발의 AI 대전환

존 윙 유이 찬 | 노바티스 디지털·정보·AI 총책임자
허글 | 삼정KPMG 이사

"망원경은 천문학에 혁명을 일으켰고, 현미경은 생물학에 변화를 불러일으켰다. 의학에 AI는 그 이상의 혁신이다. 우리는 새 의약품을 발견하는 방식을 근본적으로 바꿀 대전환의 문턱에 섰다."

글로벌 제약사인 노바티스의 존 윙 유이 찬 디지털·정보·AI 총책임자는 제26회 세계지식포럼에서 AI가 의학계에 가져올 변혁에 관해 이렇게 판단했다.

유이 찬 총책임자는 '신약 개발의 AI 대전환' 세션에 연사로 나서 "노바티스는 전 세계 약 120개국의 환자 약 2억 9,600만 명에게 의약품을 공급하는 놀라운 성과를 냈지만, 제약 산업은 여전히 중대한 과제에 직면해 있다"며 "그간의 신약을 개발하는 과정이 생산성이 낮았다"라고 설명했다.

유이 찬 총책임자에 따르면 1998년 약 1억 7,900만 달러(약 2,500억 원)였던 신약 개발 비용이 현재 약 25억 달러(약 3조 5,000억 원)까지 15배가량 치솟았다. 그러나 여전히 신약 개발에는 평균 10~15년이 걸리는 상황이다.

그는 "이는 분자를 조합해 만들 수 있는 약물의 숫자가 10의 60제곱이 넘기 때문"이라며 "이는 우리가 우주에서 볼 수 있는 별의 숫자에 약 2배에 해당한다"라고 말했다. 이어 "임상 시험 10건 중 1건만이 성공하는 것이 평균"이라며 "많은 돈을 투자하고 있지만 생산성은 여전히 감소하고 있다"라고 말했다.

그러나 AI의 등장으로 판도가 바뀌었다는 것이 그의 판단이다. 향후 근미래에 AI를 활용해 개발하는 약물이 약 30%에 이를 것이라는 것이 그의 예상이다.

유이 찬 총책임자는 "AI는 매일 3,000편이 넘게 발표되는 생의학 논문을 순식간에 분석해주고, 질병이나 약물의 특성을 찾아 약물 개발자들이 더 빠른 의사 결정을 할 수 있도록 도와준다"며 "AI는 과거로부터 배우고, 패턴으로부터 배우고, 새로운 예를 바탕으로 예측할 수 있는 강력한 귀납적 능력이 있다"라고 강조했다.

AI로 가설을 생성하고 정교한 가상 시스템에서 이를 시험하는 일까지 가능하다. AI는 각 반복 과정에서도 실시간으로 학습하고 있다. AI의 통찰을 통해 질병 메커니즘에 대한 이해가 깊어지면서 아예 예방을 통해 질병을 막는 예방 의학도 주목받는 중이다. 반응적인 치료에서 벗어나 선제적인 건강 관리로 전환할 수 있다는 기대가 나온다.

유이 찬 총책임자는 "사람은 피곤해지거나 산만해질 수 있고, 무의식적으로 편향될 수도 있다"며 "AI는 지시를 따르고 매우 복잡한 프로토콜을 오류 없이 반복 수행할 수 있다"라고 덧붙였다.

이에 따라 바이오 업계가 정복할 수 있는 질병의 숫자도 늘어날 것으로 예상된다. 유이 찬 총책임자는 "인류는 현재 질병을 1만여 개 발견했는데, 현재 500개만 승인된 치료법이 있다"며 "AI 신약으로 정복할 질병, 즉 바이오 업계에 기회도 많다"라고 전망했다.

유이 찬 총책임자는 데이터 기술을 활용한 신약 개발 솔루션 전문가다. 미국·스위스·아일랜드·인도 등 노바티스의 글로벌 지사의 정보를 토대로, AI와 머신 러닝을 활용한 신약 개발 전략을 주도하고 있다. 지난 3년간 약물 발견과 개발 과정에 관련된 50개 이상의 프로젝트를 이끌었다.

그는 "AI는 비단 신약 개발 분야뿐 아니라 인사부터 재무까지 모두 쓰이며 기업 세계를 바꾸고 있다"며 "AI 혁신은 보스턴, 실리콘밸리, 유럽뿐 아니라 세계 모든 곳에서 나타날 수 있다"라고 말했다.

이어 "한국에서 일어나는 혁신에 관해서도 관심을 기울이고 있다"며 "한국에서 개발되고 있는 기술과 아이디어에 대해 주목하고 경청 중"이라고 덧붙였다.

석차옥 갤럭스 대표, 김치원 카카오벤처스 부대표, 서범석 루닛 대표, 김선우 딥바이오 대표(왼쪽 첫 번째부터)가 제26회 세계지식포럼 'AI 진단 치료: 어디까지 왔나' 세션에서 대담하고 있다.

- **서범석** KAIST 생명과학과를 거쳐 서울대학교 의과대학을 졸업한 후 서울대학교 가정의학과 전문의로 재직하다가 2018년부터 루닛을 이끌고 있다. 인공지능을 통한 암 정복을 목표로 암 진단과 치료 분야 AI 솔루션을 전 세계 65개국, 6,500개 이상 의료기관에 공급하고 있다.

- **김선우** 20년 이상의 컴퓨터공학 전문 지식과 경영 전문인의 경력을 가지고 AI 진단 기업 딥바이오를 경영하고 있다.

- **석차옥** 단백질 구조 분야의 세계적인 석학으로 AI 기반 신약 설계 회사 갤럭스를 창업했다.

- **김치원** 내과 전문의로 맥킨지 경영 컨설턴트, 삼성서울병원 기획 담당 교수를 지냈다. 현재 카카오벤처스의 헬스케어 부문 투자를 이끌고 있다.

AI 진단 치료의 현재

서범석 | 루닛 대표
김선우 | 딥바이오 대표
석차옥 | 갤럭스 대표
김치원 | 카카오벤처스 부대표

"AI는 이미 암을 진단하는 데 보조로 적극 활용되고 있다. 2028년에는 AI가 보조가 아닌 판독 역할을 맡게 될 것이다."

대한민국 1세대 의료 AI 기업인 루닛을 이끌고 있는 서범석 대표는 제26회 세계지식포럼 'AI 진단 치료: 어디까지 왔나' 세션에 연사로 나서 근미래를 이같이 예측했다.

루닛은 AI로 암을 정복하겠다는 목표로 2013년에 설립했다. 의료진의 의료 영상 판독을 보조해 암 진단 정확도를 높이고 환자별 면역학적 형질을 분석해 맞춤 치료에 기여하는 AI를 개발했다.

서범석 대표는 "오스트레일리아에서는 유방암을 검진하는 데 루닛 AI를 활용하고 있다"며 "미국에서도 병원에서 환자들에게 'AI를 사용하시겠습니까'라고 물으면 이를 선택하는 비율이 50%를 넘을 정도로 빠르게 확산하고 있다"라고 말했다.

그러면서 "(이런 상황들을 감안할 때) AI에 의한 판독과 진단이 자연스럽게 이뤄지는 부분들이 생겨날 것"이라며 "회사에서는 미국에서의 매출이 폭발적으로 늘어갈 것이라 예상하고 있다"라고 덧붙였다.

이날 함께 연사로 참여한 김선우 딥바이오 대표는 AI 진단의 발전 수준을 의사들에 비유했다. 최근에 AI의 진단 정확도는 의과대학 교수 10~15년 차까지 올라왔다고 봤다.

그는 "현재 매우 빠른 속도로 디지털 변화가 이뤄지고 있다"며 "AI는 단순히 암이 있다는 사실뿐 아니라 암세포 안의 특정한 요소나 비율이 얼마나 포함되어 있는지까지 분석할 정도"라고 말했다.

김선우 대표는 미국에서 AI 진단이 급여화될 것이라고 예견했다. 그는 "미국 보험 당국에서 의료비용을 지급할 확률이 상당히 높다고 판단하고 있다"며 "그렇게 되면 AI 진단은 더 가속화될 것"이라고 말했다.

AI는 진단을 넘어 치료 분야도 넘보고 있다. 루닛은 병의 원인이나 발생, 경과를 분석하는 '병리'에 집중하며, 암세포를 분석해 어떤 항암제가 효과가 좋을지 예측하는 '바이오마커(생체표지자)'를 개발 중이다. 서범석 대표는 "세계 톱 제약사 15곳과 협업하고 있다"며 "제약사들의 임상시험에 루닛의 바이오마커를 도입해 테스트 중인데, 결과들이 잘 나오고 있어 2028년까지 미국 FDA 승인을 예상 중"이라고 말했다.

석차옥 서울대학교 교수가 2020년 창업한 '갤럭스'는 아예 AI를 기반으로 신약을 설계한다. 대표를 맡고 있는 석차옥 교수는 "AI가 과연 전통적인 신약 개발에서 높은 비용, 긴 시간, 낮은 성공률이라는 문제를 극복할 수 있을지 많은 사람이 질문하는데, 단연코 '그렇다'라고 말할 수 있다"라며 자신감을 내비쳤다.

신약 개발에서 AI는 초기 '디스커버리(발견)'에 많이 활용된다. 석차옥 대표는 "초기 단계에서 AI로 개발된 물질이 정말로 중요한 그 후의 임상 단계에서 성공할 수 있느냐가 또 하나의 큰 질문인데, 성공할 수 있다가 내 답"이라고 말했다.

특히 갤럭스는 난제로 꼽히는 항체 설계에 특화된 기술력을 보유하고 있다. 석차옥 대표는 "항체는 매우 다양한 항원에 결합해야 하므로 구조가 다양하다"며 "단백질 설계 AI인 알파폴드로 노벨 화학상을 받은 연구팀들도 항체 구조 예측과 설계에 애를 먹고 있는 이유"라고 설명했다. 이어 "갤럭스는 노벨 화학상 수상자들이 개발했던 방법보다 더 성능이 높다"라고 덧붙였다.

갤럭스는 AI로 새로운 항체 6종을 개발한 바 있다. 이 중 3종이 신약 후보 물질이 될 잠재력이 있는 것으로 판단된다. 갤럭스는 지난 3월 관련 연구 결과를 동료 평가를 거쳐 정식으로 출판하지 않은 논문 사전 공개 사이트인 '바이오아카이브(bioRxiv)'에 공개했다.

석차옥 대표는 일반 학술지가 아닌 바이오아카이브에 이를 공개한 이유에 대해 "업계에서도 경쟁에 불이 붙어서"라고 말했다. 그는 "학술지에 내서 심사를 받게 되면 갤럭스의 기술을 오픈해야 한다"며 "도저히 저널에 논문으로 낼 수 없는 상황이 됐다"라고 말했다. 이어 "관련 회사들은 이제 더는 논문을 내지 않을 것"이라고 예견하며 이제 보이지 않는 기술 경쟁의 시대가 됐다고 평가했다.

이다훈 레티튜 CEO, 이성호 한국에프앤비파트너스 대표, 이상현 가디언AI 대표, 이창수 올거나이즈 창업자 겸 CEO, 전동근 퀀텀에어로 대표(왼쪽 첫 번째부터)가 제26회 세계지식포럼 '세계로 향하는 K-스타트업' 세션에 연사로 참여해 대담하고 있다.

- **전동근** 퀀텀에어로 대표로 미국 방산 기업 쉴드AI와 협력해 한국의 무인 파일럿 개발에 이바지하고 있다.

- **이성호** 지구촌에 한국적 즐거움을 전한다는 미션을 기반으로 K-미식 산업의 넷플릭스를 목표로 K-F&B 엔터테인먼트 회사를 이끌고 있다.

- **이상현** 가디언AI 대표로 산업 현장의 안전 문제를 해결하기 위해 로보틱스 기반 AI 기술을 접목한 안전 솔루션을 제공하고 있다.

- **이창수** 올거나이즈 대표로 기업용 LLM 기반 AI 에이전트 솔루션을 개발해 한국·미국·일본 등지의 300여 개 고객사에 공급하고 있다.

- **이다훈** 레티튜 대표로 AI를 활용한 맞춤형 학생 교육 프로그램을 제공하고 있다.

- **제니 주** 코리아콘퍼런스 회장으로 초고액 자산가를 대상으로 투자를 비롯한 다양한 경험을 제공하는 보어스클럽의 글로벌 투자 부문을 이끌고 있다.

세계로 향하는 K-스타트업

전동근 | 퀀텀에어로 대표
이성호 | 한국에프앤비파트너스 대표
이상현 | 가디언AI 대표
이창수 | 올거나이즈 대표
이다훈 | 레티튜 대표
제니 주 | 코리아콘퍼런스 회장

"오디세이는 예측할 수 없는 파도와 미지의 세계를 향한 용기 있는 도전을 상징합니다. 지금 무대에 오른 창업자 5명이야말로 한국의 혁신이 세계와 함께 새로운 항해를 떠날 수 있음을 보여주는 선구자입니다."

제26회 세계지식포럼 '코리아 콘퍼런스: 세계로 향하는 K-스타트업' 세션의 문을 연 제니 주 코리아콘퍼런스 회장의 인사말이다. 이스라엘 콘퍼런스를 벤치마킹해 탄생한 코리아콘퍼런스는 한국 혁신가와 글로벌 '큰손' 투자자를 잇는 가교로 자리 잡은 비영리 단체다.

이번 무대에는 교육, 국방, 산업 안전, 기업 업무, 전통주 등 다섯 분야의 스타트업이 올라 단순한 창업담을 넘어 대전환기의 혁신 장면을 펼쳐 보였다.

에듀테크 스타트업 레티튜의 이다훈 대표는 학생 프로파일링 AI 기반 진로 설계 서비스 '더 폰드(The Fond)'를 소개했다. 이다훈 대표는

"대학 입학만을 목표로 하던 시대는 끝났다"며 "학생의 재능과 관심을 데이터로 읽어 산업과 직접 연결하고, 어린 시절부터 구체적인 미래 로드맵을 그릴 수 있다"라고 말했다.

실제로 2022년 초기 시범 테스트(MVP)에서 두 달 반 만에 학생 18만 4,000명이 유입됐다. 현재는 미국 공·사립학교로 본격적으로 확산 중이다.

이다훈 대표는 "팔란티어·아마존·애플·IBM 등 기업의 리스킬링·채용이 대학과 경쟁하는 상황"이라며 "대학과 산업의 정렬이 재편되는 만큼 에듀AI의 지향점도 '합격률 예측'이 아닌 진로 실행력으로 이동해야 한다"라고 짚었다.

국방 분야에서는 방산 AI 기업 퀀텀에어로의 전동근 대표가 실드AI와의 협력으로 탄생한 AI 조종 소프트웨어의 국산화 추진 과정을 공유했다. 전동근 대표는 "해외에서 검증된 기술을 우리 환경에 맞게 변형하고 적용하고 있다"라며 "독도함에서 수직이착륙 무인기 자율 비행에 성공했고, 한국항공우주산업(KAI)과 조종 소프트웨어 공급 계약도 추진 중"이라고 밝혔다.

인구 구조 변화로 병역 자원이 급감하는 한국은 고가 장비 대신 다수의 지능형 무기를 투입하는 '레플리케이터(Replicator)' 개념과 우주인터넷·AI의 결합으로 작전 개념 자체를 전환해야 한다는 것이 그의 강조점이다.

그는 "AI 조종 프로그램은 원래 수십 명이 몇 년 걸려야 만들지만, 표준화된 개발 도구를 쓰면 박사급 3명이 3개월 만에 구현할 수 있다"며

"GPS 교란 상황에서도 스스로 길을 찾는 기술을 확보했고, 우리 군 적용을 위한 시험 사업을 진행 중"이라고 덧붙였다.

이상현 가디언AI 대표는 '중대재해처벌법' 강화에도 사고가 줄지 않는 현실을 지적하며, 카메라·센서·로봇과 AI 판단 엔진을 결합한 산업안전 솔루션을 제시했다.

이상현 대표는 "현장은 분진·불꽃 등으로 카메라 인식률이 낮고, 낙상·끼임 사고는 데이터 자체가 희소하다"라는 한계를 짚으며, 기존 CCTV의 2차 활용, 이동형 로봇 투입, 시뮬레이션 기반 합성 데이터로 AI 안전 알고리즘을 강화하는 전략을 설명했다. 실제로 가디언AI는 국내 삼표그룹 주요 현장에 구축돼 안전 개선을 이끌고 있다.

기업 업무를 AI로 혁신하는 데 나선 이창수 올거나이즈 대표는 "회사 데이터는 보안이 중요하다"고 강조했다. 사내 서버 설치(온프레미스), 정교한 권한 관리, 수많은 사내 시스템과의 연동, 불완전한 데이터 처리 역량을 강점으로 내세운 그는 한국·미국·일본에서 300곳이 넘는 대기업 고객을 확보했고 매년 120% 성장세를 기록 중이라고 밝혔다.

이창수 대표는 "서비스가 처음 보급돼 신뢰를 얻기까지는 시간이 걸리지만, 효과를 입증하면 빠르게 확산한다"며 "일본 SMBC도 일부 부서에 도입한 것이 수백 부서로 확대됐다"라고 소개했다. 내년에는 일본 증시에 상장하는 것도 추진한다.

전통주 분야에서는 이성호 한국에프앤비파트너스 대표가 세계화를 향한 비전을 제시했다. 그는 "주류는 문화 산업"이라며 "한국적이면서도 글로벌한 취향으로 사랑받을 K-주류 IP를 만들고, 이를 플랫폼처럼 유통·투자해 'K-미식의 넷플릭스'가 되겠다"라고 말했다.

대표 제품 '너드' 막걸리는 인천공항 면세점과 뉴욕·싱가포르의 최고급 식당에서 판매 중이며, 글로벌 VIP 이벤트와의 협업도 늘고 있다. "조니워커 블루를 만든 마스터 블렌더와 협업하는 등 글로벌 생태계를 확장 중"이라는 설명도 더했다.

세션을 마무리하며 제니 주 회장은 "불확실성의 파도를 두려워하기보다 서로 연결돼 새로운 기회를 만들자"며 "오늘 이 무대가 각자의 도전이자 우리 모두의 위대한 항해 출발점이 되기를 바란다"고 말했다.

야이르 아다토 브리아AI 공동창업자 겸 CEO가 제26회 세계지식포럼 'AI로부터 소유권과 IP를 지키는 혁신' 세션에서 발표하고 있다.

- **야이르 아다토**   브리아AI 최고경영자로 책임감 있고 안전한 생성형 AI 오픈 플랫폼을 구축하는 것을 목표하고 있다.

AI로부터 지키는 소유권과 IP

야이르 아다토 | 브리아AI CEO

　AI 기술 발전이 창작자, 개발자의 저작권을 침해한다는 우려가 나오는 가운데, AI 활용성과 지식재산권 간 공존을 모색하는 비즈니스 모델이 보편화돼야 한다는 분석이 나온다. AI가 창작자의 권리를 침해하는 것이 아니라 그 가치를 인정하고 보상하는 시대를 열어야 한다는 것이다.

　제26회 세계지식포럼 'AI로부터 소유권과 IP를 지키는 혁신' 세션에서 연사로 나선 생성형 AI 스타트업 브리아AI의 야이르 아다토 CEO는 AI 혁신과 창작자 권리 간 균형을 유지할 필요가 있다고 밝혔다. 최근 생성형 AI에 대한 각 기업의 자본 지출(투자)이 늘면서 타인의 창작물을 무단으로 도용하는 사례가 늘고 있다. 이에 한 AI 저작권 관련 소송 해결을 위해 약 15억 달러(약 2조 원)라는 거금을 쓰는 경우도 나왔다.

　아다토 CEO는 "생성형 AI로 인해 만들어진 데이터에 라이선스를 부여하고, 소유자에게 적절한 보상을 제공해야 한다"며 "이는 AI 산업에서 적절한 보상이 이뤄지고 새로운 데이터 창작이 가능한 선순환으로 이어진다"라고 강조했다.

끊임없이 새로운 시장, 산업을 구축해 나가려면 지식재산권 보호가 필수적이라는 것이다. 혁신과 데이터 소유권 보호는 갈등 관계에 있지 않고, 서로 균형점을 찾으면서 동반 성장할 수 있다는 얘기다.

브리아AI는 창작자의 기여도를 추적하고 그에 따른 보상을 보장할 수 있도록 설계된 플랫폼이다. 브리아AI는 저작권 논란을 사전에 제거하기 위해 학습 데이터를 모두 정식 계약을 통해 확보했다.

이 회사가 활용하는 핵심 기술은 '멀티모달 저작자 표시 엔진'이다. 이 엔진은 AI가 학습한 데이터 중 어떤 이미지가 최종 생성물에 얼마나 영향을 미쳤는지를 수치화할 수 있다. AI 생성 이미지가 얼마나 상업적으로 활용됐느냐에 따라 원창작자에게 수익을 배분하는 식이다.

아다토 CEO는 "우리는 데이터 사용량 기반 개념에 라이선스를 부여할 수 있다"고 말했다. 마치 스포티파이가 음악 재생 횟수를 기반으로 아티스트에게 보상하는 구조를 만든 것과 유사하다.

브리아AI는 이 기능들을 모두 애플리케이션 프로그래밍 인터페이스(API), 소프트웨어 개발 키트(SDK) 혹은 소스 코드 형태로 제공해 기업이 자사 플랫폼에 직접 통합할 수 있도록 했다. 대기업이 요구하는 수준의 보안, 통제, 브랜드 일관성을 갖추는 데 초점이 맞춰져 있고, 클라우드뿐 아니라 개별 기업의 내부 프로그램 환경에도 대응할 수 있도록 고안돼 있다.

그는 "기업은 서비스, 기술의 통합을 원한다"며 "이미 보유하고 있는 기술과 AI 신기술을 조정하는 데 도움이 되는 메커니즘을 브리아AI가 제공할 수 있다"라고 전했다.

브리아AI가 제공하는 핵심 기능은 단순한 이미지 생성에 그치지 않는다. 텍스트 입력을 기반으로 원하는 이미지 스타일을 생성할 수 있을 뿐 아니라 배경 제거, 해상도 향상, 제품 사진 자동 구성, 그림자 생성, 스타일 일관성 유지 등 다양한 편집 기능이 포함돼 있다.

이 같은 장점에 글로벌 기업들이 브리아AI를 이미 사용하고 있다. 브리아AI에 따르면 유니버설뮤직, 퍼블리시스, 르노, P&G 등이 제품 마케팅, 광고 캠페인, 커머스 플랫폼 운영 등에 브리아AI의 생성형 이미지 기능을 활용하고 있다.

한편 아다토 CEO는 AI 기술의 발전이 기존 아날로그 산업의 종말을 의미하지는 않을 것이라고 강조했다. 오히려 AI와 기존 기술이 서로 균형 있게 융합하며 새로운 가치를 창출할 것이라는 주장이다.

아다토 CEO는 "2000년 인터넷 시대가 열리면서 '여행사가 모두 망할 것'이라는 전망이 많았다"면서도 "실제로 현재 여행사는 사라지지 않았다. 오히려 프리미엄 서비스 등 고도화된 서비스로 고객 가치 창출에 나서고 있다"라고 밝혔다.

한편 브리아AI는 해외 기업뿐만 아니라 한국계 기업들에서 많은 투자를 유치하면서 유니콘 기업으로 떠올랐다. 시리즈B 투자에서는 6,500만 달러를 끌어냈다. 앞선 시리즈A에서는 2,400만 달러를 투자받았다.

PART 4
산업의 대항해

1
대전략 재수립

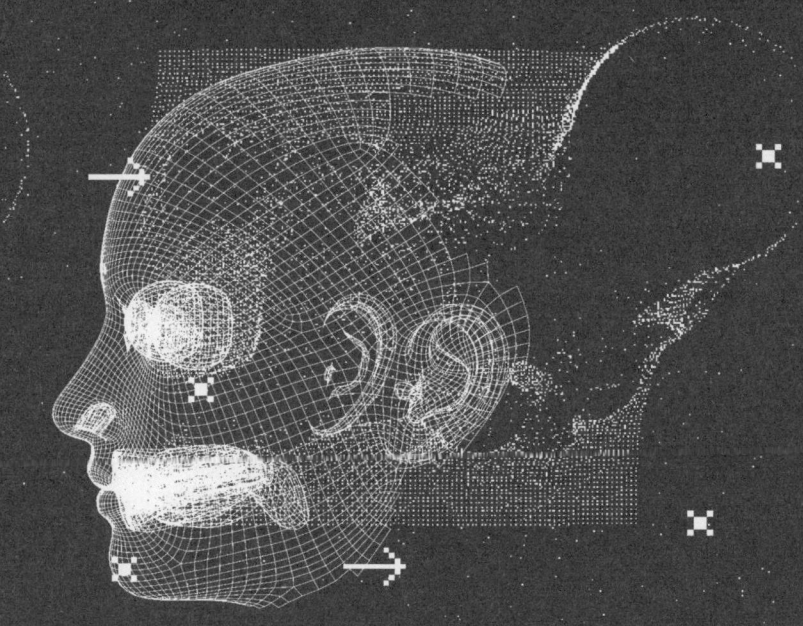

앤 코로나 에이온 기업고객부문 CEO(왼쪽), 크레이그 토지스 에이온 아시아태평양 CCO가 제26회 세계지식포럼 '불확실성의 시대, 기업 리스크 대응 전략'에서 대담하고 있다.

- **앤 코로나** 글로벌 보험·컨설팅 기업 에이온의 핵심 고객을 관리하고 있다. 에이온은 120여 개국에서 임직원 6만 명이 근무하고 있으며 세계 최대 규모의 리스크 관리, 보험 중개, 인적 자본 컨설팅 전문 기업으로 꼽힌다.

- **크레이그 토지스** 에이온 아시아태평양 최고고객책임자(CCO)로 각 조직 수뇌부와 소통해 복잡하고 빠르게 변하는 경영 환경에 대응할 수 있도록 지원한다.

불확실성의 시대
기업 리스크 대응 전략

앤 코로나 | 에이온 기업고객부문 CEO
크레이그 토지스 | 에이온 아시아태평양 최고고객책임자

사이버 위협, 기후 위기, 기술 혁신, 인재 부족, 정치적 갈등 등이 얽히면서 기업 경영 환경은 그 어느 때보다 복잡해졌다. 불확실성이 일상화된 시대, 위기를 단순히 '복구'의 관점에서 다루는 것은 부족하다는 지적이 제기됐다. 이제는 어떤 상황에서도 흔들리지 않고 운영될 수 있는 구조, 즉 회복 탄력성을 새로운 성장 전략으로 삼아야 한다는 것이다.

제26회 세계지식포럼 세션 '불확실성의 시대, 기업 리스크 대응 전략'에서 앤 코로나 에이온 기업고객부문 CEO는 "다음 위기가 무엇일지를 맞히는 것보다 어떤 상황에서도 돌아가는 시스템을 만드는 것이 중요하다"라고 강조했다.

앤 코로나 CEO는 실제 사례를 들어 설명했다. 아시아·유럽·아메리카 전역에 사업체를 둔 한 글로벌 제조 기업은 최근 공급망 위기와 AI 경쟁자 부상으로 기존 모델이 더는 통하지 않는다는 결론을 내렸다. 이

기업은 '규모 확대' 전략에서 벗어나 '민첩성'을 중시하는 공급망으로 재편했고, 예측 분석을 리스크 관리 체계에 심었다.

또 위기 상황에서 즉각적으로 협업할 수 있도록 부서 간 '회복탄력성위원회'를 신설했다. 회복탄력성위원회는 기업의 새로운 리스크를 조기에 포착하고 부서 간 대응을 신속하게 조율하면서 위기 대응력을 높이는 역할을 하고 있다. 코로나 CEO는 "회복 탄력성은 평온할 때가 아니라 압력과 혼란 속에서 단련된다"라고 말했다.

기업이 맞닥뜨리는 리스크의 성격 자체가 바뀌고 있다는 점도 강조됐다. 에이온이 63개국 임원 3,000명을 대상으로 조사한 결과, 사이버 리스크가 글로벌 최우선 위협으로 꼽혔다. 한국 기업들은 경기 둔화, 사업 중단, 규제 변화, 공급망 교란 등을 주요 경영 리스크로 지목했다.

사이버 공격은 정교해지고 있으며 지정학적 갈등과 맞물려 파급력이 커지고 있다는 설명이다. 코로나 CEO는 "이제 리스크는 단순히 자산 보호의 문제가 아니라 기업의 신뢰, 인재, 변화 자체를 지켜내는 문제로 연결된다"라고 말했다.

기후 변화도 기업에 더는 먼 미래가 아니라 당장의 경영 과제로 다가오고 있다. 한국의 기록적 폭우, 일본 폭염, 동남아 산불은 공급망과 인프라 붕괴, 보험 시장의 불안정을 초래했다.

코로나 CEO는 "날씨는 통제할 수 없지만, 어떻게 대응할지는 설계할 수 있다"라며 최근 많은 기업이 기상 모델링과 고급 분석을 자본 배분과 경영 계획에 활용하고 있다고 소개했다. 기후 변화에도 견딜 수 있는 인프라 투자와 탄소 회계 도입도 주요한 대응책으로 언급됐다.

AI는 빠른 확산 속에서 새로운 위험도 키우고 있다는 설명이 이어졌다. 학습 데이터의 한계로 인해 특정 집단에 불리한 결과를 내거나(편향) 결과가 나온 과정을 설명하기 어려운 불투명성, 개인 정보와 같은 민감한 데이터를 다루는 과정에서의 윤리 문제가 대표적이다.

앤 코로나 CEO는 "AI는 목적이 아니라 수단"이라며 "원하는 성과를 먼저 정의한 뒤 기술을 적용해야 한다"라고 말했다. 그는 기술이 무분별하게 확산하는 것을 막고 책임 있는 거버넌스를 구축해야 한다는 점을 거듭 강조했다.

인재 문제도 빠질 수 없다. 코로나 CEO는 "2030년까지 현재 기업들이 활용하는 핵심 기술의 40%가 바뀔 것"이라고 전망했다. 따라서 기존의 직무 중심 인력 구조에서 벗어나 필요한 역량을 중심으로 사람을 키우는 생태계로 전환해야 한다는 것이다.

크레이그 토지스 에이온 아시아태평양 CCO도 같은 맥락의 진단을 내놨다. 토지스 CCO는 "조직들이 과거의 사후 대응에서 벗어나 시나리오 계획과 공급망 다변화, 포용적 리더십 강화 등 사전 대비로 움직이고 있다"라며 "불확실성을 위협으로만 보지 않고, 새로운 기회를 준비하는 출발점으로 삼고 있다"라고 했다.

이번 세션은 기업들이 불확실성을 어떻게 활용해 성장의 기반으로 삼을 수 있는지, 기업들이 어떤 방식으로 새로운 질서를 만들어가고 있는지를 보여줬다. 위기를 회복 탄력성의 관점에서 접근할 때, 불확실성은 오히려 경쟁 우위로 전환될 수 있다는 메시지다.

앤 코로나 CEO는 기업이 기억해야 할 세 가지 원칙을 제시했다. 위기 대응은 부서별로 흩어지기보다 조직 전체를 아우르는 통합 전략으로 이어져야 하며, 기술 투자는 효율성에만 머물지 않고 윤리성과 포용성을 담아내야 한다는 점이 강조됐다. 아울러 직원들이 변화에 단순히 적응하는 데 그치지 않고 스스로 변화를 이끌어갈 힘을 기르는 것이 무엇보다 중요하다고 덧붙였다.

앤 코로나 CEO는 "회복 탄력성을 위기를 막는 방패로만 여기지 말고, 새로운 미래를 여는 창의적 동력으로 삼아야 한다"라고 강조했다.

구원모 맥킨지앤드컴퍼니 파트너, 올리비아 화이트 맥킨지글로벌연구소 디렉터, 성정민 맥킨지글로벌연구소 파트너(왼쪽 첫 번째부터)가 제26회 세계지식포럼 '통상과 자본'에서 대담하고 있다.

- **올리비아 화이트** 맥킨지글로벌연구소(MGI) 디렉터 겸 맥킨지앤드컴퍼니 시니어 파트너다. 글로벌 기업을 대상으로 전략·성장·리스크 등 다양한 주제에 대해 자문하고 있다. 글로벌 흐름과 가치사슬, 금융 시장, 기술과 혁신, 노동 시장, 포용적 성장 등의 이슈에 전문성을 지니고 있다.

- **성정민** 맥킨지글로벌연구소 파트너로 일본·중국 등 동북아의 통상, 기술 혁신, 경제 발전을 연구하고 있다. MGI가 발간한 여러 보고서에 공동 저자로 참여했다.

- **구원모** 맥킨지앤드컴퍼니 파트너로 아시아태평양 지역 첨단 산업과 전략, 재무 분야의 핵심 리더다. 반도체, 자동차, 배터리 등 첨단 산업 분야에서 다양한 프로젝트를 수행했다.

통상과 자본, 산업 전략의 대전환

올리비아 화이트 | 맥킨지글로벌연구소 디렉터
성정민 | 맥킨지글로벌연구소 파트너
구원모 | 맥킨지앤드컴퍼니 파트너

글로벌 공급망이 '탈세계화'가 아니라 무역과 자본의 대규모 '재편' 국면에 들어섰다는 분석이 나왔다. AI 확산, 인구 구조 변화, 에너지 전환이라는 거대한 흐름 속에서 공급망과 투자 지형이 동시에 요동치고 있다는 분석이다.

글로벌 컨설팅 기업 맥킨지앤드컴퍼니의 리서치 기관인 '맥킨지글로벌연구소(MGI)'를 이끄는 올리비아 화이트 디렉터는 제26회 세계지식포럼에서 "세계는 여전히 상호 의존성이 높다"라며 이같이 밝혔다.

이날 '통상과 자본, 산업 전략의 대전환'을 주제로 열린 세션에서 화이트 디렉터는 "도널드 트럼프 미국 대통령이 2025년 4월 관세 인상 정책을 발표한 뒤 글로벌 무역 지형이 급변하기 시작했다"라고 운을 뗐다.

그는 "글로벌 무역망은 탈세계화가 아니라 재편되고 있다"면서 "모든 지역이 최소 25% 이상 특정 수입품에 의존하는 등 무역에서 상호 의존성은 여전히 높다"라고 강조했다.

MGI는 재편의 특성을 알아보기 위해 지리적 거리와 지정학적 거리, 두 가지 지표를 제시했다. 지리적 거리 측면에서 상품이 이동하는 평균 거리는 매년 늘어나고 있다. 이는 생산 거점을 인접 지역으로 옮기는 '니어쇼어링(Nearshoring)'이 아직 세계적으로 뚜렷하게 나타나지 않았음을 시사한다.

반면 지정학적 거리는 좁혀지고 있다. MGI는 2005년 이후 유엔총회 표결 데이터를 분석해 각국의 대외 정책 성향을 미국 기준 0~10으로 계량화했다. 이 지표는 최근 들어 감소하고 있다. MGI는 정치·외교적으로 가까운 국가 간 교역과 투자가 강화되고 있다고 분석했다.

이른바 '프렌드쇼어링(Friendshoring)' 현상이 일어나고 있다는 것으로 가치관이나 외교 노선이 유사한 국가들 사이에서 공급망과 자본이 재편되고 있다는 것이다. 이날 함께 패널로 나선 성정민 MGI 파트너는 "한국 역시 대중 수출 비중이 줄면서 무역의 지정학적 거리가 약 5% 줄었다"라고 설명했다.

이어 "표면적으로는 분리되는 듯 보이지만, 중국의 부가가치가 동남아 등 제3국을 통해 미국으로 흘러가고 있다"며 "이는 단절이 아니라 재편의 증거"라고 말했다.

MGI는 '재배치 비율(Rearrangement Ratio)'이라는 지표도 제시했다. 미국의 대중 수입 품목 약 6,000개를 분석한 것으로 미국이 중국으로부터 수입한 품목들을 다른 국가 물품으로 대체할 수 있는지 따진 것이다. 미국이 중국에서 들여오는 수입 규모를 중국 외 공급국들의 세계 시장 공급량과 비교해 산출했다.

'대체가 용이하다'를 뜻하는 재배치 비율 0.1 미만에 속하는 물품이 약 35%에 해당했다. 면 티셔츠 등이다. '대체는 가능하지만 쉽지만은 않음'을 뜻하는 0.1~1.0의 물품은 약 60%에 해당했다. '대체 불가'를 뜻하는 1.0을 초과하는 물품은 약 5%에 불과했다. 희토류나 노트북 부품 등이 여기에 속한다.

성정민 파트너는 "표면적으로는 미·중 교역이 줄어드는 듯 보이지만, 부가가치 기준으로는 중국산이 베트남·멕시코 같은 제3국을 거쳐 미국에 여전히 스며들고 있다"라고 말했다.

투자 흐름은 무역망보다 더 빠르게 재편되고 있다. 해외직접투자(FDI)의 흐름을 분석한 결과, 2022년 이후 FDI의 약 4분의 3이 첨단 제조, AI 인프라, 에너지 등 '미래 산업'에 집중됐다. 한국도 데이터센터 관련 FDI 유입이 3배 늘어나며 동북아시아 디지털 허브로 부상할 가능성이 제시됐다.

MGI는 한국 기업들이 이번 전환기를 위기이자 동시에 기회로 인식해야 한다고 강조했다. 화이트 디렉터는 "불확실성이 크지만, 투자 단위가 대형화되는 시기인 만큼 선택과 집중이 필수"라며 "성장 동력을 동남아시아와 라틴아메리카 등으로 다변화하고 데이터 기반의 전략을 강화해야 한다"라고 밝혔다.

이어 "해외 인재와 자본·고객이 한국 시장 안으로 들어올 수 있도록 제도와 인프라를 정비하는 것도 핵심 과제가 될 것"이라고 덧붙였다.

플로르 펠르랭 코렐리아캐피털 대표, 이갈 에를리흐 요즈마그룹 회장, 이그나시오 가르시아 알베스 아서디리틀 글로벌 회장, 홍대순 광운대학교 경영대학원 교수(오른쪽 첫 번째부터)가 제26회 세계지식포럼 '디지털 전환과 벤처 투자의 새 기회' 세션에서 대담하고 있다.

- **이그나시오 가르시아 알베스** 아서디리틀 글로벌 회장 겸 CEO다. 1992년 세계 최초의 경영 컨설팅회사 아서디리틀에 합류해 전략, 혁신, 하이테크 기업과 다양한 산업 컨설팅에서 경력을 쌓았다.

- **이갈 에를리흐** 요즈마그룹 설립자 겸 회장이다. 오늘날 이스라엘을 창업 국가로 만드는 데 크게 기여했다. 이스라엘 벤처의 아버지라 불리며 이스라엘의 혁신 기술 부문의 핵심 인물로 꼽힌다.

디지털 전환과 벤처 투자의 새 기회

이그나시오 가르시아 알베스 | 아서디리틀 회장
이갈 에를리흐 | 요즈마그룹 회장
플뢰르 펠르랭 | 코렐리아캐피털 대표
홍대순 | 광운대학교 교수

AI와 디지털 전환이 산업의 질서를 다시 짜고 있다. 연구 개발부터 제조, 공급망, 영업, 마케팅까지 가치 사슬 전반이 흔들리는 가운데 기업은 '효율화만을 위한 디지털 전환'만으로는 불확실성의 파고를 넘기 어렵다는 진단이 제기됐다.

제26회 세계지식포럼 '디지털 전환과 벤처 투자의 새 기회' 세션에는 이그나시오 가르시아 알베스 아서디리틀 회장, 이갈 에를리흐 요즈마그룹 회장, 플뢰르 펠르랭 코렐리아캐피털 대표가 무대에 올랐다. 사회는 홍대순 광운대학교 교수가 맡았다.

첫 화두는 '디지털을 어디에 쓸 것인가'였다. 가르시아 회장은 기업이 디지털 기술을 새로운 제품·서비스 창출, 비즈니스 모델 혁신, 생산성 제고 중 어디에 우선순위를 둘지부터 명확히 해야 한다고 짚었다. 디지털 전환의 목적성과 설계를 선행해야 성과도 따라온다는 취지다.

기업이 '양손잡이'가 돼야 한다는 비유도 나왔다. 기존 사업의 안정성과 통제를 한 손에 쥐되 다른 손으로는 실험과 민첩성을 놓치지 말라는 의미다. 디지털 전환의 속도와 리스크를 동시에 관리하는 프레임으로 읽힌다.

가르시아 회장은 IT의 진화를 '소프트웨어 공장-클라우드 중심 디지털-AI 공장'으로 설명하며 지식 자체가 경쟁력의 핵심이 된 지금은 데이터와 기술 인력을 내부에 꼭 확보해야 한다고 강조했다. "외부 모델과 플랫폼에만 기대면 지적 자산이 밖으로 흘러 나간다"는 경고였다.

이갈 에를리흐 회장은 생태계 차원의 대응을 강조했다. 디지털 전환을 견인하는 자본·수요·규범의 연결이 핵심이라는 시각이다. 그는 1990년대 이스라엘이 정부·민간·해외 파트너가 함께 펀드를 설계하며 벤처캐피털 산업을 키운 경험을 소개했다. 그 결과 다수의 유니콘과 글로벌 기업의 연구 거점이 탄생했다는 것이다.

에를리흐 회장은 "생태계는 기다린다고 만들어지지 않는다"라며 "정부·대기업·투자자의 협력이 속도를 낸다"라고 했다. 개방형 디지털 전환 생태계를 조성해야 성과가 축적된다는 메시지다.

동시에 한국과 이스라엘의 접점을 구체적으로 언급했다. 제조·반도체·에너지에 강한 한국과 소프트웨어·사이버·기반 기술에 강한 이스라엘이 협력하면 AI와 헬스케어 같은 분야에서 시너지를 낼 수 있다는 분석이다.

플뢰르 펠르랭 CEO는 논의를 한층 넓혀 '기술 주권', 즉 데이터와 인프라를 스스로 통제할 수 있는 '전략적 자율성'의 문제에 대해 말했다.

그는 "누가 데이터센터와 칩, 클라우드 플랫폼을 통제하고 규칙을 세우는지가 기업과 국가의 선택지를 좌우한다"며 "EU의 AI법, 디지털 시장법, 데이터법은 이런 문제의식에서 나왔다"고 설명했다.

AI 시대는 민간·공공·대기업이 함께 투자해야 하는 하이브리드 모델이 필수적이라며 실제 협력 사례로 프랑스 AI 스타트업 미스트랄의 다국어 모델 개발, 한국 반도체 스타트업의 에너지 효율 칩과 유럽 데이터센터를 연결하는 구상도 소개됐다. 데이터 주권-에너지-파트너십 설계가 디지털 전환 인프라의 3대 축이라는 정리다.

펠르랭 CEO의 발언은 자연스럽게 한국 기업의 과제로 이어졌다. 한국은 반도체와 제조 역량, 빠른 실행력, 성숙한 소비자 시장은 분명한 강점이지만 AI 인프라와 데이터 거버넌스, 에너지 확보에서는 여전히 국제 협력과 분업이 필요하다는 지적이다.

AI 확산 속도가 데이터센터 전력 수요와 직결되는 만큼 에너지 문제 역시 기업들이 국제 협력 차원에서 풀어가야 할 과제로 언급됐다.

동시에 글로벌 AI 경쟁이 가속화되는 환경에서 데이터의 저장 위치와 규칙을 정하는 '데이터 주권' 문제는 기업이 단독으로 풀 수 없는 사안이라는 점이다.

토론자들은 한국이 가진 제조와 반도체의 하드 파워에 소프트웨어·AI 역량을 덧입히고, 이를 국제 파트너와 연계할 수 있는 개방적 생태계를 만드는 일이 시급하다고 입을 모았다.

펠르랭 CEO는 "기술 그 자체가 아니라 기술을 둘러싼 신뢰와 규칙을 설계하는 과정에서 한국이 주도적으로 참여해야 한다"라고 말했다.

이민구 클리블랜드애비뉴 매니징 파트너, 해리 윙고 시카던스코퍼레이션 부사장, 퀸 리 퀄컴벤처스 수석부사장 겸 글로벌 총괄(왼쪽 첫 번째부터)이 제26회 세계지식포럼 '전략적 우위의 조건: AI 시대의 국가 안보, 기업 혁신, 투자' 세션에서 대담하고 있다.

- **해리 윙고** 미국 백악관 국가사이버 부국장을 지낸 인물로 사이버 보안 솔루션 기업에서 일하고 있다. 시카던스코퍼레이션 부사장이다.

- **퀸 리** 퀄컴벤처스 수석부사장으로 전 세계 150개 이상의 기업에 투자하고 있는 20억 달러 규모의 투자 포트폴리오를 총괄하고 있다.

- **이민구** 클리블랜드애비뉴 매니징 파트너로 AI, 디지털 경험, 로봇공학 등 혁신적인 기술에 초점을 맞춘 투자 플랫폼을 이끌고 있다.

전략적 우위의 조건

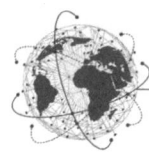

해리 웡고 | 시카던스코퍼레이션 부사장
퀸 리 | 퀄컴벤처스 수석부사장
이민구 | 클리블랜드애비뉴 매니징 파트너

AI 시대는 디지털 전환을 가속했지만, 동시에 사이버 보안에 대한 우려도 키웠다. 해킹 등 사이버 공격이 잦아지면서 사이버 보안에 대한 중요성은 날이 갈수록 커지는 모습이다. 전문가들은 전 세계 정부가 사이버 보안 역량 키우기에 나서야 한다고 입을 모았다.

제26회 세계지식포럼 '전략적 우위의 조건 : AI 시대의 국가 안보, 기업 혁신, 투자' 세션에서는 해리 웡고 시카던스코퍼레이션 부사장, 퀸 리 퀄컴벤처스 수석부사장이 참석했다. 전문가들은 AI와 사이버 보안을 별도로 보지 않고, 하나의 전략으로 엮어야 한다고 주문했다.

해리 웡고 부사장은 사이버 분야를 국가 중요 전략 자원 중 하나로 정의했다. 그는 사이버 분야를 "전력망·수자원·통신 등 디지털 기반 시설 전반을 포함하는 인간이 만든 제4의 기반 영역"이라고 규정했다. 이는 반대로 말하면 사이버 분야의 취약성이 곧 국가를 위협하는 리스크로 이어질 수 있다는 얘기도 된다. 윙고 부사장은 그 규모와 중요도가 커지면서 사이버상에서 일어나는 공급망 교란, 핵심 기술 탈취, 인프라 파괴 등이 국가 미래를 직접적으로 위협할 수 있다고 경고했다.

이와 관련해 윙고 부사장은 백악관 국가사이버 부국장 시절을 소개하며 "핵심 역할이 미국 정부 전체를 통합해 사이버 정책을 조율하고 이와 관련해 동맹국과 협력하는 것이었다"라고 밝혔다.

사이버 분야 보안을 강화하는 방안으로는 AI를 적극적으로 도입하는 것을 꼽았다. AI를 활용해 기존 보안 체계가 대응하기 어려운 새로운 위협에 신속하게 대응할 수 있다는 의미다. 그 과정에서 정부 정책의 속도가 산업과 보조를 맞춰야 한다고 강조했다.

윙고 부사장은 "정부는 안전 명분의 제동, 산업은 속도를 우선하는 성향이 있다"며 법·정책·표준으로 균형을 설계하라고 조언했다. 그는 "AI를 신속하고도 안전하게 받아들이고, 현장 인재의 권한을 강화하고 또 보호해줘야 한다"라고 말했다. 정부가 규제를 풀어주며 신속히 AI를 도입할 수 있도록 하고, 또 민간 기업의 실무 인력들이 안전히 활동할 수 있도록 정책적으로 뒷받침해줘야 한다는 얘기다.

퀸 리 부사장 역시 "헬스케어·교육·자율주행처럼 분야별 효과를 정부와 산업이 함께 학습하는 등 서로 소통해 규제의 예측 가능성을 높여야 한다"라고 말했다.

AI의 도입과 함께 로보틱스의 활용이 늘어나면서 인간의 노동력이 필요 없어질 것이라는 우려에 대해서는 전환 해법이 필요하다고 봤다. 퀸 리 부사장은 "제조와 위험 현장을 넘어 가정으로까지 로봇을 활용하는 것이 확대되지만, 안전·보안 검증을 반드시 선행해야 한다"라고 말했다. 웡고 부사장은 "로봇은 반드시 인간의 가치와 민주적 규범에 부합해야 한다"며 책임 있는 기술 배치를 강조했다.

아울러 퀸 리 부사장은 "AI가 발전하면서 다양한 산업 분야의 생산성이 향상되는 것이 사실"이라며 "10명이 1년에 걸려 할 일을 5명이 6개월에 끝내는 변화가 현실이 됐다"고 말했다. 그는 이에 발맞춰 기존 인력을 AI 인재로 변화시키기 위한 조기 AI 교육, 여성 참여 확대 등을 제안했다.

한편 퀸 리 부사장은 AI 지형의 변화에 대해 강연했다. 오픈AI의 챗 GPT가 AI 시대 도래를 가속한 만큼 오늘날 많은 AI 추론이 클라우드 상에서 이뤄지지만, 앞으로는 단말 자체의 온디바이스 AI가 강화될 것이라는 전망이다.

리 부사장은 "데이터 지연과 보안, 비용 문제 등을 종합적으로 고려하면 단말 안에서의 AI 연산 비중이 급격히 늘 것"이라고 말했다.

그러면서 리 부사장은 퀄컴의 온디바이스 AI 전략을 소개했다. 그는 "퀄컴은 노인 낙상 감지 시스템, 콜센터 요약과 응대 보조를 하는 '퀘스타' 등 온디바이스 AI를 제공한다"며 "이는 고객 경험 향상, 비용 절감, 생산성 강화 등을 동시에 구현하는 혁신"이라고 설명했다.

2
탈탄소의 물결

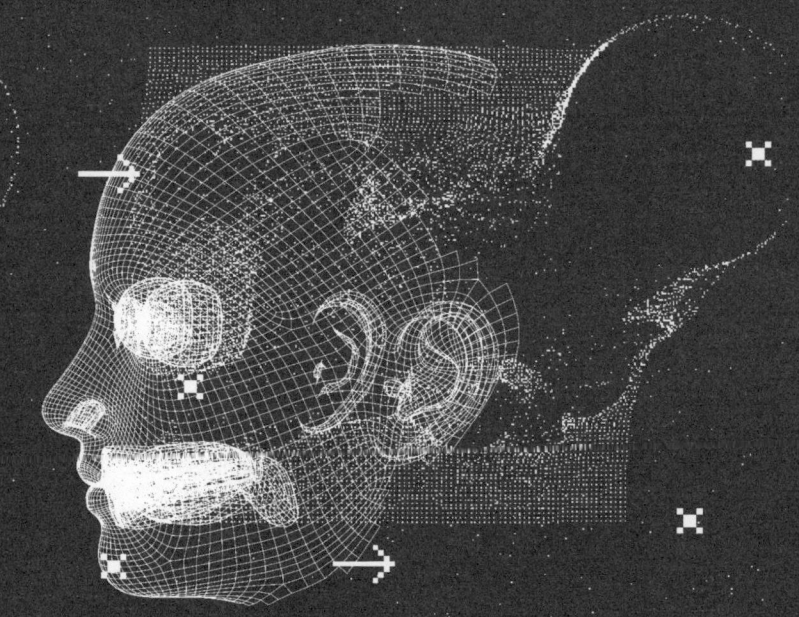

그레고리오 부스토스 IE 경영대학원 교수, 헤르베르트 디스 인피니언 의장, 류쉐량 BYD 아시아태평양 대표(왼쪽 첫 번째부터)가 제26회 세계지식포럼 'E-모빌리티, 미래 산업의 게임체인저' 세션에서 대담하고 있다.

- 헤르베르트 디스 인피니언 의장으로 폭스바겐 승용차부문 CEO를 맡은 유럽 자동차 업계의 저명인사다. 위기 상황에서 탁월한 준비성과 통제력을 발휘하는 경영자로 평가받는다.

- 류쉐량 전기차 분야에서 20년 이상의 경력을 보유한 전문가다. 2004년 BYD에 합류해 BYD 재팬을 설립했다. 2022년부터는 BYD 승용차 사업의 해외 시장 확장을 총괄하고 있다.

- 그레고리오 부스토스 IE 경영대학원 교수로 국제 금융, 공공 정책, 경제 개발 분야의 전문가다.

E-모빌리티,
미래 산업의 게임체인저

헤르베르트 디스 | 인피니언 의장
류쉐량 | BYD 아시아태평양 대표
그레고리오 부스토스 | IE 경영대학원 교수

'전기자동차(전기차·EV)는 내연기관차를 대체할 것인가.'

전기차가 세상에 처음 등장했을 때 내연기관차 시장을 빠르게 잠식할 것이라는 예상이 우세했던 것과 달리 내연기관차는 소비자들에게 여전히 사랑받고 있다. 자동차 전문가들 사이에 세계 자동차 시장은 결국 전기차가 대세가 될 것이라는 예측과 2035년까지는 내연기관차가 주도권을 쥘 것이라는 의견이 엇갈리고 있다.

'E-모빌리티, 미래 산업의 게임체인저' 세션에서는 전기차의 미래를 내연기관차보다 긍정적으로 전망하는 의견에 무게중심이 쏠렸다.

중국 전기차 기업 비야디(BYD)의 류쉐량 BYD 아시아태평양 대표는 "많은 사람이 전기차가 오래 지속될 수 있을지 의문을 제기하지만, 결국 전기차가 세계 자동차 시장에서 대세가 될 것"이라며 "현시대의 전기차는 엄밀히 말하면 컴퓨터 즉 소프트웨어로, 소프트웨어가 계속 업그레이드하면서 전기차 역시 계속 진화할 것"이라고 내다봤다.

그는 "전기차가 사람들이 담소를 나누며 어울릴 수 있는 거실 같은 곳, 사람들의 생활 공간이자 일종의 플랫폼이 됐다"며 "(자율주행) 기술이 앞으로 더욱 발전하고, 여러 산업과도 융합해 전기차는 우리의 삶을 더욱 풍요롭게 만들어줄 것"이라고 덧붙였다.

폭스바겐 승용차부문 CEO를 역임했던 헤르베르트 디스 인피니언 의장은 "미국이 여러 이유로 전기차 시장에 제동을 걸고 있지만 늦었다"라며 "BYD와 같은 전기차 회사들이 이미 크게 성장한 데다 중국 자동차 시장은 전기차가 점령한 상태"라고 말했다.

그는 "중국 자동차 시장의 약 60~70%가 전기차와 하이브리드 자동차(엔진과 전기 모터가 같이 장착된 차)로, 전기차 시장 규모가 커지면서 '규모의 경제' 역시 너무 커서 전기차 가격이 하락하고 있다"고 강조했다.

헤르베르트 디스 의장은 전기차를 가동하는 데 필수인 배터리의 충전 문제를 언급하면서 "배터리 기술이 점점 진화하면서 배터리 충전 속도도 갈수록 더욱 빨라지고, 전기차 가격 역시 더욱 저렴해질 것"이라고 전망했다.

전기차 가격이 떨어지면 소비자들의 전기차 수요가 증가하고, 이는 다시 수요 증가로 이어져 세계 전기차 시장이 자연스럽게 전기차 중심으로 재편될 것이라는 얘기다.

헤르베르트 디스 의장은 또 "네덜란드 인구의 약 70%가 전기차를 사용할 정도로 유럽에서도 전기차가 빠르게 확산하고 있다"며 "디젤·

가솔린 자동차 강국인 독일도 이 상황을 받아들이고 빠르게 혁신해야 한다"라고 조언했다.

그는 "BMW, 메르세데스-벤츠 등 독일 자동차 기업들도 전기차를 출시하고 개발하면서 주행거리가 현재 수준보다 더 긴 전기차를 선보일 것"이라고 덧붙였다. 독일 자동차 기업들도 전기차 개발에 뛰어들면서 세계 전기차 시장이 치열해지며 더욱 발전할 것이라는 것이 그의 주장이다.

신학철 LG화학 부회장, 무랄리 수브라마니안 오시오르에너지 공동창립자, 아닐 아치우타 에너지임팩트파트너스 파트너, 옌스 오르펠트 RWE 해상풍력 아시아태평양 대표, 오성익 OECD 지역개발정책위원회 분과 부의장(오른쪽 첫 번째부터)이 제26회 세계지식포럼 '혁신 클린테크의 미래' 세션에서 대담하고 있다.

- **신학철**　LG화학의 글로벌 지속 가능 선도 기업 전환을 주도하고 있다. 화학 기술을 기반으로 다양한 산업·소비재를 만드는 글로벌 종합 제조 기업 3M에서 경력을 쌓았다. 3M 한국 지사에 평사원으로 입사해 미국 본사의 수석 부회장까지 올랐다. 2019년 CEO로 LG화학에 합류한 뒤 회사의 3대 성장 축을 배터리 소재, 친환경 소재, 글로벌 신약으로 설정하고 포트폴리오 혁신을 꾀하고 있다.

- **옌스 오르펠트**　RWE 해상풍력 아시아태평양 대표다. 해상풍력 업계에서 18년 이상 종사하며 기회 발굴부터 운영, 최종 투자 결정까지 사업 개발 전반에 걸쳐 전문성을 쌓았다.

- **아닐 아치우타**　에너지임팩트파트너스 파트너로 회사의 기후 기술 스타트업에 대한 투자를 주도하고 있다.

- **무랄리 수브라마니안**　오시오르에너지 공동창립자로 인도의 에너지와 전력 산업 분야에서 다양한 리더십 역할을 수행해왔다.

- **오성익**　국토교통부 중앙토지수용위원회 사무국장이다. 에너지 전문가로 2024년 석유·가스 산업을 알기 쉽게 정리한 《처음 공부하는 석유 가스 산업》을 매일경제신문에서 출간했다.

혁신 클린테크의 미래

신학철 | LG화학 부회장
옌스 오르펠트 | RWE 해상풍력 아시아태평양 대표
아닐 아치우타 | 에너지임팩트파트너스 파트너
무랄리 수브라마니안 | 오시오르에너지 공동창립자
오성익 | 국토교통부 중앙토지수용위원회 사무국장

"기후 행동은 불가역적입니다. 규제를 조금 더 늦출 수는 있지만, 결국 되돌릴 수 없는 트렌드가 될 것입니다." 신학철 LG화학 부회장은 제26회 세계지식포럼 '혁신 클린테크의 미래' 세션에서 "정부와 업계는 '성장이냐, 탈탄소화냐' 하는 이분법적 질문이 아닌 2마리 토끼를 어떻게 잡을 것인가에 대한 답을 찾아야 할 때"라며 이같이 말했다.

세션은 기후 변화 위기가 세계적 문제로 대두되면서 화석 연료 사용의 감축, 재생 에너지 이용 확대, 화학 소재 혁신, 무공해 에너지 활용, 첨단 벤처 기술 투자 등 다양한 분야로 발전하고 있는 클렌테크의 기술 트렌드, 산업 현황, 미래 전망 등을 하기 위해 마련됐다.

연사로는 신학철 LG화학 부회장과 함께 옌스 오르펠트 RWE 해상풍력 아시아태평양 대표, 아닐 아치우타 에너지임팩트파트너스 파트너, 무랄리 수브라마니안 오시오르에너지 공동창립자가 참여했다. 좌장은 오성익 국토교통부 중앙토지수용위원회 사무국장이 맡았다.

신학철 부회장은 미국의 두 번째 파리협정 탈퇴 결정에도 글로벌 클린테크 시장은 성장을 이어갈 것이라고 강조했다. 그는 "미국의 많은 기관이 기후 변화에 대처하기 위한 노력을 2배로 늘리기로 했다. 중국은 재생 에너지에 전례 없는 투자를 통해 앞서가고 있다"고 말했다.

그는 "유럽에서 '기업의 지속 가능성 보고 지침'이 여러 과제를 강요하고 있지만, 많은 공공·민간 기관이 이를 따르려고 뭉치고 있다. 중국은 재생 에너지 부분에서 미국의 역할을 느슨하게 대체하는 유럽연합과 공동 전선을 형성했다"며 "국제에너지기구는 글로벌 클린테크 시장이 2035년까지 2조 달러로 3배 성장할 것으로 예측한다"고 말했다.

신학철 부회장은 2019년 CEO로 LG화학에 합류한 뒤 회사의 3대 성장 축을 배터리 소재, 친환경 소재, 글로벌 신약으로 설정하고 포트폴리오 혁신을 꾀하고 있다. 그는 "클린 기술은 재생 에너지의 내재적 한계를 해결하는 방식으로 성장하고 있다"며 대표적인 문제로 꼽히는 '간헐성' 문제가 해결되고 있다고 강조했다.

신학철 부회장이 내세운 기술은 장기 에너지 저장 기술(LDES)이다. 그는 "리튬이온 기반 ESS는 보통 4시간 동안 안정적인 방전을 제공했다. 반면 LDES는 10시간 이상 전력 공급이 가능하다"며 "태양광, 풍력, 수력 발전 같은 재생 에너지와 결합해 에너지를 생성할 때, 정확히 필요할 때 사용할 수 있도록 하면 효과적인 기술"이라고 설명했다.

신학철 부회장은 LG화학의 메탄건식개질(DRM) 기술도 설명했다. DRM 기술은 이산화탄소·포집·활용(CCU)의 한 종류로, 이산화탄소와 메탄을 원료로 일산화탄소 수소를 생산해 제철 공정에 쓰는 석탄을 줄일 수 있는 기술이다. 그는 "저희는 세계 최대 규모로 DRM 기술을 상용화하고 있다"며 "자체 기술로 DRM을 상용화한 국내 최초의 기업으로 탄소 중립을 위한 세계적 움직임에 발맞춰가고 있다"고 말했다.

세션에서는 클린테크 산업의 지속 가능성을 높일 수 있는 일관된 정책도 중요하다는 지적이 나왔다. 옌스 오르펠트 대표는 "정부의 안정과 정책의 안정이 중요하다"며 "인도 정부는 재생 에너지에 대해 장기 전력구매계약(PPA)을 제공하겠다고 밝혔다. 처음에는 가격이 높더라도 시간이 지남에 따라 가격이 내려갈 것이라는 예상이 나오며 활동이 많았고, 결국 전력 가격이 하락했다"라고 말했다.

오르펠트 대표는 "대부분의 클린테크 산업이 일종의 인프라 역할을 한다는 점에서도 정책의 안정성은 중요하다"라고 강조했다. 그는 "누군가 15년 계약을 체결하면 뒤에서 혁신 기술에 대규모 자금을 투입해 목표를 달성하게 한다. 하지만 잠재적인 위험이 있다면 금융기관은 나서지 않는다"며 "5년 후 정책이 변경되어도 투자가 30년 동안 지속되는 식의 정책 안정성이 중요하다"라고 말했다.

벤처 기업들의 클린테크 기술 개발을 적극적으로 지원해야 한다는 목소리도 나왔다. 아닐 아치우타 파트너는 "LG나 SK와 같은 대기업들이 있지만, 더 많은 중소기업이 나서서 혁신을 추진해야 한다"며 "대기업보다 종종 더 큰 위험을 감수하는 곳은 중소기업이기 때문"이라고 말했다. 그는 "기업가 정신을 장려하고 다양한 유형의 기술에 자금을 지원해야 한다"라고 강조했다.

사무엘 모리용 지멘스에너지 아시아태평양 지역 부사장, 마이크 부츠 전 백악관 환경품질위원회 위원장, 김성우 김·장 법률사무소 환경에너지연구소장(오른쪽 첫 번째부터)이 제26회 세계지식포럼 '트럼프 2기 클린테크 전망' 세션에서 대담하고 있다.

- **마이크 부츠** 클린 에너지 분야에서 30년 이상 경험을 갖춘 전문가다. 빌 클린턴 미국 대통령 행정부와 버락 오바마 행정부 내에서 에너지와 환경 분야 리더로 근무했다. 백악관 환경품질위원회 위원장으로서 행정부의 환경, 기후, 청정 에너지 정책을 관장했다.

- **사무엘 모리용** 지멘스에너지 부사장으로 아시아태평양 지역 사업을 이끌고 있다. 유럽과 아시아의 중공업과 에너지 분야에서 25년간 쌓은 경험이 있다.

- **김성우** 김·장 법률사무소 환경에너지연구소장으로 환경 에너지와 지속 가능 경영 분야의 전문가다. 한국인 최초로 세계은행 미래사회 외부자문위원, 국제배출권거래협회 이사에 선임되기도 했다.

트럼프 2기 클린테크 전망

마이크 부츠 | 전 백악관 환경품질위원회 위원장
사무엘 모리용 | 지멘스에너지 부사장
김성우 | 김·장 법률사무소 환경에너지연구소장

트럼프 2기 행정부가 클린테크에 우호적이지 않은 정책을 펼칠 것으로 예상되면서 미국의 클린테크 정책과 산업 전망에 관심이 쏠리고 있다.

클린테크는 '클린 테크놀로지(Clean Technology)'의 약어로, 환경 보호를 위한 첨단 기술을 뜻한다. 쉽게 말해 오염 원인을 근본적으로 줄이거나 폐기물에서 에너지나 원료 등을 회수해 재사용하는 기술이다. 대기·수질 등 환경 오염을 최소화하고, 자원이 낭비되는 문제를 해결해 에너지 효율성을 향상시키는 기술도 포함된다.

클린테크는 재생 에너지(태양광·풍력·수력 등), 에너지 저장 장치(리튬이온 배터리 등), 전기자동차, 수소 연료전지차, 탄소 포집·활용·저장(CCUS), 폐기물 관리, 물 관리 등 여러 산업과 관련돼 있다. 클린테크는 AI 기술과 융합하면서 빠르게 발전하고 있으며, 세계 여러 국가 중 중국이 전기차를 필두로 클린테크에 집중적으로 투자하고 있다.

조 바이든 행정부는 2022년 인플레이션 감축법(IRA)을 시행하면서 클린테크를 지원해왔다. 인플레이션 감축법은 인플레이션을 억제하고 경제 안정을 도모하기 위해 제정했으며 전기차 보조금 확대와 친환경 산업, 즉 클린테크를 지원하는 법이다.

트럼프 2기 행정부는 바이든 행정부와 대조적으로 석유·천연가스·석탄 등 화석 연료의 생산 확대를 우선 과제로 삼고 있다. 이에 따라 미국의 클린테크 분야의 정책 지원은 크게 축소될 것이라는 전망이 우세하다.

마이크 부츠 전 백악관 환경품질위원회 위원장은 "트럼프 2기 행정부가 들어서면서 바이든 행정부 때 시행해왔던 풍력·태양광·전기차 등 클린테크와 관련된 여러 프로젝트가 취소되고 있다. 2025년에만 180억 달러 이상의 태양광·풍력 프로젝트가 철회됐다"며 "유럽에서는 같은 기간 재생 에너지 투자가 크게 증가한 것과 비교된다"라고 밝혔다.

그러면서 그는 "전 국가를 통틀어 풍력·태양광 건설 프로젝트의 4분의 3 이상이 중국에서 진행 중일 정도로 중국은 풍력과 태양광 분야, 즉 청정 에너지에 기술 투자를 집중적으로 하고 있다"고 강조했다.

부츠 위원장은 미국이 클린테크 지원을 축소하면서 대량의 전기가 필요한 하이퍼스케일러(대규모 데이터센터, 클라우드 등을 운영하는 거대 IT 기업)가 대책을 마련하는 데 나서야 한다고 주장했다.

그는 "미국뿐만 아니라 한국, 세계 여러 국가에서 에너지 수요가 크게 증가하고 있다"며 "풍력·태양 에너지에 공급 자금을 덜 투자하면 하이퍼스케일러는 대체 발전원을 찾아야만 할 것"이라고 말했다. 데이터센터 등을 가동하려면 전기가 엄청나게 많이 필요하기 때문이다.

미국의 클린테크 정책 기조와 관계없이 아시아태평양 지역은 클린테크를 추구해야 한다는 의견도 나왔다.

사무엘 모리용 지멘스에너지 부사장은 "아시아태평양 지역의 50% 가량이 석탄 에너지를 사용하므로 세계 이산화탄소 배출량의 약 50%가 이 지역에서 나온다"며 "인도부터 한국과 중국을 거쳐 오스트레일리아까지 이어지는 지역으로, 향후 이 지역은 이산화탄소 배출량을 줄이기 위해 이산화탄소와 싸움을 벌여야 한다"라고 설명했다.

모리용 부사장은 "더 큰 문제는 에너지 수요가 연간 3~4%씩 증가하고 있으므로 이산화탄소 발생량도 증가할 수밖에 없다는 데 있다"며 "단계적으로 화석 연료 사용량을 줄여 2040년까지 탈탄소화 산업으로 전환해야 한다"라고 말했다.

그는 "에너지 전환 시기를 미룰수록 전환 비용이 더욱 많이 들 것"이라며 "탈탄소화로 전환하려면 (새로운 에너지에 대한) 규모의 경제를 갖춰야 한다"라고 강조했다. 규모의 경제는 생산량이 늘어날수록 단위당 생산비용이 감소하는 현상을 말한다. 예를 들어 석탄·석유 등을 사용하는 대신 전기를 사용하는 비용이 더 저렴하려면 전기 사용에 대한 규모의 경제 달성이 필수라는 의미다.

제임스 포스다이크 로이드선급 해운 탈탄소화 허브 전무이사, 이진수 한화오션 상무, 진대화 A&M 아시아 파트너, 헤비에른 한손 노르딕아메리칸탱커스 회장, 오미연 랜드연구소 한국정책석좌 & 안보·국방 수석연구원(오른쪽 첫 번째부터)이 제26회 세계지식포럼 '돌아온 조선업 황금기' 세션에서 대담하고 있다.

- **제임스 포스다이크** 로이드선급 전무이사다. 싱가포르를 거점으로 해운 산업의 탈탄소화를 이끌고 있다.

- **헤비에른 한손** 1974년 노르웨이선주협회에서 근무를 시작하며 해운업계에 발을 디뎠다. 2001년부터 뉴욕 증시에 상장된 노르딕아메리칸탱커스의 회장을 맡고 있다.

- **이진수** 기획 담당으로서 한화오션의 글로벌 전략을 책임지고 있다. 한화그룹에서 오랫동안 해외 기획 업무를 맡았다.

- **진대화** 구조조정 전문 글로벌 컨설팅사 알바레즈앤마샬(A&M)에서 조선 시장 동향과 사업 전략 전반에 대한 통찰을 제공하고 있다.

- **오미연** 북한의 핵·미사일 위협 같은 전통적인 안보 이슈뿐 아니라 비전통적·신흥 안보 분야까지 랜드연구소의 포트폴리오를 확장하는 데 주력하고 있다.

돌아온 조선업 황금기

제임스 포스다이크 | 로이드선급 전무이사
헤비에른 한손 | 노르딕아메리칸탱커스 회장
이진수 | 한화오션 상무
진대화 | A&M 파트너
오미연 | 랜드연구소 한국정책석좌연구원

'조선업 황금기'가 곧장 기업의 수익으로 이어지지는 않는다.

액화천연가스(LNG), 컨테이너, 방위 수요와 탈탄소 규제가 동시에 작동하는 지금, 이 호황은 단순한 사이클이 아니라 기술·정책·금융을 엮어내는 '종합전'에 가깝다. 승부처는 조선소의 스마트 팩토리화, 차세대 연료 전환, 자본·공급망을 아우르는 실행 역량에 있다는 전문가 진단이 나왔다.

제26회 세계지식포럼 '돌아온 조선업 황금기' 세션에서는 한국·유럽·미국 현장의 전문가들이 조선업 호황의 본질과 다음 10년의 조건을 짚었다.

오미연 랜드연구소 한국정책석좌연구원은 "사상 최대 조선업 수주잔량에도 지금은 원가 상승과 탈탄소 압박, 지정학 리스크가 겹친 시기"라고 포문을 열었다.

헤비에른 한손 노르딕아메리칸탱커스 회장은 이번 '성장 모멘텀'이 과거와 다르다고 봤다. 녹색 해운 회랑(무탄소 연료나 친환경 기술을 활용해 해상 운송의 전 과정에서 탄소 배출을 없애는 친환경 항로)과 항만의 연료 인프라 투자, 스마트 솔루션 확산이 '가격'보다 '역량' 경쟁을 부각하기 때문이다.

한손 회장은 "미래의 조선업 리더십은 기술·정책·금융을 통합하는 능력에 달려 있다"라고 강조했다. 조선업이 호황기일수록 조건 없는 확장보다 '수익의 질'을 지켜야 한다는 점도 덧붙였다.

한손 회장은 단일 선종 운용, 낮은 고정비, 보수적 레버리지, 균등 배당 같은 원칙이 수익 변동성을 이기는 안전판이라고 강조했다. 그는 규제 준수와 신뢰를 자산으로 삼아 자본 시장에 관한 접근성을 높이고 협력사와의 장기 파트너십으로 품질과 납기의 예측 가능성을 키워야 한다고도 강조했다. 수주 잔량의 크기가 아니라 '현금이 남는 구조'를 만들 역량이 중요하다는 메시지다.

이 같은 '자본 규율' 위에서 수요의 방향을 바꾸는 결정 변수는 '탈탄소'다. 제임스 포스다이크 로이드선급 전무이사는 "2024년 메탄올 추진선에 관한 발주가 급증한 이유는 EU의 탄소 비용 편입과 대형 선사의 의지가 촉발했지만 2025년에는 연료 공급망 병목으로 급감했다"라고 짚었다.

정책과 의지가 수요를 만들었음에도 '연료 생태계'가 따라오지 못하면 주문은 멈춘다는 경고다.

국제해사기구(IMO)가 배출 비용을 법으로 정하면, 2050년까지 저·

무탄소 선박으로의 교체는 빨라질 수 있다. 하지만 녹색 암모니아 같은 친환경 연료를 대량으로 만들 공장이 투자에 나서려면 두 가지가 동시에 필요하다. 하나는 보조금·세제 혜택 같은 정책 지원이며 다른 하나는 "몇 년 동안 이만큼 사주겠다"라는 장기 구매 약속이다.

현장에서의 해법 중 하나로는 스마트 야드(조선소의 스마트 팩토리화)가 꼽혔다. 패널들은 '설계-조달-생산'을 하나의 데이터 흐름으로 묶어 대기와 재작업을 줄이고, 대체 연료 선박 전환 과정의 인증·안전·운항 리스크를 초기에 표준화로 관리하며 핵심 기자재는 장기 계약·공동 개발로 납기 변동성을 낮춰야 한다고 입을 모았다. 요컨대 '수주는 많은데 돈은 남지 않는' 구조를 공정 혁신과 공급망 선점으로 바꾸는 것이 관건이라는 뜻이다.

진대화 A&M 파트너는 이를 '가격'에서 '시스템' 경쟁으로의 전환으로 정리했다. 글로벌 60여 개 녹색 해운 회랑과 200개 이상 항만의 대체 연료 인프라 투자가 진행되면서 앞으로의 승자는 단가가 아니라 스마트 야드 투자, 장납기 기자재 선확보, 정책·금융 연계 능력을 통해 프로젝트의 불확실성을 줄이는 조선소가 될 것이라는 분석이다.

미국의 조선업 재건 움직임도 변수다. 포스다이크 전무이사는 "조선 사업은 본질적으로 수익성이 낮고 인력 의존도가 높은 산업이지만 안보·고용·기술 축적의 관점에서 전략 산업"이라고 규정했다.

미국이 상업 조선에 복귀한다면 한국 조선사에는 공동 공급망과 기술 협력 기회가 생길 수 있다고도 했다. 다만 보조금 체계 설계와 숙련 인력을 양성하지 않고는 생산 능력을 회복하는 일이 쉽지 않다는 현실적 제약도 함께 제시됐다.

전문가들은 이번 '조선업 황금기'를 수익으로 바꾸는 열쇠로 세 가지를 짚었다. 핵심은 조선소 전 과정을 하나의 데이터 흐름으로 잇는 스마트 야드로 생산성을 끌어올리는 일이다. 여기에 메탄올이나 암모니아 등 차세대 연료 전환을 실제 연료 생태계와 초기부터 맞물리게 하는 설계가 더해져야 한다. 마지막으로 발주처·정책·금융·공급망을 하나의 책임 체계로 묶는 '프로젝트 거버넌스'가 뒷받침될 때, 호황은 비로소 수익으로 이어진다는 점이다.

김제영 LG에너지솔루션 CTO가 제26회 세계지식포럼 '에너지 대전환: 배터리' 세션에서 발표하고 있다.

- **김제영** LG에너지솔루션의 배터리 소재와 셀·팩·배터리관리시스템(BMS) 기술 개발 전반을 총괄하고 있다. 2000년 LG화학에 합류한 이후 이차전지 분야의 선도적 기술 개발에 주력 중이다. 리튬이온 폴리머 전지, 난연 전지, 플렉서블 전지, 실리콘계 음극재, 탄소나노튜브(CNT)계 도전재 등 핵심 소재와 전지 개발을 주도했으며, 2020년부터는 셀선행 개발 센터장으로서 차세대 소재와 셀 기술 개발을 선도했다. 2024년 CTO로 취임했다. 한국전기화학회 이차전지 분과 회장을 역임하고 현재는 한국전기화학회 부회장으로 학계와 산업계를 잇고 있다.

에너지 대전환: 배터리

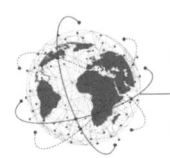

김제영 | LG에너지솔루션 CTO

"미래 리튬이온 배터리 시장에 대한 우려가 크다. 업계의 초경쟁(Hypercompetition)으로 물량이 과잉 공급될 가능성이 높기 때문이다."

김제영 LG에너지솔루션 CTO는 제26회 세계지식포럼에서 이 같은 우려를 표했다.

김제영 CTO는 "배터리처럼 첨예한 경쟁이 벌어지고 있는 산업은 없을 것"이라며 "한국 기업과 중국 기업 간 경쟁이 엄청나게 과열됐다"라고 상황을 설명했다.

그러면서 "과열된 경쟁을 포함해 변동성이 높은 정책과 규제, 특정 국가에 쏠려 있는 공급망 문제도 현재 시장이 안고 있는 이슈"라며 "최근 미국의 (새 관세 정책) 사례 같은 새로운 요인도 굉장히 고민스러운 상황으로 장기 투자에 대해 여러 고민을 할 수밖에 없다"라고 말했다.

김제영 CTO는 시장에 대한 업계의 우려 외에 산학연이 맞닥뜨린 기술적 도전 과제도 설명했다. 그는 "전기차의 가격이 내연기관차와 동일해질 수 있도록 배터리의 가격을 낮추는 것, 배터리의 장수명과 안전성, 고용량, 급속 충전 기능을 갖추는 것이 현재의 기술적 과제"라며 "이 과제들을 어떻게 해결할 것인가가 경쟁력이 될 것"이라고 말했다.

김제영 CTO는 LG에너지솔루션이 AI와 디지털 전환(DX)을 통해 이 과제들을 풀어내고 있다고 말했다. 10시간이 걸릴 일을 1시간 안에 끝내거나 10명이 해야 할 일을 1명이 할 수 있도록 하는 목표를 설정했다. 이른바 '시간의 압축'을 추구하고 있다는 것이다.

김제영 CTO는 "시간의 압축, '시간의 축적'을 통해 대응하고 있다"며 "한국 리튬이온 배터리의 역사는 LG에너지솔루션과 LG화학이 걸어왔던 길이라고 해도 과언이 아닐 정도로, LG에너지솔루션은 배터리 관련 핵심 특허들을 확보하며 시간의 축적을 완성했다"라고 했다. 이를 통해 시대의 화두로 떠오른 에너지 대전환을 앞당기겠다고 예고했다.

김제영 CTO는 "기존의 화석 연료 기반에서 재생 에너지로 전환하는 것은 인류의 생존과 맞닿아 있는 탄소 중립을 실현하기 위한 필수 조건"이라며 "최근 전기차의 확대 보급, AI의 활성화 등으로 전력량이 늘며 에너지 대전환에 대한 필요성은 더욱 높아지고 있다"라고 말했다. 화석 연료가 특정한 지역에 편중돼 국가 안보적 관점에서 에너지 자립이 필요하다는 점도 재생 에너지에 대한 수요, 즉 에너지 대전환에 대한 요구가 늘고 있는 이유로 봤다.

김제영 CTO는 에너지 대전환의 핵심이 '배터리'가 될 것이라고 주장했다. 그는 "태양광과 풍력 등의 재생 에너지는 모두 리튬이온 배터리를 활용한 에너지 저장 시스템(ESS)이 필요하다"며 "변동성이 크다는 재생 에너지의 약점을 ESS가 해소할 수 있다"라고 말했다. 전기차 시장 확대는 현재 주춤한 상황이나 수요가 폭발적으로 늘어난 변곡점에 곧 도달할 것으로 예측했다.

김제영 CTO는 "전 세계 이차전지 시장은 2030년 약 500조 원에 달할 것으로 예상된다"며 "ESS 시장이 점점 확대돼 이차전지 전체 시장에서 약 30%를 차지하고, 나머지 약 60%가 전기차용 배터리, 약 10%가 소형 전지가 될 것"이라고 밝혔다.

3
안보 경쟁과 방위 산업

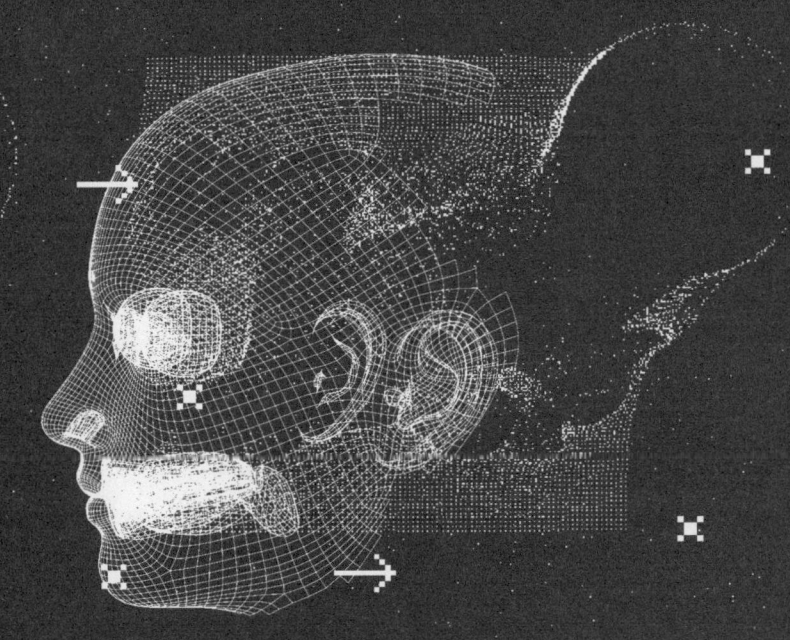

테리 마르틴 뉴스 앵커, 바우터르 판베르스 에어버스 글로벌부문 사장, 김진훈 LIG넥스원 D2C연구소장, 드미트로 쿨레바 전 우크라이나 외무장관(왼쪽 첫 번째부터)이 제26회 세계지식포럼 '유럽 군비 경쟁 재시동' 세션에서 대담하고 있다.

- **바우터르 판베르스** 에어버스 글로벌부문 사장으로 회사의 국제 활동 강화, 주요 사업 부문 전반의 수익성 있는 성장을 견인하고 있다. 2020년 유럽 지역, 세일즈 총괄 부사장으로 에어버스에 합류했다. 유럽 내 사업 간 시너지를 강화하고 민항기 시장의 점유율 확대를 목표로 활동해왔다.

- **김진훈** LIG넥스원 D2C연구소 소장으로 회사의 통신과 AI 기반 소프트웨어 기술 개발을 이끌고 있다. 통신업계에서 경력을 쌓았으며, LIG넥스원에 합류한 이후에는 국방 ICT 융합 전략을 수립하는 데 핵심 역할을 수행하고 있다.

유럽 군비 경쟁 재시동

바우터르 판베르스 | 에어버스 글로벌부문 사장
드미트로 쿨레바 | 전 우크라이나 외무장관
김진훈 | LIG넥스원 D2C연구소 소장
테리 마르틴 | 뉴스 앵커

러시아-우크라이나 전쟁은 2차 세계대전 이후 유럽에서 다시는 대규모 전쟁이 없을 것이라는 믿음을 깨뜨렸다. 러시아는 우크라이나 침공을 통해 유력 국가를 상대로도 물리적 힘을 투사할 수 있음을 국제사회에 과시한 반면, NATO를 통해 유럽 안보를 책임졌던 미국의 태도는 달라졌다. 유럽은 재무장을 공언하고 나섰지만, '자력 안보'라는 낯선 길에 대한 청사진이 부족해 실행은 더디기만 하다.

제26회 세계지식포럼 '유럽 군비 경쟁 재시동' 세션에서는 드미트로 쿨레바 전 우크라이나 외무장관, 바우터르 판베르스 에어버스 글로벌부문 사장과 김진훈 LIG넥스원 D2C(기업과 소비자 간 거래)연구소장이 유럽의 재무장을 분석하고 미래를 전망했다.

전문가들은 유럽의 지나친 규제와 이로 인한 느린 속도가 군사력 강화의 발목을 잡고 있다고 공통으로 짚었다. EU 27개 회원국이 얽혀 있어서 법적·행정적 절차가 까다롭고, 방위비를 탄약이나 드론에 집중할지 아니면 장기적 방공 체계를 구축하는 데 먼저 사용할지 등 공통된 의견을 도출하기도 쉽지 않다는 얘기다.

쿨레바 전 장관은 "EU는 우크라이나에 1년 내 포탄 100만 발을 약속했지만, 수개월 뒤 오히려 북한의 포탄이 러시아로 더 빨리 들어오는 아이러니가 일어났다"며 "전쟁 중인 국가는 시간을 피부로 느끼는데, 유럽은 규제 때문에 느리다. 더 빨라야 한다"라고 지적했다.

전투기나 헬리콥터와 같이 제조하는 데 장기적인 시간이 걸리는 장비를 늘리기 위해서도 투자 속도를 더욱 앞당겨야 한다는 조언이 나왔다. 판베르스 사장은 "에어버스는 장기 리드타임이 필요한 전투기나 헬리콥터를 만든다"며 "이 장비는 당장 만들어도 3~5년 뒤 전력화가 가능하다. 속도가 관건"이라고 말했다.

느린 조달 시스템을 보완하기 위한 해결책으로는 아시아 국가와의 파트너십을 꼽았다. 기술 역량을 보완하고 안보 네트워크를 확장하는 차원에서도 안보 협력을 확대하는 일이 중요하다.

이미 유럽에 장비를 제공 중인 한국이 대표적인 예시다. 김진훈 소장은 "한국은 (북한과 휴전 중인) 독특한 지정학 속에서 자체 방위 능력을 축적해왔다"며 "이런 경험이 독자 방위 역량을 세우는 데 도움이 될 것"이라고 말했다. 그러면서 "유럽의 핵심·기초 기술, 한국은 통합·운용·제조·핵심 부품 공급에 강점이 있어 각각의 장점을 결합해 통합 방위 체계를 구축할 수 있다"며 "향후 5년간 기술과 전략 차원에서 장기 파트너십을 구축할 것"이라고 부연했다.

러시아-우크라이나 전쟁은 교훈도 남겼다. 쿨레바 전 장관은 "효율적 방어를 위한 세 가지 근본 요소를 배웠다"며 자율성과 전장으로의 효율적 도달, 싸울 의지를 꼽았다. 현대전에서는 사람의 개입 없이도 임무를 수행할 수 있는 자율성을 갖춘 무기 체계를 확립해야 한다는 얘기다. 대표적 예시로는 드론 산업을 들었다.

또 단순히 무기를 만드는 것에서 더 나아가 전장에 얼마나 빨리 배치할 수 있느냐도 중요한 문제라고 말했다. 또 한 번 무기 제조에서 속도를 강조한 것이다. '싸울 의지'는 운용 인력에 대한 것으로, 사회가 스스로를 지킬 준비를 하지 않으면 아무리 좋은 무기 체계가 갖춰져 있어도 소용이 없다는 의미다. 쿨레바 전 장관은 "(전쟁에서의) 기술 경쟁에 몰입하면서 사람이 필요 없다는 착각을 하기도 하는데, 인간의 의지가 중요하다. 유럽은 깨어나야 한다"라고 말했다.

러시아-우크라이나 전쟁에서 배운 산업 측면의 교훈은 첨단 전쟁 기술의 가속이 꼽혔다. 판베르스 사장은 "우크라이나는 러시아와 전쟁을 치르면서 드론 기술력을 빠르게 끌어올렸다"며 "전쟁은 혁신과 신기술 개발을 폭발적으로 가속했다"라고 짚었다. 김진훈 소장 역시 "AI와 무선 통신이 차세대 전쟁의 핵심 기술이 될 것"이라며 "이를 지상과 해상, 공중 등 실제 전장에서 적용하는 방법을 모색 중"이라고 말했다.

세션 끄트머리에 나온 한 관중의 '러시아-우크라이나 전쟁의 휴전 전망' 질문에는 부정적 전망을 했다. 쿨레바 전 장관은 "지속 가능한 평화 가능성은 지금으로서는 제로에 가깝다"며 "푸틴 러시아 대통령은 현재 (전쟁을 중재할 트럼프) 미국 행정부보다 더 오래 버틸 것"이라고 말했다.

마이크 스테츠 PwC 파트너, 김형택 HD현대중공업 특수선사업부 전문위원, 딜런 존스 보잉 한국기술연구소장, 이원재 한화에어로스페이스 상무(왼쪽 첫 번째부터)가 제26회 세계지식포럼 '글로벌 육해공 방산 전망' 세션에서 대담하고 있다.

- **이원재** 육군 예비역 준장 출신으로 군수·정비 분야에서 경력을 오랫동안 쌓았다. 육군 탄약지원사령관, 육군 군수사령부 장비정비처장 등을 지내며 국방 전력의 지원 체계를 강화하는 데 기여했다. 현재 한화에어로스페이스 상무다.

- **김형택** 2006년 HD현대중공업에 입사한 이래 연구 개발 조직인 미래기술연구원에서 경력을 쌓아왔다. 2020년부터는 미래기술연구원 내 AI 관련 연구 조직을 이끌기도 했다. 현재 특수선 업무와 더불어 함정 AI 부문의 전문위원도 겸임 중이다.

- **딜런 존스** 보잉 한국기술연구소장으로 한국 내 보잉의 연구와 기술 부서를 총괄한다. 아울러 일본의 보잉 연구·기술 조직도 이끌고 있다. 앞서 보잉의 상용기 개발 조직에서 여러 중책을 역임했다.

- **마이크 스테츠** PwC 파트너로 15년 이상 산업계 리더들에게 자문을 해온 컨설턴트다. 항공우주, 방위 산업, 에너지, 건설 등 다양한 분야에서 전문성을 발휘해왔다.

글로벌 육해공 방산 전망

이원재 | 한화에어로스페이스 상무
김형택 | HD현대중공업 특수선사업부 전문위원
딜런 존스 | 보잉 한국기술연구소장
마이크 스테츠 | PwC 파트너

"유인 시스템에서 무인 시스템으로 전환하는 일은 더는 미래 비전이 아니라 현실이 되고 있습니다. 인력 자원이 감소하는 상황에서 AI 기술은 선택의 문제가 아닙니다."

김형택 HD현대중공업 특수선사업부 전문위원은 제26회 세계지식포럼 '글로벌 육해공 방산 전망' 세션에서 "이미 상용화되고, 입증된 민간 기술을 국방 분야로 가져오기 위해 한국 정부가 더 강력한 노력을 기울여야 한다"라며 이같이 말했다.

세션은 동유럽과 중동의 전쟁을 비롯해 강대국 패권 대결이 극심해지는 가운데 글로벌 방산 시장의 미래를 전망하기 위해 마련됐다. 마이크 스테츠 PwC 파트너가 좌장을 맡았고, 김형택 전문위원, 딜런 존스 보잉 한국기술연구소장, 이원재 한화에어로스페이스 상무가 연사로 참여해 한국 방산 기업의 경쟁력에 대해 말했다.

연사들은 글로벌 방산 기술의 미래가 AI 기술에 있다는 점에 의견을 모았다. 김형택 전문위원은 "대한민국을 비롯한 많은 국가가 인구 감소에 직면했다. 군 복무 가능 인력이 줄고 있는 만큼 생존을 위해 AI가 핵심 해결책이 될 수 있다"며 "현재 많은 해군이 무인 시스템을 자군 구조의 주요 부분으로 만들 계획을 발표하고 있다"라고 말했다.

그는 "지난 5월 한국에서 열린 국제해양방위산업전(MADEX)에서 전 세계 해군들이 HD현대 부스에 방문해 무인 시스템, 무인 선박, 유인 선박의 승무원 감축 솔루션에 관심을 보였다"며 "우크라이나 전장에서 소형 무인 수상정이 대형 초계함을 침몰시키며 무인 시스템의 효과를 입증했다. 최근 미국 해군은 함대의 26%인 134척 선박을 무인 무기 시스템으로 확보하겠다는 계획을 발표했다"라고 말했다.

한화에어로스페이스도 무인 시스템을 개발하는 데 역량이 뛰어나다. 이원재 상무는 "저희는 무인 지상 차량에 대한 역량을 보유하고 있다"며 "예를 들어 감시, 정찰, 수송, 심지어 전투 같은 임무 수행을 위해 설계한 다목적 무인 차량 아리안 스미스가 있는데 자율주행 시스템과 원격 제어 무기 시스템이 포함됐다. 유인-무인 팀 작전의 활성화"라고 설명했다.

그는 "한화는 무인 항공 시스템 분야에도 진출하고 있다"며 "올해 초 GE스토어와 단거리 이착륙 무인기 공동 개발을 위해 협력하기로 합의했다. 해군 함선과 같이 다양한 임무를 수행하기 위해 여러 페이로드를 탑재할 수 있다"라고 설명했다.

이외에도 유지·보수·정비(MRO) 사업을 확장하고 있으며 기상 조건과 관계없이 육상과 해상을 정찰할 수 있는 소형 SAR 위성을 개발하고 있다고 밝혔다.

딜런 존스 보잉 한국기술연구소 소장은 무인 시스템과 함께 데이터를 자유롭게 이동시킬 수 있는 차세대 운영 체제를 개발하고 있다고 밝혔다. 존스 소장은 "센터의 절반은 소프트웨어 엔지니어들"이라며 "차세대 제품에 AI를 적용하면 데이터를 원활하게 이동해야 한다. 이때 저희 기술은 이른바 '노다지'가 될 것"이라고 전망했다.

세션에서는 K-방산이 품질·서비스·비용 측면에서 경쟁력이 있다는 분석도 나왔다. 이원재 상무는 "한국 제품은 전통적인 국방 강국 제품들과 어깨를 나란히 하는 기술력을 보유하고 있다"며 "여러 나라에 수출되는 곡사포는 눈 덮인 벌판, 극심한 더위의 사막, 산에서도 작동한다"라고 말했다.

이어 "2022년 한화는 폴란드와 K-9 자주포 계약을 체결하며 6개월 만에 첫 번째 유닛을 인도하는 등 고객의 요구 사항에 빠르게 대응하는 모습을 보였다"라고 말했다.

이원재 상무는 "한국이 대량의 방위 시스템을 국내에서 운영하고 있으므로 '규모의 경제'를 일으키며 매우 경쟁력 있는 가격을 제공할 수 있다. 한국군이 운영한 시스템으로 현장에서 엄격한 테스트를 거쳐 성능을 입증한 기술을 제공한다는 점도 장점"이라고 꼽았다. 존스 소장은 "한국 기업들이 세계 최고의 기술을 보유하고 있으며, 역동적인 편이고 혁신도 잘 받아들이는 편"이라고 말했다.

다만, K-방산이 글로벌 진출을 확대하려면 현지의 요구를 잘 수용해

안보 파트너로 자리매김할 필요가 있다는 조언이 나왔다. 이원재 상무는 "많은 국가가 방산 조달의 조건으로 현지 생산을 요구하며, 기술 이전도 요청한다"며 "한화는 올해 K-9 자주포와 레드백 보병 전투차량 생산 시설을 호주에 완공했다. 한화오션은 미국 필리조선소를 인수했다. 한화에게 고객 국가는 단순한 장비 구매자가 아닌 전략과 안보 파트너"라고 강조했다.

유발 베이스키 라파엘 부사장이 제26회 세계지식포럼 '하늘의 방패, 아이언돔의 진화' 세션에서 발표하고 있다.

- **유발 베이스키** 라파엘의 장거리 방공·미사일 방어 시스템 본부를 2019년부터 이끌고 있다. 세계적으로 유명한 방공·미사일 방어 솔루션의 설계, 개발, 실제 적용을 책임지고 있다. 앞서 드론돔, 스파이더, 아이언돔 등 방공·미사일 방어 프로그램의 디렉터를 맡았고, 라파엘 항공 기계 연구개발 유닛 책임자도 지냈다. 이스라엘 건국과 함께 1948년 설립된 라파엘은 지상·해상·사이버 등 다양한 분야의 첨단 방위 시스템을 개발하는 글로벌 기업이다. 아이언돔 미사일 방어 시스템을 비롯해 트로피 능동 방호 시스템 등 세계적으로 인정받는 혁신적 기술력을 보유하고 있으며, 탁월한 운용 성능으로 전 세계 방산 시장에서 높은 평가를 받고 있다.

하늘의 방패, 아이언돔의 진화

유발 베이스키 | 라파엘 부사장

"전장의 양상이 비교할 수 없을 정도로 빠르게 바뀌고 있다. 이제 우리는 극초음속 미사일의 위협을 받고 있다. 한반도에서도 극초음속 미사일은 매우 흔히 볼 수 있는 무기가 될 것이다."

이스라엘을 대표하는 방산 기업인 '라파엘'의 유발 베이스키 부사장은 제26회 세계지식포럼에서 극초음속 미사일에 대한 방공 체계를 마련해야 한다며 이처럼 말했다.

극초음속 미사일은 음속의 5배(마하 5, 초속 1.7킬로미터) 또는 그 이상의 극초음속 속도로 비행하는 미사일이다. 대기권 밖을 통과해 재진입한 다음 대기권 내에서 수직 급강하와 재도약하며 낮은 고도에서 변칙 기동한다. 현존하는 미사일 방어 시스템으로는 탐지·추적·요격이 힘든 무기로 전장의 게임체인저로 평가받는다.

베이스키 부사장은 "극초음속 미사일은 20~70킬로미터 고도에서 작동한다"며 "이 고도는 패트리어트 방공 시스템이 담당하는 고도보다는 높고, 탄도 미사일 방공 시스템의 담당 고도보다는 낮다. 효율적인 방공 시스템이 없는 고도를 극초음속 미사일이 공략하고 있다"라고 말했다.

또 지구의 곡률 때문에 극초음속 미사일은 목표 지점에 다다랐을 때 보인다. 목표 지점 300~400킬로미터에야 극초음속 미사일이 다가오고 있는 것을 파악할 수 있다. 통상 마하 5의 속도를 낸다고 하지만 실제로는 더 빠른 속도인 마하 10(초속 3킬로미터)까지 낼 수 있다.

베이스키 부사장은 "탐지부터 타격까지 딱 100초가 주어지는 것"이라며 "상황을 평가하고 어디로 가는지 예측하고 필요한 모든 절차를 수행하고 요격 미사일을 발사할 시간이 거의 없다"라고 말했다.

그러나 극초음속 미사일을 잡을 방법이 아예 없는 것은 아니다. 극초음속 미사일은 굉장히 낮은 고도에서 비행하며 대기권을 가로지르므로 매우 뜨거워진다. 베이스키 부사장은 "이로 인해 매우 큰 열 신호가 발생하며 이를 감지할 수 있다"며 "극초음속 미사일이 어디로 날아가는지 알아낼 수 있다"라고 말했다.

또 극초음속 미사일은 고도 20킬로미터 이하로는 비행할 수 없다. 섭씨 약 2,000도에 노출되면서 타버릴 위험이 있어서다. 2,000도로 높아지니 극초음속 미사일을 식별하기도 더 쉬워진다.

극초음속 미사일의 가장 큰 무기는 궤적이다. 어디로든 비행할 수 있다. 그러나 비행 에너지는 제한돼 있다는 것이 베이스키 부사장의 설명이다. 그는 "미사일에 얼마나 많은 에너지가 남아 있는지 측정할 수 있다. 이를 기반으로 미사일이 어디로 갈지 평가할 수 있다"라고 말했다.

이런 분석을 기반으로 이른바 '늑대 무리' 전략을 펼칠 수 있다. 베이스키 부사장은 "늑대 무리의 사냥 전략을 보면 먹잇감이 도망칠까 봐 항상 늑대 한 마리가 뒤에서 기다리고 있다"며 "이런 식으로 여러 요격 미사일을 배치할 수 있다"라고 말했다.

이에 더해 라파엘은 레이저 시스템도 개발 중이다. 베이스키 부사장은 "레이저의 장점은 목표 기동이나 비행 속도에 상관없이 빛의 속도로 작동한다는 점"이라며 "(극초음속 미사일이 내는) 소리의 속도에 영향을 받지 않아 관련 방공 시스템에 활용하는 데 적합하다"라고 말했다.

극초음속 미사일은 글라이더 형태로 활공하는 극초음속 활공체(HGV)와 지속적인 고속 비행이 가능한 순항미사일(HCM), 크게 두 종류로 나뉜다. 개발에 성공한 국가는 미국과 러시아, 중국 정도다. 북한은 2025년 1월 관영 매체를 통해 HGV를 개발하는 데 성공했다고 주장했다.

그러나 전문가들은 HGV의 가장 특징인 '2차 정점'이 나타나지 않았다고 보고 있다. 2차 정점은 포물선 궤적으로 하강하지 않고 저고도에서 높이를 유지·기동하는 극초음속 미사일의 특성을 의미한다.

베이스키 부사장은 "북한에는 상당한 규모의 전문 지식이 유통되고 있으며, 관련 기술에 수십억 달러를 투자하고 있는 것으로 파악된다"라고 말했다.

4
새로운 기회

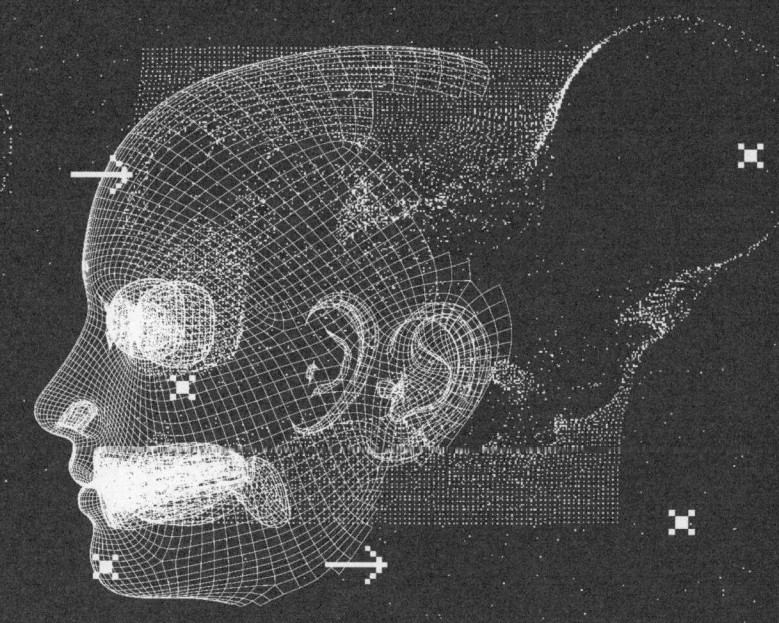

이우현 OCI홀딩스 회장, 다마쓰카 겐이치 롯데홀딩스 대표이사 겸 CEO, 장상식 한국무역협회 국제무역통상연구원 원장(오른쪽 첫 번째부터)이 제26회 세계지식포럼 '수교 60주년, 한일 기업 협력의 길' 세션에서 대담하고 있다.

- **다마쓰카 겐이치** 일본 경제단체연합회 부회장이자 유통업계 경영 전문가다. 2002년 유니클로를 운영하는 패스트리테일링주식회사 사장으로 취임했다. 2005년에는 투자회사를 설립해 크리스피크림도넛 등 글로벌 브랜드의 일본 진출을 지원했다. 이후 2014년 일본 내 편의점 업계 2위인 로손 사장으로 선임됐다. 2021년부터는 롯데홀딩스의 대표이사로 재직 중이다.

- **이우현** OCI홀딩스 회장으로 화학·에너지·첨단 소재 등 회사의 미래 성장 동력 발굴을 이끌고 있다. 인터내셔널 로우 머티리얼, BT울펜쇼, 홍콩 CSFB 등 글로벌 산업 현장에서 경력을 쌓았다. 세계 최고 수준의 고순도 폴리실리콘 기술력을 보유한 OCI홀딩스의 장점을 바탕으로 지속 가능 경영을 선도하고 있다.

- **장상식** 한국무역협회 국제무역통상연구원 원장으로 트럼프 2기 행정부의 관세 정책과 공급망 재편 등 주요 통상 현안에 관한 연구와 다양한 정책 발표를 주도하고 있다. 1992년 한국무역협회에서 커리어를 시작해 국제사업본부 미주실장, 워싱턴DC 지부장 등을 역임했다.

수교 60주년 한일 기업 협력의 길

다마쓰카 겐이치 | 롯데홀딩스 대표이사
이우현 | OCI홀딩스 회장
장상식 | 한국무역협회 국제무역통상연구원 원장

"한국과 일본은 모두 저출산·고령화, 커지는 중국으로부터의 위협이라는 문제에 직면했다. 서로 힘을 합쳐 협력할 좋은 시기인 만큼 한일 관계의 결정적인 순간이 오도록 해야 한다."(이우현 OCI홀딩스 회장)

"미·중 패권 경쟁 속 디지털 혁신, AI 등 분야에서 생존을 위해 일본과 한국이 협력해야 한다는 사실은 자명하다. 양국의 차이는 곧 강점이 될 수 있다. 이를 모아 세계 무대에서 경쟁해야 한다."(다마쓰카 겐이치 롯데홀딩스 대표이사)

'트럼프 시대' 보호무역주의 확산, 중국의 첨단 산업 굴기, 신냉전 도래 흐름 등 불확실한 국제 정세와 저출산·고령화라는 국내 문제. 한국과 일본이 공통으로 마주하고 있는 도전적인 상황이다.

이러한 가운데 한국과 일본 양국에서 사업을 전개하고 있는 각국의 대표 기업인들이 제26회 세계지식포럼 '수교 60주년, 한일 기업 협력의 길' 세션에서 양국 기업의 협력 심화 방향을 논의했다.

이우현 OCI홀딩스 회장은 "한국과 일본은 전자·반도체 부문에서 세계 최고라는 평가를 받지만, 글로벌 산업 지형에서 가장 중요한 AI 분야에서는 미국과 중국에 밀리고 있다"며 "한국과 일본은 모두 AI 부문에서 새로운 시장과 수요를 찾고 어떻게 공략할지 답을 내려야 한다"라고 말했다.

이 회장은 "이를 위해서는 막대한 투자가 필요한데, 양국 모두 자국 내 비용 상승 등 이유로 국내에만 투자하기에는 어렵다"며 "한일이 양국 밖에서 앞으로 지속 가능한 성장을 기대할 수 있는 새로운 투자 기회를 찾는 과정에서 협력할 기회가 있다"라고 말했다.

유망 산업 발전을 위해서는 스타트업 협력 역시 가속화가 필요하다. 다마쓰카 겐이치 롯데홀딩스 대표이사는 양국 대기업들이 각국 스타트업에 투자하는 형태로 한일 스타트업 생태계를 조성할 수 있다고 제안했다. 그는 "롯데홀딩스는 한국 롯데벤처스를 통해 300개 이상의 스타트업에 투자했는데, 일본에도 벤처사를 출범했다"며 "두 회사는 매주 관련 정보를 교환하고 있다"라고 소개했다.

이 회장은 보다 직접적인 한일 기업의 결합 필요성을 제기했다. 중국의 위협과 인구 감소라는 공통 위기에 직면한 한일 양국의 기업들이 공동으로 해외 신흥 시장을 개척할 때라는 조언이다. 실제 OCI홀딩스는 일본 화학 기업 도쿠야마와 말레이시아에 합작회사 OSTM을 설립하고, 지난 7월 현지에 반도체 소재 생산 공장을 건설했다. 그는 한일 기업이 손잡고 새로운 시장에 진출하는 방식의 강점으로는 고객 범위의 확대와 마케팅 전략의 다양화를 꼽았다.

다마쓰카 대표이사는 한일 기업의 문화적 차이가 결합하면 시너지를 낼 수 있다고 호응했다. 그는 "일본은 '디테일'에 강하고, 리스크에 집중하는 경향이 있는데 한국은 방향성을 보며, 따라서 추진력이 강하다"며 "양측 비즈니스 방식의 차이는 활용할 방법이 아주 다양하다"라고 말했다.

이 회장과 다마쓰카 대표이사는 특히 인력 교류의 중요성을 강조했다. 이 회장은 "한국과 일본은 세계에서 가장 낮은 출산율을 보이고 있다"며 "이는 산업 경쟁력에 결국 부정적인 영향을 주게 되는데, 당장 중국이 현재 매년 100만 명이 넘는 엔지니어를 배출하고 있다는 점을 생각해야 한다"라고 말했다.

다마쓰카 대표이사는 "양국의 젊은 세대는 서로 어울리는 데 대한 거부감이 적다"며 "협력하기 좋은 기반이 조성돼 있는 만큼 인구 문제를 해결하기 위해서라도 구체적인 정책이나 교류를 실행해야 할 시점이 왔다"라고 강조했다.

다만 한일 기업과 기업 생태계의 화합적 결합을 위해서는 개선해야 할 부분도 없지 않다.

이 회장은 "한국 근로자의 평균 임금이 일본보다 30% 정도 높으므로 합작 등을 고려할 때 상호 합의가 가능한 급여 체계를 꾸리는 데 어려움이 예상된다"며 "일본 기업 문화는 여전히 위계적인 측면도 있다"라고 했다. 그는 서로 다른 형태의 기업 지배 구조와 인사 관리 관행, 노동법 차이 등도 논의가 필요한 지점으로 꼽았다.

신동조 현대자동차 전동화생기센터 센터장, 야마다 세이고 한국 야스카와전기 대표이사, 정철 한국경제연구원 원장(오른쪽 첫 번째부터)이 제26회 세계지식포럼 '한일 메카트로닉스 협력' 세션에서 대담하고 있다.

- **야마다 세이고** 공장 자동화로 유명한 야스카와전기의 한국 사업부를 이끌고 있다. 1993년 야스카와전기에 입사해 태국 야스카와전기 사장, 오사카지점장, 영업부장 등을 지냈다.

- **신동조** 현대자동차의 핵심 기술 중 하나인 파워트레인생기계획팀을 이끈 바 있다. 2022년 임원으로 승진한 이후 2024년부터 제조부문의 전동화생기센터 센터장을 맡고 있다.

- **정철** 한국경제연구원 원장으로 산업통상자원부 장관 통상자문관을 역임한 국제 무역 전문가다. 대외경제정책연구원 원장직무대행 등을 지냈다.

한일 메카트로닉스 협력

야마다 세이고 | 한국 야스카와전기 대표이사
신동조 | 현대자동차 전동화생기센터 센터장
정철 | 한국경제연구원 원장

현대자동차와 일본 야스카와전기가 자동차 제조 공정 가운데 물류 부분에서의 메카트로닉스(기계공학과 전자제어 합성어) 협력 가능성을 언급했다. 비정형 제품을 수만 개 다루는 자동차 제조 공정에서 이를 분별력 있게 선별할 자동화 기술에 대한 필요성 때문이다.

제26회 세계지식포럼에서는 매일경제신문과 닛케이비즈니스가 공동으로 주최한 제40회 한일비즈니스포럼이 열렸다. 이날 주제는 '한일 메카트로닉스 협력'으로, 야마다 세이고 한국 야스카와전기 대표이사와 신동조 현대자동차 전동화생기센터 센터장이 참석했다. 정철 한국경제연구원 원장이 좌장을 맡았다.

'메카트로닉스'는 야스카와전기가 약 50년 전 처음 사용한 용어로, 현재는 스마트 팩토리와 로보틱스 등 차세대 산업 전반에 활용되는 개념이다. 야스카와전기는 일본 최초의 전기 구동 방식 다관절 산업용 로봇인 '모토만'을 만들었고, 현대차는 로보틱스를 활용한 생산 자동화 혁신을 선도 중이다.

야마다 대표이사와 신동조 센터장은 '물류' 분야가 두 회사의 메카트로닉스 협력 방향이 될 수 있다고 전망했다. 자동차 제조에서 용접과 조립 공정에서는 자동화가 이미 많이 진행된 반면 물류 분야는 그렇지 않다. 야마다 대표이사는 "불규칙한 형태의 물건을 자율적으로 골라내는 시스템을 현대차에 제공할 수 있을 것"이라고 말했다.

신동조 센터장도 "조립 라인에서 비정형 부품을 골라내는 부분은 현대차가 아직 자동화가 이뤄지지 않았다"며 "야스카와전기와 함께 진행한다면 이 부분도 자동화 솔루션을 찾을 수 있을 것"이라고 화답했다.

신동조 센터장은 더 나아가 "한국은 반도체와 배터리, 정보통신기술(ICT)에 강점이 있고 일본은 로봇과 소재, 센서에 강하다"며 "이런 강점을 활용해 서로 메카트로닉스 협력 방안을 찾으면 빠른 대응이 가능해 글로벌 시장을 확장하는 데도 유리할 것"이라고 말했다.

두 사람은 또 산업 현장에서의 로봇화가 꾸준히 발전하더라도 인간 노동력 역시 계속해서 필요할 것이라고 내다봤다.

신동조 센터장은 "로봇을 쓰더라도 로봇을 활용하기 위한 사람도 필요하고 데이터를 분석하는 일도 필요하다"며 "(로봇이 사람을) 100% 대체한다고 생각하기는 힘들고, 무거운 부품을 드는 등 힘든 일을 로봇이 하는 것으로 이해하면 된다"라고 말했다. 야마다 대표이사는 "사람은 여러 공정을 어떻게 더 혁신시킬 것인가와 같은 조금 더 고도화된 고민을 하는 업무를 하게 될 것"이라고 부연했다.

메카트로닉스를 산업 현장에 더욱 확장해 적용하기 위해 해결해야 할 과제로는 소프트웨어 역량 고도화, 시스템 총괄 관리 인력 확대 등을 꼽았다. 신동조 센터장은 "디지털 전환(DX)을 위해 소프트웨어 역량이 필요하다. 그러나 기존 제조 인력은 기계공학 분야 출신이 많다"며 "이들에 대한 소프트웨어 교육을 계속 강화하고 있다"라고 말했다.

야마다 대표이사는 로봇 시스템 구현을 위한 시스템 관리 인력이 필요하다고 말했다. 자동화 로봇을 아무리 많이 만들어도 고객사의 실제 현장에 적용하기 위한 시스템 관리가 중요하다는 얘기다. 그는 "로봇을 실제 생산 라인에 녹여낼 시스템 관리 인력이 늘어야 한다"고 말했다.

야스카와전기는 자사의 산업 전동화 구현 솔루션의 방향성으로 'IQ 메카트로닉스'를 제시했다. 3개의 I는 통합(Integrative), 지능(Intelligent), 혁신(Innovative)이다. 디지털 데이터를 활용해 기기와 공정을 통합·연계하고 데이터를 분석해 AI로 생산 시스템을 스마트하게 활용한다. 또 지능화를 기반으로 기존 상식을 뒤엎는 새로운 생산 방식을 혁신적으로 창출하는 것을 목표로 한다. Q는 품질을 뜻하는 동시에 큐브처럼 입체적이고도 종합적인 접근을 강조한다.

현대차는 공급망 안정화, 친환경 시스템 구축, 신사업인 로보틱스와 도심 공항 모빌리티(AAM)를 통해 새로운 모빌리티 사회 구현을 위해 노력 중이라고 밝혔다. 자동차와 AAM, 로보틱스 비율은 5:3:2로 예상했다. 구체적으로 로보틱스는 북미에 검증용 공장을 건설했고, AAM은 기체를 개발 중이다. 중장기적인 소프트웨어 개발 인력을 확보해 스마트 팩토리 구축을 통한 제조 경쟁력을 강화하는 일도 추진하고 있다.

파스칼 달로즈 다쏘시스템 CEO가 제26회 세계지식포럼 '산업을 혁신하는 AI의 힘' 세션에서 발표하고 있다.

- **파스칼 달로즈** 소프트웨어 산업에서 오랜 경력을 자랑한다. 투자은행과 컨설팅회사에서 경험을 쌓은 뒤 2001년 리서치·전략·시장 개발 부문 부사장으로 다쏘시스템에 합류했다. 다쏘시스템은 3차원 설계 소프트웨어와 컴퓨터 시뮬레이션 솔루션을 개발·제공하는 프랑스의 소프트웨어 기업이다. 가상의 디지털 환경에서 제품을 설계하고 실험할 수 있게 해 고객사가 제품 개발 시 오류 검증을 쉽도록 한다. 전략과 마케팅 총괄 수석부사장 등을 역임했으며 2020년 최고운영책임자(COO), 2023년 부대표를 지냈다.

산업을 혁신하는 AI의 힘

파스칼 달로즈 | 다쏘시스템 CEO

프랑스 AI 버추얼 트윈 기업 다쏘시스템의 파스칼 달로즈 CEO가 새로운 경제 패러다임으로 '생성 경제'를 제시하고, 생성 경제 시대에는 지식 재산이 곧 새로운 투자 자산이 될 것이라고 전망했다. 제조업 중심 사회에서 벗어나 제품과 서비스가 소프트웨어 중심으로 정의되면서 지식 재산의 중요도가 높아질 것이라는 예상에서다.

달로즈 CEO는 제26회 세계지식포럼에서 열린 '산업을 혁신하는 AI의 힘' 세션에서 이같이 주장했다. 그가 제시한 생성 경제는 보존과 혁신을 동시에 추구하는 지식 기반의 소프트웨어 경제다.

생성 경제는 기존 경제 모델과는 다르다. 대량 생산으로 제조한 후 폐기하는 구조가 아니라 가상 설계를 통해 처음부터 최적화된 생산을 추구한다. 지속 가능한 순환적 경제 구조에 초점을 두고 있다. 생성 경제의 핵심은 가상에서 현실을 생성해내는 힘이다.

달로즈 CEO는 생성 경제 전환을 위한 주요 인프라로 '버추얼 트윈' 기술을 소개했다. 버추얼 트윈 가상 공간에 현실 속 사물의 쌍둥이를 만들어 시뮬레이션을 진행하고 결과를 예측해 위험을 피하는 방식으로 쓰이는 기술이다.

다쏘시스템은 1980년대 버추얼 트윈 개념을 도입했다. 항공기와 자동차, 의약품에서부터 도시 설계까지 거의 모든 범위를 포함한다. 자동차 제조사는 원자재 가격 변동에 대응해 버추얼 트윈으로 설계를 자동 재생산할 수 있다.

달로즈 CEO는 "단순한 효율성 개선을 넘어 불확실성과 예측 불가능성에 능동적으로 대응할 수 있는 모델을 만든 것"이라고 말했다.

의료계에서는 사람의 장기를 가상 공간에서 시뮬레이션해 구현하며 더 나은 의료 방안을 미리 도출할 수 있다. 다쏘시스템은 편두통과 조현병 치료를 위한 소프트웨어를 개발해 올해 FDA 승인을 받기도 했다.

달로즈 CEO는 "자동차와 항공기의 90% 이상이 가상 시뮬레이션을 거쳐 탄생한다"며 "코로나19 팬데믹 때는 전체 백신 후보 물질의 70%를 가상으로 테스트해 개발 기간을 크게 줄였다"라고 말했다.

버추얼 트윈이 만들어내는 '가상화'와 기존의 '디지털화' 사이 차이점도 설명했다. 달로즈 CEO는 "가상화와 디지털화는 다르다"며 "디지털화는 기존의 것을 재현하는 것에 초점을 맞추고, 가상화는 상상력을 과학으로 구현해 미래를 창조하는 새로운 방식의 하나"라고 차이점을 설명했다. 버추얼 트윈은 단순한 기술 발전이 아니라 경제 시스템 자체의 근본적 전환을 의미한다는 얘기다.

생성 경제에서 버추얼 트윈이 AI를 만나 더 가속화될 것이라고도 내다봤다. 달로즈 CEO는 "AI가 인간 노동을 대체하는 것이 아니라 인간 능력을 강화하는 동반자가 되는 것"이라고 전망했다. AI가 미래에도 여전히 도구에 그칠 것이라 규정하면서도 반복 업무를 줄이고 창의성을 높여 산업 혁신의 촉매제가 될 수 있다고 봤다.

AI와 버추얼 트윈이 새로운 경제 패러다임을 이끌면서 지식 재산이 미래 경쟁의 본질이 될 것이라고 짚었다.

달로즈 CEO는 "미래 승자는 고유한 지식 재산을 어떻게 축적하고 활용하느냐에 따라 달라질 것이다. 지식 재산이 새로운 통화이자 투자 자산으로 작동할 것"이라고 말했다.

아울러 그는 AI와 버추얼 트윈, 생성 경제의 새로운 도래에 발맞춰 교육·제도·사회 시스템의 변화가 필요하다고 강조했다. 달로즈 CEO는 "우리는 단순히 지식을 습득하는 법이 아니라 발명하고 창작하며 불확실성 속에서 확실성을 만들어내는 방법을 배워야 한다"며 "산업과 사회는 이제 지식 재산권의 수명 주기를 어떻게 관리하느냐에 따라 승자가 결정될 것"이라고 전망했다. 데이터와 지식, 노하우에 대한 주권 확보가 향후 국가와 기업의 핵심 경쟁력이 될 것이라는 조언이다.

차광렬 차병원바이오그룹 글로벌연구소 소장이 제26회 세계지식포럼 '세포 치료제의 미래' 세션에서 발표하고 있다.

- **차광렬** 차병원바이오그룹 설립자이자 생식의학과 줄기세포 분야의 세계적인 연구자다. 1989년 세계 최초로 미성숙 난자로 임신과 출산을 성공시켜 세계 난임 학계에 이름을 알렸으며 1998년에는 유리화 난자 동결법을 개발했고, 1999년 세계 최초로 난자은행을 설립했다. 평생 난자를 비롯한 세포 연구에 매진하고 있다. 현재 대한민국의 세포 주권을 위해 줄기세포 연구에 매진하며 한국의 세포 파운더리를 구축하는 데 힘쓰고 있다.

세포 치료제의 미래

차광렬 | 차병원바이오그룹 글로벌연구소 소장

"생명체의 기본 단위인 '세포'에 대한 이해를 바탕으로 한 세포 치료제는 치료와 진단, 예방 모두에 쓰인다. 150세 시대를 여는 필수 의약품으로 한국은 줄기세포 연구 역량을 통해 관련 세계 시장을 잡을 수도 있다. 그러나 이대로라면 우리는 외국에 로열티나 라이선스 비용을 고스란히 줄 수밖에 없다."

줄기세포 분야의 세계적 연구자인 차광렬 차병원바이오그룹 글로벌연구소 소장은 제26회 세계지식포럼에서 "세포 치료제의 원료가 되는 줄기세포의 특허가 미국과 일본에 있다"라며 이같이 우려했다

그는 "한국이 세포 주권을 확보해야 한다"며 이대로면 향후 막대하게 커질 세포 치료제 시장에서 한국이 소외될 수 있다고 경고했다. 로열티나 라이선스 비용을 다른 나라에 지불하며 국부 유출이 심화할 수 있다는 경고다.

시장조사업체 모도인텔리전스에 따르면 전 세계 세포 치료제 시장 규모는 2025년 55억 8,000만 달러(약 7조 7,800억 원)로 2030년까지 연평균 성장률 약 17%를 보이며 122억 7,000만 달러(약 17조 1,000억 원)로 성장할 전망이다.

세포 치료제는 살아 있는 세포를 체외에서 증식하고 선별하는 등 물리적·화학적·생물학적 방법으로 특성을 변화시켜 만든 의약품이다. 발병 기전에 대한 근원적 문제점을 치료하는 것을 목표로 한다. 사용하는 세포의 종류와 분화 정도에 따라 줄기세포 치료제, 면역세포 치료제, 체세포 치료제로 나뉜다.

차광렬 소장이 주목하는 것은 줄기세포 치료제다. 그는 "150세 시대를 여는 것은 줄기세포에 달렸다"며 "줄기세포가 어느 세포로든 분화할 수 있는 일종의 원재료이기 때문"이라고 말했다.

줄기세포는 크게 수정된 배아로부터 얻는 '배아줄기세포(ESC)'와 성인의 체세포로부터 만든 '역분화줄기세포(iPSC)'로 나뉜다. 차광렬 소장은 "1998년 미국 위스콘신대학교 제임스 톰슨 박사가 ESC를 만들어 수많은 특허를 걸어놓았다"며 "ESC를 쓰려면 이 특허들을 벗어날 수 없어 지금도 미국에 돈을 내고 사 오고 있는 상황"이라고 말했다. iPSC는 일본 교토대학교 야마나카 신야 교수가 2006년 개발했다. iPSC를 쓰려면 일본에 로열티를 지급해야 한다.

차광렬 소장은 "세포 치료제 관련 글로벌 임상을 살펴보면 iPSC가 절반 이상으로 가장 많고 그다음이 ESC"라며 "한국이 만든 줄기세포로 진행되는 임상은 거의 없다"라고 말했다.

한국산 줄기세포 후보도 있다. 차광렬 소장은 2014년 세계 최초로 성인 체세포를 활용해 줄기세포를 만들었다. 난자를 활용한 성체 줄기세포다.

차광렬 소장은 "성체 줄기세포 중 가장 기능이 뛰어난 것이 난자"라며 "난자를 활용해 기능이 뛰어난 줄기세포를 얻을 수 있다"라고 말했다. 이 기술은 일본 제약사 아스텔라스에 198억 원에 수출됐다.

차광렬 소장은 "iPSC는 세포 자체가 불안정해 최근 암 발생 등의 부작용이 보고된다"며 "그럼에도 불구하고 일본은 유니클로가 야마나카 신야 교수가 소속된 교토대학교에 약 100억 엔(약 940억 원)을 투자하는 등 줄기세포 패권을 잡으려고 하고 있다"라고 말했다.

차광렬 소장은 난자세포은행을 만들면 줄기세포 시장 석권과 출산율 향상이라는 2마리 토끼를 잡을 수 있다고 강조했다. 그는 "차병원에서만 1년에 난자를 약 820개 폐기한다"며 "난자는 폐기하면 안 되는 국가의 재산으로, 난자를 활용한 줄기세포를 만들면 면역 거부 반응이 없는 줄기세포를 만드는 것은 물론 출산에 활용해 국가 출산율을 높이는 데도 기여할 수 있다"라고 말했다.

차광렬 소장은 바이오 입국을 실현하려면 '글로벌 K-세포' 플랫폼을 구축해야 한다고 제언했다.

그는 "훨씬 질 좋고 효능성이 뛰어나며 한국이 특허를 보유한 체세포 복제줄기세포를 글로벌 세포주로 만들어야 한다"면서 "국민 누구나 세포은행에 보관했다가 본인이 사용하거나 연구에 공여할 수 있게 하면 자연스럽게 글로벌 주도권을 잡을 수 있을 것"이라고 강조했다.

차광렬 소장은 "로열티나 라이선스를 내지 않고 우리의 세포를 만들어야 한다"며 "K-세포를 기반으로 한 플랫폼을 활용해 난치병 표적 세포 치료제를 개발하고 상용화하면 로열티 의존을 줄이고 수출 경쟁력을 높여 바이오 입국을 실현할 수 있다"라고 덧붙였다.

로버트 호스테 바헤닝언대학교 교수, 서만형 엠트리센 CEO, 김창길 전 한국농촌경제연구원 원장 (오른쪽 첫 번째부터)이 제26회 세계지식포럼 'AI로 진화하는 스마트 축산' 세션에서 대담하고 있다.

- **로버트 호스테** 바헤닝언대학교 교수로 30년 이상의 경력을 바탕으로 네덜란드와 글로벌 양돈업계에서 폭넓은 전문성을 보유하고 있다. 기업·농가·정부를 대상으로 자문을 제공하고 있으며, 2014년부터는 한국 양돈 농장의 효율성 향상을 위한 다양한 프로젝트에 참여해왔다.

- **서만형** 엠트리센 대표로 세계 최초로 AI 기반 양돈 사육 공정 자동화 솔루션을 공급하고 있다. 사람이 판단하고 사육하던 양돈 산업을 데이터 기반 인공지능이 판단하고 로봇을 포함한 자동화 시스템이 사육하는 첨단화의 선두에 있다.

- **김창길** 서울대학교 아시아연구소 방문학자로 31년간의 한국농촌경제연구원 재직 경력을 바탕으로 지속 가능 농업, 녹색 성장, 기후 위기 대응 등 다양한 정책 연구를 주도했다. 한국농촌경제연구원 원장을 지냈다.

AI로 진화하는 스마트 축산

로버트 호스테 | 바헤닝언대학교 교수
서만형 | 엠트리센 대표
김창길 | 전 한국농촌경제연구원 원장

"AI 스마트 축산으로 축산업 전반의 체질이 바뀌는 대변혁이 시작됐다."

서만형 엠트리센 대표는 제26회 세계지식포럼 'AI로 진화하는 스마트 축산' 세션에서 AI가 축산업에 끼친 영향에 대해 이같이 평가했다.

서만형 대표는 로버트 호스테 바헤닝언대학교 교수와 축산업이 처한 구조적 위기와 이를 극복하기 위한 기술적 혁신에 대해 논의했다.

호스테 교수는 전 세계 축산업계의 공통된 문제점으로 기후 변화, 농촌 고령화, 노동력 부족, 환경 문제를 꼽았다. 그는 AI가 이런 복합적 위기를 해결하는 가장 효율적인 도구가 될 것이라고 평가했다.

그는 "유럽과 한국 간 양돈 생산성(MSY)의 차이가 약 30%에 달한다"며 "스마트 축산 기술 도입이 이 격차를 줄이는 열쇠"라고 조언했다.

호스테 교수는 AI를 축산업에 적용하면 시너지를 이룰 핵심 분야는 크게 '정밀 축산', '노동력 절감', '공급망 투명성'이라고 주장했다. 그는 이 중에서도 특히 정밀 축산에 주목했다.

그는 "학생 평균 성적으로 반 전체를 평가할 수 없듯 개별 동물의 상태를 면밀하게 추적해야 진정한 관리가 가능하다"며 "AI 기술은 이 같은 정밀 관리를 가능하게 하고 축산 효율을 획기적으로 향상할 수 있다"라고 설명했다.

호스테 교수는 최근 축산업계 최대 과제 중 하나로 떠오른 '노동력 절감' 역시 AI에 기반한 자동화 시스템으로 해결할 수 있다며 다양한 사례를 소개했다. AI가 새끼 돼지의 질병 징후를 조기에 감지하고 어미 돼지가 새끼 돼지를 눌러 죽이는 것을 방지하는 기술, 축사 청소 로봇, 공기 중 병원체 감지기, 기후 제어 장치 등이다.

그는 AI를 통해 축산품을 어디서, 어떻게, 어떤 조건에서 생산했는지 체계적이고 투명한 생산 이력 추적과 품질 정보를 소비자에게 제공함으로써 '공급망 신뢰'도 확보할 수 있다고 봤다.

호스테 교수는 AI 축산업의 필요성이 커지는 만큼 동시에 '기술 만능주의'를 경계해야 한다고 경고했다. 그는 "스마트 기술은 목적이 아니라 수단"이라며 "기술과 경영, 사람의 인식이 결합해야 진정한 전환이 가능하다"라고 강조했다.

그는 이를 하드웨어(기기), 소프트웨어(데이터), 마인드웨어(경영 인식)의 삼각형 모델로 설명했다. 단순히 센서와 자동화 시스템을 도입하는 것만으로는 부족하며, 농장 운영 전반에 대한 인간의 경영 의식과 정책 등을 모두 바꿔야 한다는 설명이다.

그는 "가장 단순한 농장 청소부터 복잡한 생산 관리까지 각 단계에 맞는 교육과 기술을 병행해야 한다"며 "경영에 대한 인식 없이는 AI 기술도 무용지물"이라고 거듭 강조했다.

AI 축산 전문 기업인 엠트리센을 이끄는 서만형 대표는 한국의 AI 축산 기술력이 어느 정도 발전했는지 현황을 소개했다. 그는 "세계 최초로 양돈 사육 전 과정을 자동화한 기술을 상용화한 나라가 한국"이라며 "3D 비전 AI, 비접촉 체형 분석, 분만 감지, 체중 예측 등 다양한 AI 솔루션이 상용화 단계에 도달했다"라고 밝혔다.

이어 "한국은 정부와 민간이 협력해 스마트 축산 인프라를 구축하고 있으며 이는 단순한 기술 보급을 넘어 '산업의 본질적 변화'를 유도하고 있다"라고 평가했다.

국내 축산업계에서 스마트 축산의 선두 주자로 평가받는 엠트리센은 증강현실(AR)에 기반한 분만 감지, 체지방 자동 측정, 체중 예측 등 3대 양돈 혁신 기술을 상용화한 바 있다. 현재 150개 농가에서 10% 이상의 생산성 향상 효과를 입증하고 있다.

서만형 대표는 이러한 선도적 AI 축산 기술을 더욱 고도화하고, 지속 가능하도록 하려면 호스테 교수가 주장했던 '사람 중심의 운영 철학'에 집중해야 한다고 밝혔다.

그는 "AI는 수단일 뿐"이라며 "진짜 중요한 것은 농장 전체를 아우르는 통합적 판단 능력과 그 시스템을 작동시킬 수 있는 인식의 전환으로, 이것이 갖춰질 때 비로소 스마트 축산을 실현할 수 있다"라고 말했다.

PART 5
문화와 인간

1
삶의 즐거움

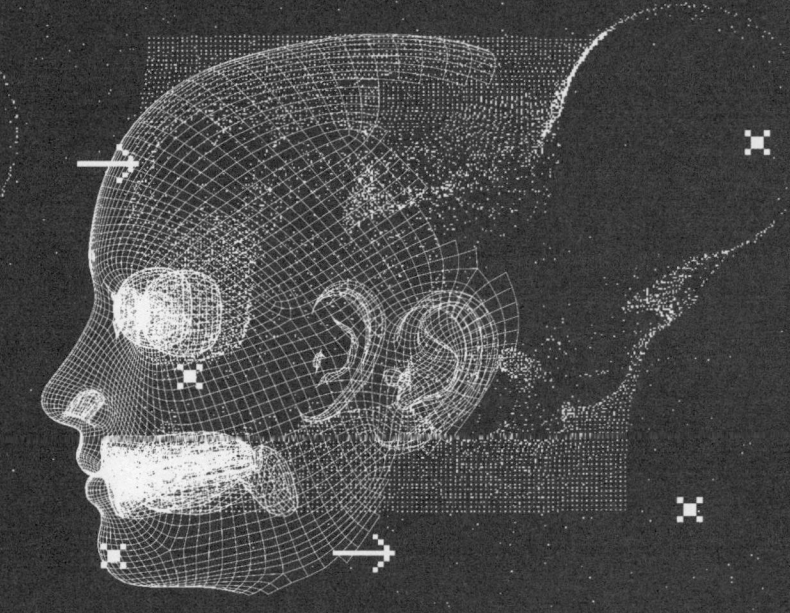

제프리 고드식 소니픽처스 총괄부사장(왼쪽), 샌퍼드 패니치 소니픽처스 모션픽처그룹 사장이 제26회 세계지식포럼 '콘텐츠가 왕이다: 영화 제작의 모든 것' 세션에서 대담하고 있다.

- **샌퍼드 패니치** 할리우드에서 잔뼈가 굵은 베테랑 영화인이다. 1995년 20세기스튜디오(20세기폭스)에서 제작 부문 부사장으로 활동했으며, 2008년에는 폭스인터내셔널프로덕션(FIP)을 설립해 비영어권 국가로의 직접 투자를 주도했다. 2015년 소니픽처스에 합류해 국제 영화와 TV 부문 사장을 역임했다. 2019년부터 소니픽처스 모션픽처그룹 사장으로 재직 중이다. 소니그룹의 극장용 영화 사업을 총괄하는 핵심 보직이다.

- **제프리 고드식** 소니픽처스 엔터테인먼트에서 글로벌 파트너십과 브랜드 전략을 맡고 있다. 스파이더맨, 베놈, 스파이더버스, 고스트버스터즈, 쥬만지, 맨 인 블랙 등 스튜디오의 주요 브랜드를 전 세계적으로 확장하는 중책이다. 앞서 20세기스튜디오에서는 컨슈머 프로덕츠 사장을 맡아 연간 20억 달러 이상의 라이선스 제품 매출을 책임졌다.

콘텐츠가 왕이다: 영화 제작의 모든 것

샌퍼드 패니치 | 소니픽처스 모션픽처그룹 사장
제프리 고드식 | 소니픽처스 총괄부사장

"지구촌을 뜨겁게 달구고 있는 〈케이팝 데몬 헌터스〉는 밤낮없이 24시간 주 7일을 일하며 가치 있는 오리지널 아이디어를 찾아 헤맨 결과물입니다."

제26회 세계지식포럼에서 글로벌 영화 제작사 소니픽처스의 최고 리더들이 〈케이팝 데몬 헌터스〉의 성공 비결을 공개했다.

소니픽처스의 영화 부문을 총괄하는 제프리 고드식 총괄부사장은 '콘텐츠가 왕이다: 영화 제작의 모든 것' 세션에 연사로 나서 "사람들을 영화관으로 이끌 수 있는 오리지널 아이디어를 찾기 위해 엄청난 양의 탐색과 조사를 한다"며 〈케이팝 데몬 헌터스〉의 흥행이 우연이 아님을 강조했다.

고드식 총괄부사장은 소니픽처스의 글로벌 파트너십과 브랜드 전략을 담당 중이다. 스튜디오의 대표 프랜차이즈에 대한 장기 글로벌 브랜딩 전략을 수립하고, 영화의 글로벌 프로모션 전략 기획과 실행을 주도하고 있다. 20세기스튜디오에서 근무할 때는 〈아바타〉, 〈엑스맨〉 시리즈, 〈스타워즈〉, 〈혹성탈출〉, 〈인디펜던스 데이〉 등 굵직한 작품의 홍보 캠페인을 이끌었다.

〈케이팝 데몬 헌터스〉 열풍 역시 그의 작품이다. 〈케이팝 데몬 헌터스〉는 넷플릭스 역대 애니메이션 순위 1위에 올랐고 오리지널 사운드트랙(OST)은 빌보드 핫 100 1위도 차지했다.

고드식 총괄부사장은 "영화에는 10대들을 위한 메시지, 대학생 이상을 위한 메시지, 35세 이상을 위한 메시지라는 세 가지 메시지가 필요하다"며 "이 메시지를 설정하는 과정은 영화 제작을 개시하기 전부터 시작된다"라고 말했다. 이어 "메시지 설정의 목표는 문화를 관통하는 것"이라며 "세대별로 모두 공감할 수 있는 메시지를 설정하고, 라이프스타일에 이 메시지를 침투시키는 것이 우리의 목표"라고 덧붙였다.

영화의 흥행은 곧바로 수익으로 이어진다. 〈케이팝 데몬 헌터스〉의 기대 수익은 약 10억 달러(약 1조 3,883억 원)로 알려져 있다.

이날 연사로 함께 참여한 샌퍼드 패니치 소니픽처스 모션픽처그룹 사장이 바통을 이어받았다. 패니치 사장은 할리우드의 베테랑 영화인이다. 한국과는 나홍진 감독의 인기 영화 〈곡성〉의 투자·제작을 주도한 인연도 있다.

그는 "소니픽처스가 오리지널 콘텐츠에 집중하는 것은 지적 재산권이 그야말로 '왕(King)'이기 때문"이라며 "흥행에 성공한 영화로 어떻게 부가 사업을 펼치는지에 따라 수익에 큰 차이가 있다"라고 말했다.

그는 "디지털 시대가 모든 것을 바꾸면서 사람들이 집을 나서 영화관으로 가게 하는 것이 어려워졌다"며 "이런 지점에서 영화 IP의 가치가 더 높아지고 있다"라고 말했다.

근래에 소니픽처스는 애니메이션에 투자를 많이 하고 있다. 소니는 2020년 애니메이션 스트리밍 서비스(OTT)인 '크런치롤'을 인수했다. 이 역시 소니픽처스의 IP 중심의 사업 전략을 강화하기 위해서다. 여러 인기 애니메이션 시리즈를 공급하는 것 외에 애니메이션 파생 수집품, 각종 상품을 판매하는 커머스 사업을 연계하고 있다.

패니치 사장은 "애니메이션을 실사 영화화하기도 한다"며 "크런치롤은 세계 최대 애니메이션 배급사로 다음의 물결, 다음의 '마블' 시리즈를 만들어낼 수 있다"라고 말했다.

이날 발표에는 중학생과 외국인 등 〈케이팝 데몬 헌터스〉 팬들이 청중으로 대거 참여했다. 새로남기독중학교 2학년 여지우 학생은 "〈케이팝 데몬 헌터스〉 제작 과정이 굉장히 복잡하고 영화 제작사가 어떤 의도로 마케팅을 하는지 알게 돼 매우 유익했다"라고 소감을 밝혔다.

에드워드 리 셰프(오른쪽), 나승연 오라티오 대표가 제26회 세계지식포럼 '에드워드 리의 음식과 문화' 세션에서 대담하고 있다.

- **에드워드 리** 넷플릭스 프로그램 〈흑백요리사〉에서 한국인 미국 이민자인 자신을 '비빔 인간'이라는 단어와 함께 요리로 표현해 세계적인 명성을 얻었다. 서울에서 태어나 어린 시절 가족과 함께 미국으로 이주한 뒤 뉴욕에서 학창 시절을 보냈다. 뉴욕대학교 영문학과를 졸업한 뒤 출판사에서 사회생활을 시작했으나 금방 일을 그만두고 22살부터 요리사의 길을 걸었다. 2010년 미국 유명 요리 경연 프로그램인 〈아이언 셰프 아메리카〉 시즌 8에서 우승을 차지하면서 명성을 쌓았다. 미국 남부 요리 전문 레스토랑인 '610 매그놀리아' 등 여러 식당을 운영하고 있다. 2023년에는 한미정상회담 당시 미국 백악관 국빈 만찬 셰프로 공식 초청돼 한미 정상과 주요 인사들에게 한식과 미국식 요리를 선보이며 주목을 받았고, 현재는 한국과 미국을 오가며 활발한 활동을 벌이고 있다.

- **나승연** 오라티오 대표로 아리랑TV 뉴스 앵커로 활동한 경험을 바탕으로, 개인과 조직이 메시지를 효과적으로 전달할 수 있도록 돕고 있다. 2018 평창 동계올림픽 유치위원회 대변인으로 활동하며 주목을 받았다.

에드워드 리의 음식과 문화

에드워드 리 | 셰프
나승연 | 오라티오 대표

2024년 요식업계를 뜨겁게 달군 넷플릭스 리얼리티 서바이벌 쇼 〈흑백요리사〉에서 우승자만큼이나 화제를 모았던 인물이 있다. 한국계 미국 스타 셰프 에드워드 리(이균)다. 그는 권성준 셰프와 겨룬 결승에서 아쉽게도 탈락했지만 매회 섬세하고 창의적인 음식을 통해 정성껏 풀어냈던, 이민자로서의 삶에 대한 진솔한 이야기로 많은 시청자의 심금을 울렸기 때문이다. 당시 그는 자신을 '비빔 인간'이라고 표현해 세계적인 유명세를 탔다.

제26회 세계지식포럼 '에드워드 리의 음식과 문화' 세션에 참석한 그는 "제게 음식은 모든 것을 배우는 관문이다. 음식을 통해 한국 역사를 배웠고, 한국 문화를 발견했다"라며 "음식은 정말 아름다운 예술 형식이라고 생각한다. 음식만 주어지면 정말 다양한 길을 가고, 다양한 것을 탐험할 수 있기 때문"이라고 밝혔다.

방송 프로그램에서 스스로를 '비빔 인간'이라고 표현한 데 대해서는 "내 안에 굉장히 많은 문화가 있다는 뜻"이라고 설명했다.

"저는 가끔 제가 100% 한국인이나 100% 미국인 또는 100% 프랑스인이면 좋겠다고 많이 말하곤 합니다. 때때로 한 가지 정체성만 가진 사람들을 부러워하기도 했죠. 평생 항상 궁금했던 것 같아요. 나는 한국인인가? 미국인인가? 그것은 항상 왔다 갔다 하는 싸움이었지만, 일종의 자유이기도 했습니다. 그 안에서 이를테면 저는 김치를 담그지만 어머니나 할머니 같은 방식으로 담그지는 않습니다. 가끔 제가 만든 요리를 먹어본 한국 사람이 '저건 한국 맛이야'라고 말할 때가 있습니다. 전통 한국 음식도 아니고, 그렇다고 뭐가 어떻게 다른지 명확하지도 않지만, 그냥 느낌이 한국적인 거죠."

에드워드 리는 한국 음식은 사랑으로 만들어지는 것 같다고 했다. 그는 "한국 음식은 누군가를 돌보는 것처럼 정성스럽게 만들어진다. '제가 당신을 돌보고 싶어 먹는 것이 매우 중요합니다', '건강하길 바랍니다', '기분이 좋아졌으면 좋겠습니다' 같은 감정이 있는 것 같다"라며 "한국 음식을 먹을 때면 이미 배가 부른 데도 식당 아줌마는 더 먹으라고 말하는 경우가 많다. 일종의 포옹 같은 느낌을 많이 받는다"라고 말했다.

그의 음식에서 느껴지는 한국적인 정서는 할머니의 영향을 많이 받았다. 에드워드 리는 "제 음식에서 나오는 한국적인 느낌은 단순히 책에서 얻은 레시피가 아니다. 정말로 한국 음식을 요리해본 적은 없지만 할머니의 음식으로부터 무언가를 배웠고 여러 세대에 걸쳐 레시피를 전수 받는다는 것이 무엇을 의미하는지 이해하게 됐다"라고 밝혔다.

그러면서 그는 "할머니는 내가 요리사가 되고 싶다는 것을 알고 있었지만, 셰프가 되기 전 돌아가셔서 그런 모습을 보지는 못하셨다"며 "한국에 있을 때마다 할머니가 이곳에서 어떻게 살았는지 궁금하고 할머니에 대해 많이 생각한다. 할머니를 떠나 미국으로 간 것은 할머니에게 매우 힘든 일이었다"라고 회상했다.

에드워드 리가 하고 있는 일 중 하나는 미국인들에게 이전에는 경험해본 적 없는 한국의 맛을 소개하는 것이다. 그는 "현재 미국에서 한국식 바비큐가 인기가 많고, 누구나 갈비와 불고기, 김치와 비빔밥을 알고 있다"면서도 "하지만 그들은 쑥이나 오미자, 한국의 다양한 해산물 요리는 모른다. 우리는 어렵지만 이런 한국의 모든 맛을 현대적이고 혁신적인 접근 방식으로 선보이는 것을 목표로 하고 있다"라고 밝혔다.

셰프 지망생들을 향한 조언으로는 "때때로 저는 젊은 셰프들에게 실패를 경험하는 것이 괜찮다는 점을 알려주기 위해 노력한다. 실수를 통해 우리가 가장 빨리 배울 수 있기 때문"이라며 "위험을 감수하고, 실수를 저지르고, 넘어지고, 다시 일어나서 계속 나아가야 한다. 매일 성공할 수 있는 것은 아니다"라고 강조했다.

"소셜미디어가 지배하는 세상이지만 다른 사람들이 무슨 생각을 하고 무슨 말을 하는지 걱정하지 마세요. 우리는 우리 자신만의 목소리를 찾기 위해 배우고, 읽고, 내면을 탐구해야 합니다. 가장 어려운 일은 자신의 개성, 취약함까지도 접시에 올려놓는 것입니다. 대중이 나를 평가하는 것은 매우 두려운 일이지만, 저는 그 두려움 속에서 즐거움을 찾습니다. 그것이 저를 계속 나아가게 하는 동기입니다."

천주혁 구다이글로벌 창립자 겸 대표(오른쪽), 씬님 뷰티 크리에이터가 제26회 세계지식포럼 'K-뷰티 신흥 강자의 시대' 세션에서 대담하고 있다.

- **천주혁** 글로벌 뷰티 브랜드 구다이글로벌을 창업해 경영하고 있다. 2015년 중국에서 K-뷰티 유통 사업을 시작으로 뷰티 산업에 첫발을 내디뎠으며, 2019년 '조선미녀' 인수를 계기로 본격적인 브랜드 사업에 진출했다. 대표 제품인 '맑은쌀선크림'은 아마존 선케어 부문 1위를 기록하며 글로벌 경쟁력을 입증했고, 이를 기반으로 북미·유럽·일본 등 주요 시장으로 유통망을 빠르게 확장했다.

- **씬님** 뷰티 크리에이터로 2013년 유튜브로 활동을 시작했다. 화장품·여성용품·속옷 등 여성의 실생활에 밀접한 주제를 솔직하게 다루며 100만 명 이상의 구독자를 보유하고 있다.

K-뷰티 신흥 강자의 시대

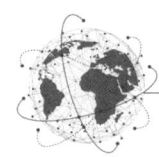

천주혁 | 구다이글로벌 대표
씬님 | 뷰티 크리에이터

"시가총액 100조 원에 달하는 한국 화장품 회사가 탄생할 것입니다. 시간문제이지, 결국 나올 것입니다. 100조 원 기업이 태어난다면 그 기업이 구다이글로벌이기를 희망합니다."(천주혁 구다이글로벌 대표)

최근 일본 도쿄 내 웬만한 쇼핑몰에 가보면 한국 화장품을 쉽게 구매할 수 있다. 마치 CJ그룹의 핵심 계열사 'CJ올리브영'이 운영하는 올리브영 매장에 와 있는 것 같다는 착각이 들 정도로 한국 여러 브랜드의 화장품이 곳곳에 진열돼 있다. 한국 화장품만 모아 놓고 'K-코스메틱 기획전'을 여는 곳들도 적지 않다. 미국 뉴욕은 물론 패션·뷰티를 대표하는 프랑스 파리, 이탈리아 밀라노, 베트남·태국·인도네시아 등 동남아시아에서도 한국 화장품을 판매하는 매장이 늘고 있다. 이른바 'K-뷰티 전성시대'인 것이다.

실제로 한국 화장품, 이른바 K-뷰티의 위상은 날로 높아지는 추세다. 식품의약품안전처에 따르면 2025년 상반기 한국 화장품 수출액은 55억 달러로 전년 대비 14% 증가했다.

K-뷰티 전성시대를 이끄는 주역들은 역사가 오래된 기존 화장품 회사들이 아닌 3040세대의 젊고 똑똑하며, 추진력 강한 창업자들이 세운 기업들이다. '한국의 로레알'로 불리는 구다이글로벌이 대표 주자다.

세계지식포럼 오픈 세션 'K-뷰티 신흥 강자의 시대'에 천주혁 구다이글로벌 대표는 연사로 나서 구다이글로벌의 창업 과정, 성공 비결과 전략, K-뷰티의 미래 등을 전했다. '은둔의 경영자'로 불리는 천주혁 대표가 언론이 주최한 행사에 공식적으로 등장한 것은 이번이 처음이다.

천주혁 대표는 "통계 기관마다 편차가 있지만, 2024년 기준 국가별 기초·메이크업 화장품 수출 순위가 1위 프랑스(122억 달러), 2위 한국(86억 달러), 3위 미국(62억 달러)으로, 한국의 수출 규모가 프랑스 수출 규모의 70%에 달할 만큼 한국 화장품의 위상이 높아졌다"라고 밝혔다.

그러면서 그는 "프랑스 대표 화장품 기업 로레알의 최근 시가총액은 약 350조 원, 한국 대표 화장품 기업들의 시가총액은 7~8조 원대"라며 "한국 화장품 기업의 수출 규모를 감안해 한국 기업의 적절한 시가총액을 단순 계산하면 로레알 시가총액의 70% 수준에 달해야 한다"라고 강조했다. 한국 화장품의 수출 규모가 지속적으로 증가하는 상황에서 지금 같은 추세라면 시가총액 100조 원을 달성할 시기가 곧 도래한다는 것이 천주혁 대표의 주장이다.

천주혁 대표는 최근 세계 화장품 시장 동향에 대해서도 언급했다. 그는 "기초·색조화장품은 최근에 고가보다는 중저가 브랜드가 인기를 끄는 추세"라며 "화장품 위탁 생산 분야에서 한국이 두각을 나타내면서 해외 여러 화장품 브랜드가 코스맥스, 한국콜마 같은 제조업자개발생산(ODM) 회사에 위탁해 화장품을 생산한 후 해외에 판매하는 경향이 강해졌다"라고 설명했다. 천주혁 대표는 이들 회사가 세계 화장품 시장에 미치는 영향력은 앞으로 더욱 강해질 것으로 내다봤다.

중국 화장품(C-뷰티)의 위상이 높아지면서 K-뷰티를 위협하는 것이 나는 물음에 대해 천주혁 대표는 "C-뷰티가 K-뷰티를 대체하는 것은 쉽지 않다"라며 선을 그었다.

천주혁 대표는 "화장품은 해당 브랜드가 어떤 국가의 브랜드인지가 매우 중요하다"며 "K-뷰티가 지금처럼 여러 국가에서 인기를 끌 수 있었던 비결은 K-뷰티 흥행에 앞서 한국 가요(케이팝) 등 한국 문화가 먼저 성공하면서 자연스럽게 화장품까지 연결된 데 있다"라고 설명했다.

2015년에 출발한 구다이글로벌은 2024년 계열사 매출 총합이 약 9,500억 원에 달할 정도로 10년 만에 급격히 성장했다. 2024년 매출의 90%가량을 미국 등 해외에서 창출했다. 구다이글로벌은 자체 브랜드를 개발하고 육성하는 방법 대신 '조선미녀', '티르티르', '스킨1004', '스킨푸드' 등 여러 화장품 브랜드를 M&A 전략으로 몸집을 키워왔다.

일각에서는 구다이글로벌의 행보를 두고 '승자의 저주'가 되는 것 아니냐고 우려한다. 천주혁 대표는 "세포라, 얼타 등 세계적인 화장품 유통 채널과 협상할 때 조선미녀처럼 브랜드력(브랜드파워)이 강한 브랜드를 여러 개 보유해야 유리하다고 판단해 M&A 전략을 구사해왔다"며

"지난 2년 동안 M&A에 관해 열심히 공부해왔고, 이제 웬만한 기업의 가치 등을 정확하게 판단할 수 있는 역량을 갖췄으며, 조선미녀처럼 성공 사례도 있다"라며 자신감을 드러냈다.

구다이글로벌은 2017년 '조선미녀'의 해외 판권을 갖고 조선미녀를 해외에 알리다가 2019년 아예 브랜드를 인수했다. 이후 2021년 '맑은 쌀선크림'을 출시하고 선블록 등 제품군을 확장했다. 이 제품은 2023년부터 아마존에서 선케어 제품군에서 계속 상위권을 차지하고 있다.

윤상보 갤럭시코퍼레이션 부대표, 이종무 갤럭시코퍼레이션 글로벌마케팅 책임자, 아심 마서 돌비래버러토리스 아시아태평양 마케팅 부사장(오른쪽 첫 번째부터)이 제26회 세계지식포럼 '기술의 날개를 단 K-팝' 세션에서 대담하고 있다.

- **아심 마서** 돌비래버러토리스에서 한국을 포함한 아시아태평양 지역의 마케팅을 총괄하고 있다. 싱가포르 지사를 기반으로 여러 국가에 걸쳐 있는 팀을 이끄는 중이다. 2010년 돌비래버러토리스에 합류하기 전에는 마이크로소프트와 LG전자 인도 법인에서 여러 직책을 역임했다.

- **윤상보** 갤럭시코퍼레이션 부대표로 한국 본사와 전 세계 지역 법인의 비즈니스를 총괄·운영한다. IP, 미디어, 테크를 융합한 혁신적인 AI 엔터테크 비즈니스를 글로벌 시장에서 전개하고 있다.

- **이종무** 갤럭시코퍼레이션 마케팅 총괄로 회사의 전 세계 마케팅 전략과 운영을 맡고 있다. 또 사내 싱크탱크 협력체 갤럭시 문샷을 운영하며 신사업 개발과 미래 성장 동력을 발굴하는 데 힘쓰고 있다.

기술의 날개를 단 K-팝

아심 마서 | 돌비래버러토리스 부사장
윤상보 | 갤럭시코퍼레이션 부대표
이종무 | 갤럭시코퍼레이션 마케팅 총괄

국내 가수들의 음악 창작에 3D 서라운드 음향 기술이 활용되고, AI를 활용해 뮤직비디오를 만드는 등 K-팝 시장에서 첨단 기술이 활발하게 활용되고 있다.

제26회 세계지식포럼에서는 '기술의 날개를 단 K-팝'이라는 주제의 세션이 열렸다. 세션에는 글로벌 영상·음향 회사 돌비래버러토리스의 아심 마서 부사장, 가수 지드래곤의 소속사 갤럭시코퍼레이션의 윤상보 부대표, 이종무 마케팅 총괄이 대담에 참여했다.

아심 마서 부사장은 돌비가 K-팝 아티스트의 음악적 비전을 온전히 실현할 수 있도록 지원하고 있는 차세대 몰입형 음향 기술인 돌비 애트모스(Dolby Atmos)를 소개했다. 돌비 애트모스는 소리를 모든 방향으로 배치해 깊이와 선명도를 향상하는 3D 오디오 기술이다. 영화관에서 시작해 TV, 스마트폰, 자동차까지 모든 기기에서 쓰이고 있다.

특히 음악 산업에서 돌비 애트모스의 영향력은 매우 크다. 마서 부사장은 "작년 말 기준 빌보드 핫 100곡 중 89%가 돌비 애트모스로 제작되었으며, 빌보드 상위 100명 아티스트 중 93%가 이 기술을 활용하고 있다"며 "돌비 애트모스는 이제 단순한 기술이 아니라 아티스트들이 가장 선호하는 음악 제작 방식"이라고 강조했다.

방탄소년단, 세븐틴 같은 K-팝 아티스트들도 이 기술을 적극적으로 활용하고 있다. 방탄소년단 진은 자신의 신곡 〈I'll Be There〉과 앨범 'Happy'를 돌비 애트모스를 통해 감상할 수 있도록 했다. 가상 아이돌 플레이브는 돌비 시네마, 돌비 애트모스관에서도 상영돼 실제 공연장에 있는 것 같은 음향 시스템을 선사했다.

갤럭시코퍼레이션은 엔터테인먼트와 기술의 융합을 뜻하는 '엔터테크(Enter-tech)' 개념을 제시했다. K-팝 팬덤이 전 세계 인구의 약 2.8%를 차지할 만큼 성장했으며, 이들의 시청각 경험을 극대화하는 최첨단 기술도 함께 발전해왔다는 것이다. 갤럭시코퍼페이션은 이 같은 업계 환경에서 가상 콘서트, AI 생성 콘텐츠 등을 활발하게 제작하며 혁신적인 '엔터테크' 프로젝트를 추진하고 있다고 밝혔다.

갤럭시코퍼레이션은 2019년 설립한 엔터테인먼트 기업으로, AI 기술과 메타버스, IP, 콘텐츠 제작 역량을 융합해 여러 사업을 선보이고 있다. 주요 사업으로는 지드래곤, 송강호 등의 연예인 매니지먼트 사업, 소속 아티스트 IP를 활용한 하이볼 출시 등 유통 사업, AI·클라우드·실시간 인터랙션 기술을 통합한 콘텐츠 제작 사업 등이 있다.

갤럭시코퍼레이션은 지드래곤과의 협업 사례를 대표적으로 소개했다. 이들은 올해 초 하나금융그룹과 미국 라스베이거스에 있는 돔 스피어에서 미디어아트 영상 〈원 스피릿, 원 팀〉을 상영했다. KAIST와 협업해 지드래곤의 홍채 이미지와 음악 〈HOME SWEET HOME〉을 AI로 결합한 다음 13미터 우주 안테나에 상영, 송출하는 '지드래곤 우주 음원 송출 프로젝트'도 진행했다.

올해 인기를 끌었던 '피스마이너스원' 하이볼도 지드래곤과 갤럭시코퍼레이션의 작품이다. 윤상보 부대표는 "하이볼은 4월 30일에 출시한 후 AI가 생성한 포스터와 동영상을 통해 홍보를 진행했다. 세 가지 제품 라인의 총판매량은 1,000만 캔을 돌파했다"라고 말했다. 지드래곤의 〈HOME SWEET HOME〉 AI 뮤직비디오는 실제 촬영 없이 마이크로소프트와 오픈AI의 기술을 활용한 생성형 AI로 제작했다.

갤럭시코퍼레이션은 AI 기술을 통해 아티스트의 창작 범위를 확장하는 것이 목표라고 한다. 윤상보 부대표는 "K-팝 4.0 시대에는 앨범 판매, 팬덤 마케팅, 매니지먼트도 중요하지만, 새로운 시장을 개척하기 위한 네트워크를 구축하는 것이 필수적"이라며 "저희 회사는 AI, VR, XR, 로보틱스와 그 밖의 첨단 기술을 결합해 K-팝, 스포츠, 드라마 등의 차세대 엔터테인먼트를 대표하고자 한다"라고 밝혔다.

2
마음을 움직이다

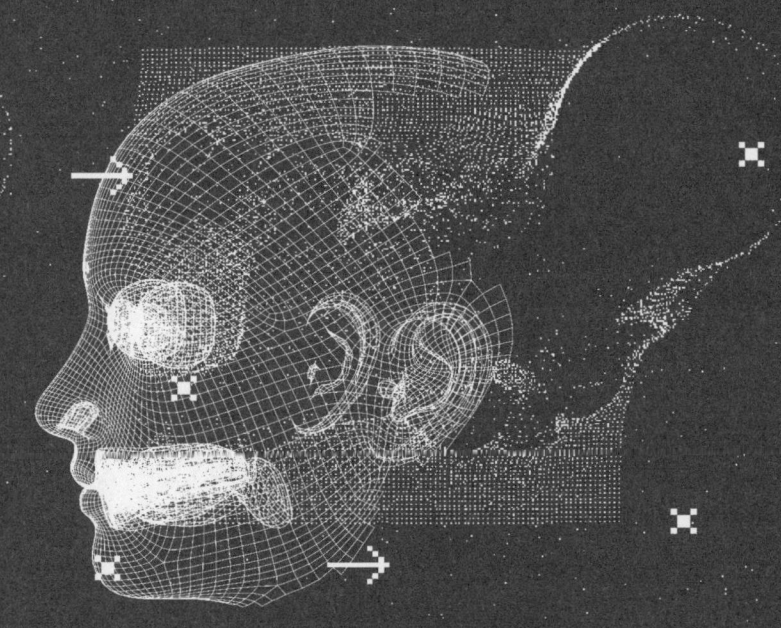

코디 키넌 전 백악관 수석연설비서관(오른쪽), 조선영 학교법인 광운학원 이사장이 제26회 세계지식 포럼 '마음을 사로잡는 오바마 연설문의 비밀' 세션에서 대담하고 있다.

- **코디 키넌** 버락 오바마 2기 행정부에서 미국 대통령의 발표를 집필했다. 오바마 대통령이 눈물을 흘린 것으로 유명한 2015년 찰스턴교회 총격 희생자 추모 연설도 그의 작품이다. 오바마 1기 때는 백악관 연설문 부책임자를 맡았다. 현재 팬웨이스트래티지스의 파트너로 기업·정치인의 연설문 작성과 전략을 컨설팅하고 있다.

- **조선영** 광운학원 설립자인 조광운 박사의 손녀로 2018년부터 학교법인 광운학원 13대 이사장을 맡고 있다. 아서앤더슨과 KPMG에서 컨설턴트로 약 7년간 근무했다.

마음을 사로잡는 오바마 연설문의 비밀

코디 키넌 | 전 백악관 수석연설비서관
조선영 | 광운학원 이사장

"커뮤니케이션은 단순히 정보를 전달하는 것이 아닙니다. 근본적으로는 감정을 전달하는 것입니다."

버락 오바마 전 미국 대통령의 수석연설비서관이었던 코디 키넌은 제26회 세계지식포럼 '마음을 사로잡는 오바마 연설문의 비밀' 오픈 세션에서 자신의 연설문 작성 비결을 설명하며 이같이 말했다.

코디 키넌은 오바마 2기 행정부에서 대통령의 연설문을 집필한 인물이다. 오바마 전 대통령은 그를 '헤밍웨이'로 칭했으며, 세간에서는 '비극 연설 전문가'로 평가한다. 오바마 전 대통령이 눈물을 흘린 것으로 유명한 2015년 찰스턴교회 총격 희생자 추모 연설도 그의 작품이다.

키넌이 제시한 효과적인 연설의 원칙은 네 가지였다. 첫째, 인간답게 말하라. 그는 "전문 용어는 피하고, 친구와 대화하듯 진정성 있게 말할 때 청중이 마음을 연다"라고 말했다. 둘째, 오직 당신만이 할 수 있는 말을 하라. 연설은 화자의 독특한 경험과 시각이 담길 때 힘을 갖는다는 것이다.

연설문을 작성하는 많은 정치인과 CEO는 다양한 위험으로부터 그들을 보호하기 위해 중립적인 전문 용어를 사용하는 경우가 잦다. 하지만 키넌은 "인공지능이 생성한 것 같은 그런 연설은 지루하고, 영감을 주지 못한다"며 "모든 연설은 연설자의 고유한 생각, 가치관, 경험에 뿌리를 두어야 한다"라고 강조했다.

키넌의 세 번째 원칙은 '실제 청중을 위해 쓰라'는 것이다. 그는 "연설자는 청중에게 실시간으로 연설하며, 언제 웃고 울어야 할지 말과 몸짓으로 안내할 수 있는 특권이 있다"며 "연설문은 읽는 눈을 위한 것이 아니라 듣는 귀를 위한 것이다. 다양하고 생생한 언어 기법을 활용해 몰입을 유지하라"고 조언했다.

키넌은 이 같은 연설을 하기 위해 필요한 네 번째 원칙으로 '감정을 두려워하지 않을 것'을 내세웠다. 연설자가 청중과 아이디어와 감정을 공유하는 것을 두려워하지 않을수록 청자와 연결될 수 있다는 것이다. 그는 "논리만으로는 청중을 사로잡을 수 없다. 감정을 나눌 때 공감과 신뢰가 생긴다"라고 말했다.

키넌은 연설문 작성을 위한 협업의 중요성도 강조했다. 그는 오바마 전 대통령과 셀마 행진 50주년 연설문을 작성했던 경험을 설명하며 "연설문 작성은 혼자 하는 일이 아니다. 24시간 내내 이어지는 협업"이라며 "연설문의 아이디어를 교환하고 토론에 참여하라"고 조언했다.

그는 특히 오바마 전 대통령이 중요한 연설을 할 때마다 연설문 작성에 적극적으로 관여했다는 점을 강조했다. 그는 "오바마 전 대통령은 연설 전날 새벽 2~3시까지 직접 연설문을 수정하곤 했다. 셀마 행진 연설문을 쓸 때는 오바마와 셀마 행진에 대한 견해를 나누며 글의 방향을 잡았다"라고 설명했다.

키넌은 AI가 인간의 글쓰기를 대체하는 데는 한계가 있다고 강조했다. 그는 "AI가 쓰는 기존 언어의 지루한 합성물에 불과하다"며 "일상적인 글쓰기는 그것으로 충분할 수 있지만 위대한 글쓰기를 하고 싶다면 그 이상이 필요하다. 스토리텔링과 협업이 필요하다"라고 강조했다.

그는 "커뮤니케이션은 단순히 정보를 전달하는 것이 아니라 근본적으로 감정을 전달하는 것"이라고 말했다. 그는 "가장 중요한 연설은 단순히 사실을 정리하거나 논리를 구성하는 것을 넘어 인간의 연결을 촉진하는 연설"이라고 말했다.

키넌은 좋은 연설문을 쓰기 위한 자신만의 업무 환경도 공개했다. 그는 "책상이 깔끔해야 한다. 커피가 필요하며, 최소 2시간 이상을 집중할 수 있도록 아이폰 집중 모드를 사용해 아내를 제외한 거의 모든 사람의 알림을 차단한다. 그리고 세상이 가장 조용해지는 밤에 글을 가장 잘 썼다"라고 말했다.

그는 정치인들이 사과문에 대해서도 진정성 있는 사과가 필요하다는 점을 강조했다. 그는 "사람들은 사과할 때 '실수가 생겼다', '우리는 아무 잘못도 하지 않았다'라는 등 수동적인 목소리를 하는 경향이 있다"며 "청중은 이 점을 예리하게 파악한다. 잘못을 인정하는 것이 오히려 자신감 있는 태도"라고 했다.

애나 렘키 스탠퍼드대학교 교수가 제26회 세계지식포럼 '멈출 수 없는 쾌락, 도파민의 역설' 세션에서 발표하고 있다.

• **애나 렘키**   스탠퍼드대학교 교수로 2021년 출간한 《도파민네이션》으로 세계적인 유명인으로 자리매김했다. 이 책은 전 세계 35개국 언어로 번역됐으며 한국에서도 20만 부 이상의 매출고를 올렸다. 책은 뇌에서 쾌락과 고통이 균형을 이뤄야 건강한 삶을 살 수 있다고 말한다. 도파민이 분비되는 활동에 지나치게 빠지면 뇌가 쾌락에 둔감해지고 결국 더 큰 자극을 찾게 되는데, 이런 악순환을 끊으려면 의도적으로 도파민이 분비되는 행동을 줄여야 한다는 것이다.

멈출 수 없는 쾌락, 도파민의 역설

애나 렘키 | 스탠퍼드대학교 교수

우리는 아침에 눈을 뜨면서부터 다시 잠에 들기까지 스마트폰을 사용한다. 알고리즘이 추천하는 자극적인 뉴스를 확인하고 유명 인플루언서의 유튜브 영상을 보며, 소셜미디어에 올라온 친구의 일상을 구경하거나 게시글을 올린 뒤 '좋아요'를 기다린다.

그렇게 하루 종일 디지털 미디어에 노출돼 있는 동안 우리 뇌에서는 끊임없이 도파민을 분비한다. 이 신경전달물질은 기분 좋은 흥분을 느끼게 해주지만, 과도하게 분비된 뒤에는 반드시 결핍을 느끼게 한다. 결국 더 자극적인 쾌락을 찾기 전까지는 무언가 부족하다는 우울감과 불안감에 시달리게 된다. 우리가 스마트폰 중독에 빠지는 원리다.

평생을 의료 현장에서 각종 중독 환자를 치료해온 정신의학 전문의이자 베스트셀러 《도파민네이션》의 저자인 애나 렘키 교수는 "스마트폰은 마약과 같다"라고 경고한다. 스마트폰을 비롯해 유튜브와 넷플릭스, 틱톡 같은 디지털 미디어는 신경과학적으로 마약과 동등한 효과를 낸다는 것이다.

제26회 세계지식포럼에서 '멈출 수 없는 쾌락, 도파민의 역설'을 주제로 강연에 나선 애나 렘키 교수는 "디지털 미디어를 보거나 휴대폰을 확인할 때 뇌에서는 약물을 하거나 술을 마실 때와 같은 보상 경로가 활성화된다. 더 큰 문제는 스마트폰에 우리 뇌가 노출되는 빈도가 매우 높다는 점"이라며 "하루 종일 우리는 디지털 미디어에 노출되면서 끊임없이 더 많은 도파민 분비를 유도하고 보상 경로를 계속 강화한다. 게다가 (AI 기반 알고리즘 같은) 기술은 디지털 미디어를 더 재밌고 신나게 만들어 더 자극적인 쾌락을 추구하도록 한다"라고 지적했다.

《도파민네이션》은 스마트폰과 소셜미디어, 약물, 쇼핑 등을 통한 과도한 쾌락 추구가 어떻게 뇌에 중독을 일으키고 우리 삶을 황폐하게 하는지 뇌신경과학 관점에서 설명하고, 이런 중독을 극복할 방법을 제시한 책이다.

도파민은 쾌감, 보상, 동기 부여에 매우 중요한 역할을 하는 신경전달물질이다. 삶에서 쾌락을 주거나 강화하는 무언가를 만나면 우리 뇌는 '와, 대단해'라고 말하면서 도파민을 분비하는데, 이것이 지나치면 그 대상에 중독되고 만다.

애나 렘키 교수는 "쾌락과 고통이 뇌의 같은 영역에서 처리된다. 이 둘은 균형을 이루려는 성질이 있어 쾌락이 지나치면 고통으로 기울고, 고통이 지나치면 다시 쾌락으로 기울게 된다"며 "그래서 과도하게 쾌락을 추구하면 그만큼 고통도 커지고 결국 그 고통을 떨쳐내기 위해 더 큰 자극과 쾌락을 찾는 악순환에 빠진다. 이렇게 만성 도파민 결핍 상태에 빠지면 우리는 더 우울해지고, 더 불안해진다"라고 설명했다.

도파민 결핍 상태, 즉 도파민 중독은 자라는 아이들에게는 정상적인 뇌 발달을 크게 저해할 수 있다는 사실이 최근 여러 연구 결과를 통해 밝혀졌다. 이와 관련해 렘키 교수는 "한국이 학교에서 스마트폰 사용을 금지하는 법안을 통과시킨 것은 정말 좋은 소식이다. 이런 결정을 내린 한국에 박수를 보낸다"라고 평가했다.

초·중·고등학교의 수업 중 스마트폰 등 디지털 기기 사용을 법적으로 금지하기로 한 '초·중등교육법 개정안'은 2025년 8월 국회 본회의를 통과해 2026년 3월 1학기부터 시행될 예정이다.

그는 "미국에서도 한국처럼 (학생들의 스마트폰 중독 문제와 관련해) 국가 차원의 대책을 마련하면 좋겠지만 아직은 그렇지 못한 실정이다. 그래도 실리콘밸리에서는 스마트폰 사용을 금지하는 학교가 점점 많아지고 있다"라고 전했다.

그러면서 그는 "아이들의 뇌를 보호하고 학습 능력을 향상하려면 책을 읽고, 연필과 종이를 사용해 글을 쓰고, 수학 문제를 푸는 등 디지털 화면이 전혀 없는 활동이 필요하다"라고 강조했다.

이 같은 디지털 중독에서 벗어나는 방법으로는 4주간 일단 중독 대상과 벽을 쌓는 '자기 구속' 전략을 제시했다.

렘키 교수는 "중독 환자에게 영원히 그 행동을 멈추라고 말하는 것은 효과적이지 않다. '어렵겠지만 딱 한 달, 4주만 시험해보자'라고 하면 10~14일만 지나도 치료 효과가 나타나는 것을 보게 된다"며 "단순히 끊겠다는 의지만으로는 힘들다. 주변 사람, 장소, 사물들까지 염두에 두고 모든 물리적인 장벽을 견고하게 쌓는 것이 중요하다"라고 강조했다. 한 달 동안 스마트폰에서 소셜미디어 앱을 삭제하거나 아예 끄고, 다른 공간에 두는 것 등을 예로 들 수 있다.

데니스 뇌르마르크 북유럽 기반 인류학자가 제26회 세계지식포럼 '가짜 노동을 제거하라' 세션에서 발표하고 있다.

- **데니스 뇌르마르크** 인류학자로 문화적 지능을 증진하며, 조직의 효율성을 향상하는 방안을 연구 중이다. 실질적인 가치를 창출하지 않는 업무를 제거함으로써 기업이 프로세스를 간소화하고, 의사 결정을 개선하며, 보다 목적 있는 업무 환경을 조성하도록 돕고 있다.

가짜 노동을 제거하라

데니스 뇌르마르크 | 인류학자

"여전히 우리는 산업 시대의 사고방식에 갇혀 있습니다. 오래 일하면 성과가 난다고 믿는 것이죠."

베스트셀러 《가짜 노동》의 저자이자 덴마크 인류학자인 데니스 뇌르마르크는 제26회 세계지식포럼 '가짜 노동을 제거하라' 세션에서 한국과 같은 장시간 노동 국가의 역설을 이같이 지적했다. 뇌르마르크는 긴 시간을 일하는 나라일수록 생산성이 낮고, 반대로 유럽의 일부 국가는 짧게 일하면서도 더 높은 생산성을 내고 있다고 말했다.

그가 지적한 것은 끝없이 이어지는 '백스테이지 업무'다. 관리·기획·분석 같은 일은 데이터와 이해관계자, 위험 요소가 계속 늘어나기 때문에 좀처럼 끝나지 않는다. 그는 이런 현상을 '불안의 산업화'라고 표현했다. 수많은 사람이 위험을 예측하고 보고하는 일을 직업으로 삼으면서 상상할 수 있는 모든 리스크가 보고 대상이 되고 있다는 것이다.

그는 "단순 행정 업무를 하기 싫어하는 고학력 인력들이 스스로 그럴듯해 보이는 복잡한 일을 만들어내는 것도 '가짜 노동'을 부추기는 요인"이라고 지적했다.

이어 "여기에 인사(HR), 커뮤니케이션, 전략 부서 같은 지원 부서는 실제 고객이나 현장보다는 CEO가 원하는 보고서를 만드는 데 더 집중하고 있다"며 "규칙을 만드는 사람들은 그 부담을 지지 않고, 결국 최전선에서 고객을 상대하는 이들이 피해를 본다"라고 꼬집었다.

가짜 노동은 사람들이 기대했던 미래와 현실의 괴리를 만들고 있다. 그는 "수십 년 전까지만 해도 우리는 미래에 위대한 일을 하고 있을 것이라 믿었지만, 실제로는 행정 업무와 인재 관리, 프로젝트 관리 같은 일에 엄청난 시간을 쏟으며 살아가고 있다"며 업무는 관료화됐고 규정과 절차에 묶이면서 생산성과 창의성은 떨어졌다고 지적했다.

이어 "조직은 계층과 협의체, 보고 체계, 승인 절차를 계속 늘려왔고, 그 결과 회의 시간은 배로 늘었다"며 "그러나 회의에서는 실제로 일을 하기보다는 서로 '내가 무슨 일을 하고 있다'라는 보고에 더 많은 시간을 쓰는 것이 현실"이라고 말했다.

코로나19 팬데믹은 이런 흐름을 잠시 흔들었다. 뇌르마르크는 백신 개발과 출시가 전례 없는 속도로 진행된 점을 예로 들며 "미국의 한 유통업체는 원래 18개월짜리 계획이던 '커브사이드 픽업 서비스'를 단 이틀 만에 실행했다"라고 말했다.

그는 "그렇다면 원래 그 18개월 동안 무엇을 하려 했던 것일까? 보고서, 회의, 위험 분석, 담당자 지정 같은 것들"이라고 반문했다. 시간을 오래 들인다고 해서 반드시 생산성이 높아지는 것은 아니라는 지적이다. 문제는 시간이 아니라 무엇을 하느냐에 달려 있다는 것이다.

뇌르마르크가 강조하는 핵심은 '파킨슨의 법칙'이다. 일은 주어진 시간을 다 채울 때까지 불필요하게 늘어난다는 뜻이다. 시간이 많으면 굳이 필요 없는 일까지 만들어낸다는 얘기다. 뇌르마르크가 말하는 '가짜 노동'이 바로 이런 것이다. 겉보기에는 그럴듯하지만 실제로는 아무 가치가 없는 활동, 버튼 색깔을 바꾸느라 한 달간 회의를 하거나 아무도 읽지 않을 보고서를 꾸며 쓰고, 파워포인트 템플릿을 최신 버전으로만 쓰라고 강제하는 행위가 대표적이다.

그는 성과를 시간이 아닌 결과로 재야 한다고 강조했다. 기업은 직원의 시간을 소유하지 않으며, 직원이 만들어낸 성과를 소유할 뿐이라는 것이다. 지원 부서는 진짜 '지원' 기능을 해야 한다고 말했다. 현장에서 고객을 직접 맞닿는 사람들이 일을 더 잘 할 수 있도록 돕는 것이 목적이어야 한다는 것이다.

마지막으로 불필요한 규칙과 절차를 줄여야 한다고 강조했다. 템플릿 색깔을 바꾸는 일보다 실제 고객이 원하는 것을 더 잘 제공하는 방법을 찾는 것이 우선돼야 한다는 것이다.

뇌르마르크는 "문제는 시간이 아니라 무엇을 하느냐"라며 "겉보기만 그럴듯한 가짜 노동을 걷어내고 진짜 가치를 창출하는 일에 집중해야 한다"라고 덧붙였다.

강영철 KDI 국제정책대학원 교수(왼쪽), 헨리 스튜어트 해피 창립자 겸 최고행복책임자가 제26회 세계지식포럼 '관리자 없는 경영의 시대' 세션에서 대담하고 있다.

- **헨리 스튜어트** 해피 창립자로 행복한 일터를 만들 수 있도록 전 세계 회사들을 지원하고 있다. 세계적으로 영향력 있는 비즈니스 사상가로 꼽힌다.

- **강영철** KDI 국제정책대학원 교수로, 매일경제신문 기자로 경력을 시작했다. 2003년 풀무원으로 옮겨 2014년까지 해외부문 사장, 전략경영원장으로 풀무원의 미국 사업 확장을 지휘했다. 2014년부터 3년간은 국무조정실 규제조정실장을 맡았다.

관리자 없는 경영의 시대

헨리 스튜어트 | 해피 창립자
강영철 | KDI 국제정책대학원 교수

기업 경영의 핵심 축으로 여겨지던 '관리자'의 존재가 도리어 혁신을 가로막는 장애물이 될 수 있다는 문제의식이 제기됐다.

전통적인 상명하복식 구조가 결정 속도를 늦추고 직원들의 주도성을 약화하는 가운데 세계적으로 관리자를 최소화하거나 없애는 실험이 확산하고 있다는 것이다. 행복한 직원이 더 생산적이고 책임감 있게 일한다는 단순한 진실을 기반으로 한 새로운 조직 모델이 제시됐다.

제26회 세계지식포럼 '관리자 없는 경영의 시대' 세션에서는 영국 해피(Happy Ltd.) 창립자이자 최고행복책임자(CHO) 헨리 스튜어트가 무대에 올라 경험과 통찰을 공유했다. 해피는 영국 런던에 본사를 둔 기업용 IT 전문 교육회사다.

헨리 스튜어트 창립자는 해피가 영국 '일하기 좋은 기업' 순위에서 상위권에 오른 사례를 비롯해 네덜란드 부르조르그, 미국 모닝스타, 중국

하이얼, 독일 바이엘 등 관리자를 최소화한 기업들의 실험을 소개했다.

스튜어트 창립자는 "대부분의 기업에서 관리자는 직원의 결정을 승인하거나 거부하는 존재"라며 "이는 혁신을 막고 속도를 떨어뜨리는 가장 확실한 방법"이라고 지적했다.

반대로 승인 절차와 관리 계층을 줄이면 비즈니스 속도가 빨라지고 혁신이 촉진된다고 강조했다. 대표적 사례로 소개한 부르조르그는 네덜란드 의료 서비스 기업으로 관리 회의나 중간 관리자가 전혀 없다. 10~12명 단위의 자율 간호사 팀이 환자와 직접 일정을 조율하고 돌봄 방식을 결정한다.

스튜어트 창립자는 "한 간호사가 환자의 이웃과 차를 마시는 모습은 다른 시스템에서는 시간 낭비로 보일 수 있지만, 이는 환자를 둘러싼 진짜 돌봄 네트워크를 만드는 과정"이라며 "그런데도 부르조르그는 더 낮은 비용으로 더 나은 성과를 내고 있다"라고 설명했다. 실제로 본사 직원이 45명에 불과해 운영비용은 업계 평균 대비 8% 수준에 머물렀다.

미국 모닝스타컴퍼니도 40년 이상 관리자가 없는 기업 모델을 유지해왔다. 전체 직원 550명 중 누구도 상사가 아니며 'CLOU(Colleague Letter of Understanding)'라는 동료 간 약정 문서를 통해 책임과 역할을 합의한다. 신규 설비를 구매하는 일조차 상사의 서명 없이 동료들 간 신뢰와 협의를 거쳐 결정한다.

스튜어트 창립자는 "관리자가 없을 때 오히려 의사 결정은 빨라지고 직원들은 진짜 주인의식을 갖는다"라고 강조했다.

중국 가전 대기업 하이얼은 중간 관리자를 없애고 모든 직원이 '자신의 CEO'가 되도록 하는 실험을 단행했다. 직원 8명 단위의 소규모 경영 단위가 자체적으로 지출과 전략을 결정하며 이 과정에서 기업 성장률은 8%에서 30%로 급등했다.

스튜어트 창립자는 "CEO가 채용, 보상, 의사 결정을 포기할 준비가 돼 있어야만 가능한 변화"라며 리더의 결단이 중요함을 강조했다.

독일 바이엘도 거대 제약사업부를 중심으로 관리 단계를 절반으로 줄이고 자율 관리팀으로 전환하고 있다. 임상시험 승인에 필요한 내부 문서 수백 개를 없애며 신약을 출시하는 속도를 앞당긴 결과, 고객과 보내는 시간이 30% 늘어나고 현장 중심 혁신이 가능해졌다.

스튜어트 창립자는 관리자가 없는 환경이 단순히 무질서를 의미하는 것은 아니라고 했다. 대신 신뢰와 책임, 구조화된 의사 결정 프로세스가 필요하다는 설명이다.

그는 '조언 프로세스'와 '동의(Consent) 의사 결정' 모델을 소개했다. 조언 프로세스에서는 누구나 의사 결정을 내릴 수 있지만 반드시 영향을 받는 동료와 전문가의 의견을 구해야 한다.

동의 모델은 모든 구성원이 찬성할 필요는 없고, 단지 "심각한 해가 되지 않는다"는 수준에서 반대가 없으면 실행하는 방식이다. 이는 끝없는 합의 논쟁을 피하고 빠른 실행을 가능케 한다.

스튜어트 창립자는 "대부분의 조직에서 무임승차자는 극히 일부에 불과하고, 자율 관리팀은 그런 구성원을 자연스럽게 배제한다"라며 "중요한 것은 책임과 신뢰를 기반으로 하는 기업 문화"라고 말했다.

3
협동과 공존

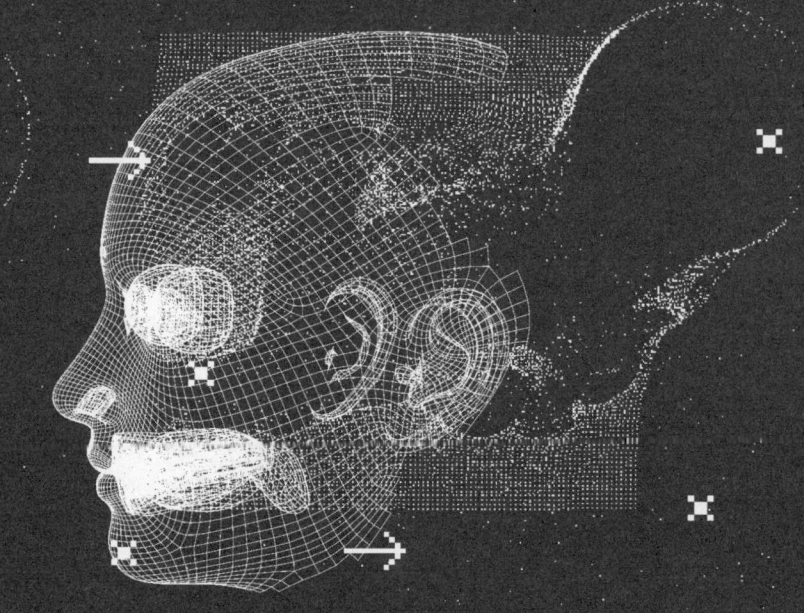

굴샨 바시스타 글로벌녹색성장기구 아시아투자 총괄, 스벤 우테르묄렌 RWE 해상풍력 CEO, 오영훈 제주특별자치도지사, 마이크 부츠 전 백악관 환경품질위원회 위원장, 조형진 커니코리아 전략그룹 대표(오른쪽 첫 번째부터)가 제26회 세계지식포럼 '병든 지구 인류에 묻다' 세션에서 대담하고 잇다.

- **오영훈**   제주특별자치도지사로 민선 8기 제주도정 비전인 '위대한 도민 시대, 사람과 자연이 행복한 제주'를 실현하고자 에너지 대전환을 통한 2035년 탄소 중립 실현 비전과 그린수소 글로벌 허브 구축 계획을 제시했다.

- **스벤 우테르묄렌**   RWE 해상풍력 CEO로 재생 에너지 산업에서 20년 가까운 경력을 자랑한다. 로열 더치 쉘, 독일 에너지 기업 이온(E.ON) 등을 거쳤다. 해상풍력 사업, 유럽 육상풍력 사업, 신규 시장 총괄 등 주요 업무를 맡았다.

- **굴샨 바시스타**   글로벌녹색성장기구(GGGI) 아시아투자 총괄로 기후 변화·지속 가능 금융 전문가다. 녹색 에너지와 인프라 금융 분야에서 15년간 경험을 쌓았으며, 아시아 여러 국가에서 혁신적 금융 수단으로 청정·재생 에너지 개발과 녹색 기술 혁신 보급을 지원해왔다.

- **조형진**   커니코리아 전략그룹 대표로 글로벌 컨설팅 기업에서 20여 년간 고도화된 전략 자문을 제공해온 경영 컨설팅 전문가다. 통신과 하이테크 산업을 포함해 소비재, 사모 투자 등 폭넓은 분야에 걸쳐 전문성을 보유하고 있으며 미국·홍콩·한국·오스트레일리아 등 다양한 국가의 선도 기업을 대상으로 맞춤형 전략과 실행 방안을 제시하고 있다.

병든 지구 인류에 묻다

오영훈 | 제주특별자치도지사
마이크 부츠 | 전 백악관 환경품질위원회 위원장
스벤 우테르묄렌 | RWE 해상풍력 CEO
굴산 바시스타 | GGGI 아시아투자 총괄
조형진 | 커니코리아 전략그룹 대표

"제주는 기후 테크 혁신을 통해 세계가 주목하는 탄소 중립 문명 도시로 발전할 것입니다."

제26회 세계지식포럼 '병든 지구 인류에 묻다' 세션에서 오영훈 제주특별자치도지사는 제주의 풍부한 해상풍력 자원을 기반으로 대한민국의 에너지 경쟁력을 강화하겠다며 이같이 밝혔다.

제주특별자치도는 매해 1,500만 명이 넘는 관광객을 유치하는 인기 관광지인 동시에 대한민국에서 기후 위기를 가장 빨리 겪고 있는 지역이기도 하다.

이에 대한 대응 방안으로 오영훈 지사는 '2035 탄소 중립 목표'를 제시했다. 대한민국의 국가적 탄소 중립 목표 연도인 2050년보다 15년 앞서 탄소 중립을 달성하겠다는 목표다. 이를 위해 제주는 재생 에너지 비율을 70%까지 늘리고, 6만 톤 규모의 그린수소 생산을 목표로 하는 등 지속 가능한 에너지 전환을 추진하고 있다.

오영훈 지사는 "낮에는 태양이 뜨겁고 밤에는 비바람이 몰아치는 제주도는 RE100(사용 전력 100%를 재생 에너지로 충당하는 캠페인)을 실현할 수 있는 최적의 지역"이라고 강조했다.

제주도는 지난 4월 태양광과 풍력만으로 4시간 동안 100% 전력 자립에 성공했고, 남은 전기를 해저 송전망을 통해 육지로 역전송하며 현실적인 RE100 실현 가능성을 입증한 바 있다. 이에 기반해 중앙 정부도 제주도의 재생 에너지 발전에 220억 원에 달하는 국비를 투입하기로 했다.

이외에도 제주도는 그린수소 실증 사업을 통해 대한민국에서 유일하게 상용화된 그린수소 버스를 운영하고 있으며, 2030년까지 그린수소 통합 플랫폼을 구축할 계획이다. 또한 제주도는 전기차 보급률을 50%까지 확대하고, 2035년까지 모든 렌터카를 전기차 또는 수소차로 운영할 수 있도록 전환할 예정이다.

마이크 부츠 전 백악관 환경품질위원회 위원장은 제주도의 재생 에너지 발전 가능성에 공감하며, 이를 실현하려면 세 가지 퍼즐이 맞물려야 한다고 강조했다. '기술 진보'와 이 기술을 상용화할 '자본 유입', 이 모든 것을 뒷받침할 '글로벌 수준의 정책 지원'이다.

그는 "기후 변화 문제는 에너지, 제조업, 농업 등 전 세계 모든 산업에 악영향을 미치고 있지만 기후 테크의 발전과 투자자들의 관심으로 해결할 수 있다"며 기후 테크의 중요성을 거듭 강조했다.

스벤 우테르묄렌 RWE 해상풍력 CEO는 재생 에너지 중 특히 '해상풍력'에 집중했다. 우테르묄렌 CEO는 "해상풍력은 육상풍력이나 전력 출력 변동성이 큰 태양광에 비해 안정적이고 가장 많은 적재 시간을 제공한다"며 "영국·독일·덴마크 등 일부 국가에서는 해상풍력이 에너지 전환에서 주도적 역할을 할 수 있음을 실제로 확인했다"라고 말했다.

그는 "해상풍력 프로젝트는 수십억 달러가 투입되는 매우 크고 복잡한 인프라 프로젝트"라며 "앞서 부츠 전 위원장이 말했듯 기술·자본·정책 등 유기적인 협력체 구성이 필수적"이라고 밝혔다.

굴샨 바시스타 GGGI 아시아투자 총괄은 투자 전문가로서 '정부의 역할'이 가장 중요하다고 조언했다. 바시스타 총괄은 "오랜 투자 경험에 비춰봤을 때 투자 성과가 빛을 발하려면 정부 역할이 무엇보다 중요하다"며 "초기에 많은 부분이 연구와 보조금을 통해 이뤄지기 때문"이라고 설명했다.

그는 이어 "오영훈 지사가 언급했듯 제주도는 재생 에너지 발전에 대한 의지와 계획이 견고해 정부의 지원까지 지속해서 적극적으로 더해진다면 에너지 발전 가능성이 매우 크다"라고 평가했다.

마리사 찌아라바논 CP그룹 특별고문, 나지르 라작 이클라스캐피털 회장, 정의혜 외교부 인도태평양 특별대표(오른쪽 첫 번째부터)가 제26회 세계지식포럼 '혁신과 포용, 그리고 지속 가능성' 세션에서 대담하고 있다.

- **나지르 라작** 말레이시아를 기반으로 동남아시아 금융계에서 명성이 높다. 아세안 최대 금융 그룹 중 하나인 CIMB그룹에서 경력을 쌓았다. 29년간 근무했으며 2018년 회장을 끝으로 그룹에서 나왔다. 재직 기간에 CIMB의 자산 규모를 약 1,000배 확장하고 동남아시아 전역에 1,150개가 넘는 지점망을 구축했다. 현재 이클라스캐피털 회장을 맡고 있다.

- **마리사 찌아라바논** 한국에서 태어나, 이후 태국으로 귀화한 자선가이자 사회적 기업인, 예술 후원가다. 태국 최대 민간 기업인 CP그룹을 이끄는 수파킷 찌아라바논 회장의 배우자로 본인이 설립한 셰프케어스재단을 통해 태국 저소득층 청소년에게 요리 교육 기회를 제공하고 있다.

- **정의혜** 1997년 외교부에서 근무를 시작해 주유엔대표부, 주동티모르대사관, 주유럽연합대표부, 아세안협력과장, 아세안국 심의관, 아세안국장을 역임했다. 주로 국제기구와 동남아시아를 중심으로 경력을 쌓았으며, 대통령 직속 신남방정책 특별위원회에서 정책조정관으로 근무했다. 현재 외교부 인도태평양 특별대표다.

혁신과 포용, 그리고 지속 가능성

나지르 라작 | 이클라스캐피털 회장
마리사 찌아라바논 | CP그룹 특별고문
정의혜 | 외교부 인도태평양 특별대표

젊은 인구 구조로 잠재력을 가진 아세안 시장이 문화·정치적 장벽에 가로막혀 폭발적인 성장세를 보이지 못하고 있다는 기업가들의 지적이 나오고 있다. 국가 간 장벽을 허물고 '아세안 기업체'를 추진하면 기하급수적인 성장을 이룰 것이라는 주장이다.

제26회 세계지식포럼 '아세안 기업인상' 세션에는 말레이시아의 나지르 라작 전 CIMB 회장과 마리사 찌아라바논 태국 CP그룹 특별고문(셰프케어스재단 이사장)이 참석해 아세안 시장의 국제 교류를 강조했다.

두 기업인은 이날 '제10회 아세안 기업인상'을 공동 수상했다. 아세안 기업자문위원회 말레이시아 의장을 맡고 있는 나지르 전 회장은 "아세안은 여전히 너무 분열돼 있다"며 "말레이시아와 인도네시아 사이에서도 인력을 이동시키려면 2년간 취업 허가 기간을 거쳐야 한다"라고 지적했다.

문화적 차이에 대한 지적도 나왔다. 나지르 전 회장은 "아세안 시장에 진출하는 기업들의 가장 큰 실수는 같은 아세안권이라고 같다고 생각하는 것"이라며 "싱가포르에서는 직원이 지시에 '네'라고 대답하면 그 일을 수행하겠다는 의미지만, 말레이시아에서는 말을 알아들었다는 의미이지, 이를 이행하겠다는 뜻은 아니다"라고 말했다.

나지르 전 회장은 CIMB 재직 시절, 은행을 말레이시아의 국내 투자 은행에서 아세안 최대 통합 그룹 중 하나로 도약시키며 자산을 1,000배 확대하고 역내 1,150개 이상의 지점망을 구축한 바 있다. 그럼에도 그는 "은행들이 소유권만 연결됐지, 현실은 각기 다른 시장"이라고 설명했다.

그는 "중국이 10배 성장하는 동안 아세안은 2.9배 성장했다. 아세안은 반드시 통합돼야 한다"라고 강조했다. 그는 "직원들이 국가를 자유롭게 이동하고, 운영도 아웃소싱할 수 있는 '아세안 기업체'라는 개념을 추진하고 있다"며 "아세안 정체성이 전반적으로 증진돼야 한다"라고 말했다.

한국과 아세안 기업들의 협력이 늘어나야 한다는 주장도 나왔다. 찌아라바논 이사장은 "농심과 태국 미슐랭 셰프 '제이파이'가 협력해 '신라면 똠양꿍'이 나왔다. 라면은 완판됐고, 서울과 미국에서도 공급되고 있다"며 "혼자 하면 조금 팔지만, 함께하면 많이 판다"고 강조했다.

한국 태생인 찌아라바논 이사장은 태국 최대 재벌이자 동남아시아에서도 열 손가락 안에 드는 CP그룹의 안주인이다. 셰프케어스재단을 통해 태국의 대표 셰프들과 협력해 요리를 기반으로 한 사회적 가치를 창출하고 있다.

나지르 전 회장은 "통계를 보면 한국 기업은 싱가포르, 베트남, 인도네시아에 집중하고 있다"며 "선도적인 기업들이 아세안 시장에 더 많이 참여해야 한다"라고 말했다. 그는 "우리는 모두 미국을 시장으로 당연히 여겨왔지만, 지금은 새로운 세계 질서가 도래했다"며 "경제 통합 측면에서 더욱 힘을 쏟아야 한다"라고 말했다.

한편, 이날 세션에서는 기업의 자선 활동을 강조하는 목소리도 나왔다. 찌아라바논 이사장은 "셰프케어스재단은 연민과 자선에서 시작됐다"며 "비행 청소년, 소년범 등 교육에서 소외된 이들을 돕기 위해 3개월간 집중 요리 교육을 제공하고, 6개월의 인턴 기간을 거치게 했다. 심리 상담 프로그램도 제공했다"라고 말했다.

나지르 전 회장은 "CIMB에서도 재단을 설립했다. 이를 통해 깨달은 점은 기업의 사회적 책임(CSR) 자금이 정부 자금보다 훨씬 더 효과적이라는 것"이라고 말했다. 그는 "세금 감면이나 자원봉사 활동에 대한 인센티브 혜택을 제공하는 등 기업의 사회적 책임을 활성화하기 위한 정책이 필요하다"라고 말했다.

부라크 다올로울루 튀르키예 투자금융청 청장, 젱크 바이라크다르 레보캐피털 창립 파트너 겸 대표이사, 바르시 오지스테크 보가지치벤처스 CEO, 한웅 아일럼인베스트 대표이사(오른쪽 첫 번째부터)가 제26회 세계지식포럼 '국경을 넘어 확장: 글로벌 투자자를 위한 튀르키예 스타트업 생태계' 세션에서 대담하고 있다.

- **부라크 다올로울루** 2020년 튀르키예 대통령실 투자청장을 역임했으며, 2025년 신설된 투자금융청 초대 청장으로 임명됐다. 걸프 지역, 인도·일본·미국 등과의 투자 유치 활동을 주도했고, 2020년에는 튀르키예 국부펀드 이사회 멤버로도 임명됐다.

- **바르시 오지스테크** 보가지치벤처스 CEO로 저명한 기술 기업가이자 투자자다. 벤처캐피털, 게임, 블록체인, AI, 스타트업 생태계에서 중요한 역할을 해왔다.

- **젱크 바이라크다르** 튀르키예 최대 기술 중심 벤처캐피털인 레보캐피털을 이끌고 있다. 운용 자산 규모는 2억 6,600만 달러가량이다.

- **한웅** 아일럼인베스트 벤처캐피털과 국내외 M&A 분야에서 20년 이상 풍부한 경험을 쌓아온 전문 경영인이다. 한국 최초의 대형 해외 M&A 사례인 이베이(eBay)의 옥션(Auction) 인수를 주도한 바 있다.

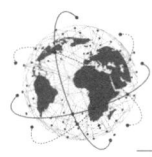

글로벌 투자자를 위한 튀르키예 스타트업 생태계

부라크 다올로울루 | 튀르키예 투자금융청 청장
바르시 오지스테크 | 보가지치벤처스 CEO
젱크 바이라크다르 | 레보캐피털 대표
한웅 | 아일럼인베스트 대표

"튀르키예가 기술의 천국은 아니다. 그러나 기술 기업들에는 천국이다."

튀르키예의 최대 벤처캐피털 중 하나인 '레보캐피털'의 창립 파트너로 대표를 맡고 있는 젱크 바이라크다르는 제26회 세계지식포럼에서 이렇게 튀르키예를 소개했다.

바이라크다르 대표는 '국경을 넘어 확장: 글로벌 투자자를 위한 튀르키예 스타트업 생태계' 세션 연사로 나서 "튀르키예에서는 기술 회사라면 법인세, 부가가치세를 내지 않는다"며 "직원 급여에 대한 소득세도 내지 않고 순급여만 지급하면 된다"라고 말했다.

마케팅 비용도 튀르키예 정부에서 지원한다. 게임 회사나 애플리케이션(앱) 개발 회사, 기업 간 거래 서비스형 소프트웨어(B2B SaaS) 회사라면 마케팅 비용의 60%를 받을 수 있다.

그는 "1건 신청당 한도는 30만 달러(약 4억 2,000만 원)"라며 "어떤 회사가 게임을 10종 운영하고 있을 경우, 연간 300만 달러(약 42억 원)를 받을 수 있다"라고 설명했다.

튀르키예 정부의 기술 기업 친화적인 움직임에 벤처캐피털들도 기술 기업 투자 행렬에 합류했다. 약 2억 6,600만 달러(약 3,700억 원)의 자산을 운용 중인 레보캐피털은 기업 가치가 약 25억 달러(약 3조 5,000억 원)로 평가되는 터키 배달 스타트업 '게티르' 등 44개 기업에 투자해왔다.

바이라크다르 대표는 "2026년까지 1억 달러 이상을 투자할 것"이라며 "AI를 핵심 기반으로 한 핀테크, B2B SaaS, 사이버 보안, 헬스테크, 에너지, 게임 산업이 관심 분야"라고 말했다.

정부와 벤처캐피털들의 적극적인 움직임에 힘입어 튀르키예 게임 산업은 급성장 중이다. 시장조사업체 '스태티스타'에 따르면 관련 시장은 연평균 3.2% 성장률을 보이며 2029년 6억 8,000만 달러(약 1조 원)에 이를 것으로 전망된다.

특히 모바일 게임 부문에서 큰 성과를 내며 모바일 게임계의 실리콘밸리라는 평가를 받는다. 모바일 게임 중 글로벌 인앱 결제 매출액 전 세계 1위인 드림게임즈의 〈로얄 매치〉 등이 대표작이다.

이날 세션에 함께 연사로 참여한 바르시 오지스테크 보가지치벤처스 CEO는 "컴퓨터 게임에서는 막대한 자원이 필요하지만, 모바일에서는 그렇지 않다는 점을 파악하고 기회로 삼았다"며 "한국이 다중접속역할수행게임(MMORPG)에서 강자라면 튀르키예는 캐주얼 게임 분야에서 강자라 볼 수 있다"라고 말했다.

보가지치벤처스는 한국 넷마블이 인수한 조이게임의 창립자 오지스테크 CEO가 이끌고 있는 자산운용사다. 튀르키예에서 벤처캐피털, 게임, 블록체인, AI, 스타트업 생태계 구축에 중요한 역할을 해왔다.

오지스테크 CEO는 한국 기업들의 튀르키예 진출을 추천했다. 그는 "한국 기술 기업이 튀르키예에서 제품 개발만 해도 자국 테크 기업들이 누리는 혜택을 모두 누릴 수 있다"며 "재정적으로 매우 큰 도움이 될 것"이라고 말했다.

그러면서 튀르키예가 한국 기술 기업의 서구권 진출을 위한 발판이 될 수 있다고 강조했다. 그는 "한국 기술 기업들이 아시아권에서는 매우 강력한 비즈니스를 펼치지만, 서구 시장으로 확장할 때 상당한 어려움을 겪는 모습을 봐왔다"며 "튀르키예는 유럽과 중동, 북아프리카, 중앙아시아의 교차점으로 주변 시장에 접근할 수 있는 허브 역할을 할 수 있다"라고 말했다.

세션은 행사 사전과 사후 환담회로 들썩였다. 튀르키예 투자청 관계자와 벤처캐피털들이 국내 관계자들과 대거 만나며 네트워킹을 하는 시간을 가졌다.

한편 부라크 다올로올루 투자금융청장이 이끄는 튀르키예 대표단은 한국의 벤처캐피털, 프라이빗에쿼티(PE), 기관투자가 등 고위 관계자들과 초청자 한정 라운드 테이블도 진행했다.

세계지식포럼 인사이트 2026

초판 1쇄 2025년 11월 28일

지은이 매일경제 세계지식포럼 사무국
펴낸이 허연
편집장 유승현

책임편집 정혜재
편집 김민보 고병찬 이예슬 장현송 민경연
마케팅 한동우 박소라 김영관
경영지원 김정희 오나리
디자인 김보현 한사랑

펴낸곳 매경출판㈜
등 록 2003년 4월 24일(No. 2-3759)
주 소 (04557) 서울시 중구 충무로 2 (필동1가) 매일경제 별관 2층 매경출판㈜
홈페이지 www.mkbook.co.kr **스마트스토어** smartstore.naver.com/mkpublish
페이스북 @maekyungpublishing **인스타그램** @mkpublishing
전 화 02)2000-2630(기획편집) 02)2000-2646(마케팅) 02)2000-2606(구입 문의)
팩 스 02)2000-2609 **이메일** publish@mk.co.kr
인쇄·제본 ㈜M-print 031)8071-0961
ISBN 979-11-6484-835-5(03320)

ⓒ 매일경제 세계지식포럼 사무국, 2025

책값은 뒤표지에 있습니다.
파본은 구입하신 서점에서 교환해 드립니다.